CCTV 12
法律讲堂

民法典
文化解读

刘云生 ◎ 著

中国出版集团 | 全国百佳图书
中国民主法制出版社 | 出版单位

图书在版编目（CIP）数据

民法典文化解读 / 刘云生著 . —北京：中国民主法制出版社，
2021.2

ISBN 978-7-5162-2287-4

Ⅰ . ①民… Ⅱ . ①刘… Ⅲ . ①民法—法典—文化研究—中国

Ⅳ . ① D923.04

中国版本图书馆 CIP 数据核字（2020）第 189033 号

图书出品人：刘海涛
出 版 统 筹：石 松
责 任 编 辑：张佳彬 刘 娜

书 名 / 民法典文化解读
作 者 / 刘云生 著

出版·发行 / 中国民主法制出版社
地址 / 北京市丰台区右安门外玉林里 7 号（100069）
电话 /（010）63055259（总编室） 63058068 63057714（营销中心）
传真 /（010）63055259
http: //www.npcpub.com
E-mail: mzfz@npcpub.com
经销 / 新华书店
开本 / 16 开 710 毫米 × 1000 毫米
印张 / 15 字数 / 235 千字
版本 / 2021 年 2 月第 1 版 2022 年 4 月第 5 次印刷
印刷 / 北京天宇万达印刷有限公司

书号 / ISBN 978-7-5162-2287-4
定价 / 49.80 元

《民法典》是市场经济的基本法（代序）

　　为什么《中华人民共和国民法典》（以下简称《民法典》）是市场经济的基本法？《民法典》如何助推市场在资源配置中发挥决定性作用？这涉及三个最核心、最重要的维度：主体的平等程度、行为的自由程度、产权的可交易程度。这三个维度决定了统一市场、公开市场、开放市场能否确立并能否推动中国经济和社会的全面进步。

一、主体平等与市场准入

　　主体平等不单纯是《民法典》的抽象价值，更是一种策略性的资源配置模型与利益分配规则。早在党的十九大期间，为激发各类市场主体活力，国家已经着手废止一系列妨碍统一市场和公平竞争的"旧法陈规"，力求构建统一的市场准入制度。对内，突破所有制、身份、行业、区域等领域存在的不平等竞争限制，为统一市场构筑快车道、直行道；对外，通过国民待遇原则矫正以前三资企业法的历史积弊，打破身份优位，统一政策优惠，赋予国内外市场主体平等的法律地位和自由的竞争机遇。

　　根据民法理念与《民法典》制度设计，所谓平等，集中体现在以下三方面：

　　其一，平等地位。计划经济时代，通过户籍管理、土地双轨制、票证供应等制度，对城乡进行分类管理，最终出现社会区隔，导致城乡居民的身份地位、谈判力、竞争力、行动力出现巨大差别。比如，2004年5月1日实施的《最高人民法院关于审理人身损害赔偿案件适用法律若干问题的解释》第

25 条和第 29 条规定：对于人身损害所产生的残疾赔偿金和死亡赔偿金按照受诉法院所在地上一年度城镇居民人均可支配收入或者农村居民人均纯收入标准进行计算。

如此一来，由于户籍差异，同一侵权事件导致的人身损害赔偿金额就会相差很大。"因人而异"的人身损害赔偿严重违背了民法的平等原则，引发了持续性的社会差评。有鉴于此，2019 年 4 月 15 日，中共中央、国务院发布《关于建立健全城乡融合发展体制机制和政策体系的意见》，明确提出"改革人身损害赔偿制度，统一城乡居民赔偿标准"。9 月 2 日，最高人民法院下发《关于授权开展人身损害赔偿标准城乡统一试点的通知》，授权并要求各高级人民法院在辖区内开展人身损害赔偿纠纷案件统一城乡居民赔偿标准试点工作。

最终，《民法典》第 1180 条整合了侵权责任法第 17 条，在《民法典》框架下实现了真正的"同命同价"，进而巩固了人格权、户籍、土地、公共服务供给方面的系列改革、创新成果，落实了所有国民平等的民事主体地位。

其二，平等机会。身份差异必然带来机会的叠加或丧失，最终导致市场主体因身份、禀赋差异产生畸轻畸重的结果，或占据优位，或垄断市场，或享受特权，最终出现行业、城乡、区域差别。

比如，改革开放前期，我国分别于 1979 年、1986 年、1988 年先后通过了中外合资经营企业法、外资企业法和中外合作经营企业法，成为最早的"外资三法"。外商作为"客人"，赢得并享有比内资企业优厚的待遇，建立起了以税收、土地、汇兑等为标志的三资企业优惠体系。很多条文都属于"量体裁衣"或"量身定做"，出现了大量身份性条文，不仅挤压了民族资本的市场资源，还造成了对不同"客人"区别对待的歧视性制度。行政审批、注册资本强制、投资额度限额等市场准入规则，引发了不同主体不同待遇的问题。

《民法典》结合 2019 年 3 月 15 日第十三届全国人民代表大会第二次会

议通过的《中华人民共和国外商投资法》，彻底扭转了这种立法偏向，实现了从"企业法"向"投资法"、从商主体立法到从商行为立法的世纪转型。

其三，平等权利。比如，虽然宪法、物权法都确认了农村集体土地所有权，但相当长时期内，集体土地受限于原土地管理法，不仅难以自主处分，也难以有效、公平分享土地增值利益；不仅导致集体土地所有权虚置，还影响到农民对土地市场化资源的权利分配。

《民法典》结合党的十八大以来的农村土地改革措施，在保护永久性基本农田前提下，适度放开了集体、农民对土地的权利，对经营性建设用地赋予了平等的权利，逐步实现与城市土地的同地同权。

二、契约自由与公开市场

在英国学者鲍曼的视域下，19世纪代表了叛逆与重生。在《共同体》一书中，他宣称19世纪不仅是一个"伟大的错位、解脱、脱域和根除的世纪，同时也是一个不顾一切地试图重新承负、重新嵌入、重新植根的伟大世纪"。

19世纪之所以"伟大"，在于其最重要的贡献，即个体挣脱了传统的"牢笼"，获得了自我与自由。鲍曼在《后现代性及其缺憾》中将这一"伟大世纪"的道德褒赞置换成一个理性的哲学表达："现代性"。鲍曼认为，现代性中的一个典型特征就是将个体从传统的"中介力量"中"脱域"或"摆脱"出来，获得"绝对开始"，在新的秩序下获得希望的生活，实现从身份性"天赋"到行为"自致"的世纪性转变。在根除传统的简单、绝对的身份依附时，个体通过契约与家族之外的其他社会主体组建了新的共同体，这就是公司和行会。

中国也遵循了同样的发展逻辑。《民法典》有两个条款，第一，第79条规定：设立营利法人应当依法制定法人章程；第二，第511条规定：合同中对标的物质量要求不明确的，可以按照推荐性国家标准履行，如果没有推荐性国家标准，就按照行业标准履行。

　　表面上看，这两个条文没什么联系。实际上，这是对公司内部自治权和行业自治权的立法认同。如果说法人章程是企业内部治理的"宪法"，行业规范就是整个行业必须遵循的"宪法"。

　　行规说起来是一种行为规范，实际上是一种行业联盟达成的一体遵循的社会性、组织性契约，这既是行业自治的基石，也是行业自治的灵魂。行规可以能动、高效地解决三个最重要的市场问题：产品有无、价格高低、质量好坏。小则关系到老百姓的生活日用，大则关系到社会的稳定乃至国运的兴衰。再进一步说，行规不仅规范行为，还作为一种社会力量矫正人性、培育道德、创设秩序。

　　行规作为本行业的合约，不仅要解决物价、劳动用工、工资标准等问题，还要维护市场秩序和行业声誉。这就是历代官府承认行业自治的真正原因：既促进了经济秩序正常化，又节缩了社会管理成本，有益无害，两得其便。

　　日本学者橘朴在比较了家族、村落、行会三大自治体之后，认为行会强调内在平等，遵守共同规则，是一种"民造社会力量"，所以，行规作为一种业缘结合的制度设计，比血缘性伦理法则和地缘性乡规民俗具有更强大的制度张力。

　　行规是一种契约性合意，也是一种社会性共谋。正是因为行规的存在，行业自治不仅有了自己的内在法权依据和制度基础，还有了中国百行百业的千帆竞渡、百舸争流，最终推动了公开市场的自由竞争。统一市场与主体的身份、地位、权利、机会是否平等相关联，公开市场则与主体的行为自由程度相关联。

　　民法典为什么会产生于19世纪？因为在这个世纪，每一个人不再单纯是上帝的子民、国王的臣民、父母的子女，在经济、社会生活中，他们还进化成了个体化存在的独立权利单元。

　　马克斯·韦伯有个判断，现代资本主义的基本过程就是两个分离：商业从家庭分离；生产者与生计来源分离。鲍曼对此深表认同，并认为第一个分离使赢利行为摆脱了道德和感情的约束；第二个分离使个体行为摆脱了家庭的束缚。而罗斯则从社会控制角度赋予了两个"分离"更高的制度意义，认为以"稳定的不受人情感影响的关系逐渐取代无常的私人关系"是社会进步的标志。

上述理论命题应当是人类社会经济发展的共性，不仅可以有效解释资本主义国家的发展逻辑，也同样解释了19世纪欧洲大陆民法典化的时代逻辑。

三、产权流动与开放市场

产权流动，就是财产或产权的可交易程度。我国《民法典》诞生于5G时代，除上述主体平等、行为自由等基本价值内核外，还要充分反映、识别信息化、智能化时代的新观念、新技术、新权利。所以，生物识别信息、虚拟财产、电子商务、人工智能，无一例外地都进入了《民法典》视野。

在充分保障人格权的同时，《民法典》还持有了可贵的开放性立场，为特定资源的财产化、产权化、市场化开辟了新通道。按照《民法典》的立法理念和逻辑，对于虚拟财产，只要法律、法规没有明确禁止的，均可认定为财产。比如，游戏账号就属于典型的虚拟财产。一方面，需要玩家投入相应的资本、精力、时间，同时还对玩家的智力、策略、社交互动有着极为严格的要求，理应视为一种投资行为和经营行为；另一方面，游戏账号所涉及的账号、装备、皮肤、个性化设置都具有可交易性，也有相对完善的网络市场，可以进行公开买卖、拍卖。有的玩家还将此类虚拟财产列入遗产范围，指定特定的继承人。

同时，相关的人格权利或权益可以产生特定的经济价值，也可以作为交易物，获取特定的利益。比如，自然人可以凭借自己的肖像进行广告代言并收取费用；而对特定主体的声纹识别与合成现在已广泛流行，GPS导航系统中很多名人的声音可以自由切换。但如果网络供应商未征得声音主人的同意并支付约定报酬，就涉嫌侵害其声音权益，理应承担侵权责任。

开放市场不仅带来了主体要素、资本要素的急速流动，也催生了特定的产权交易规则和新型权利类型，推动资本市场寻求无限的可能性，创造更大的财富空间。

回顾历史，市场经济互通有无，本无界域可分，亦无主体之别，《民法典》秉承和彰显的正是中华民族的开阔胸襟和从容大气。仅以宋代为例，发达的合同、明确的规则、开放的市场、自由的贸易让两宋在列强环伺、内忧外患中创造了经济神话。蕃胡齐聚，百业齐兴，不仅带来了丰富的财富，也带来了完善的市场机制和高效、细密的产业链条，单纯官方备案并实施行业化管理的第三产业不是三十六行、七十二行，而是四百多行。每个人都可以有不同的打开生活的方式，《梦粱录》中的杭州，夜市甚至可以和早市无时差交接。

国际化、市场化带来了科技发达、文化鼎盛、民生富庶，成就了两宋奇迹。所以，李约瑟将宋代推崇为"最伟大的时代"，陈寅恪也将宋代推奉为中华学术文化的高峰。①

本文原为《深圳特区报》理论版所撰特稿，姑移借于此，稍事修改，聊充序言。

刘云生

2020-08-28

小谷围岛 排云轩

---

① 陈寅恪：《邓广铭〈宋史职官志考正〉序》："吾中华文化，历数千载之演进，造极于赵宋之世。"《金明馆丛书》第 2 编，上海古籍出版社 1980 年版，第 245 页。

世纪大典　高光中国

2020 年 5 月 28 日，十三届全国人大三次会议顺利通过了《中华人民共和国民法典》，正式拉开了民法典的时代大幕。民法典的高光、暖光不仅呵护着每一个华夏儿女的幸福和尊严，还护卫着中国改革的巨轮驶向世界、驶向未来。

回顾历史，中华人民共和国成立以来，分别在 1954 年、1962 年、1979 年和 1998 年四次启动《民法典》编纂工作。很可惜，虽然我们先后有了民法通则、合同法、物权法、侵权责任法，但一直没有成功跨入民法典时代。

1954 年，西南政法学院年仅 32 岁的金平奉命入京，参与新中国《民法典》编纂工作，站上了民法典的时代起点。金平连续三次参与立法，还保留了一张 1981 年立法人员的珍贵合影。坐在第一排的元老们一个都不在了，站在第二排的中青年如今大多垂垂老矣，且有些都已经抱憾离世。2020 年 5 月 28 日下午，《民法典》通过，金平教授见证了《民法典》编纂立法的历程，欣喜无比，表示此生再无遗憾。第二天，就是这位老人 98 岁生日。

单从技术上讲，《民法典》篇幅不大，条文不多，费时不长，但为什么历经大半个世纪都难以出台？因为《民法典》有三大诉求，缺一不可：时代性、国际性、民族性。

我们从法文化角度分别解读《民法典》的"三性"，追寻《民法典》编纂的艰难足迹，探讨《民法典》的热点、亮点所在。

第一，时代性。《民法典》是盛世大典，所谓时代性，一是指《民法典》的时代需求；二是指《民法典》的时代精神。

时代需求是《民法典》产生的推力，世界上不存在超前的民法典。到什么山唱什么歌，就是这意思。计划经济时代，身份固化，票证、指标统率一切。买肉要肉票，穿衣要布票，喝碗糖水还得看有没有糖票，结婚也得单位盖章同意才行。

那个时代，不需要民法典。

时代精神是民法典引领未来的拉力。改革开放以后，票证一夜消失，成为文物。邻家小芳走出大山，南下广州打工挣钱；村里狗剩远赴非洲，种地求富。市场开始调节、配置各种资源，只要有钱，没有买不来的东西；小两口吵架也成了隐私，不再欢迎居委会大妈高坐家中，絮絮叨叨、训话调解；小孩也有了QQ、微博、微信，爹妈翻看下聊天记录，"小神兽"就会奋起维权，说侵害了自己隐私权。

这个时代，民法典就成了必需。

也就是说，《民法典》的时代性就体现在两方面：满足时代需求，推动时代发展。

《法国民法典》代表了19世纪的辉煌与荣光。1815年，拿破仑被流放圣赫勒拿岛。海岛远离陆地，孤悬海中，遥远而荒凉。这位小个子皇帝在那里评价了自己的一生：打了四十多次胜仗，但滑铁卢惨败抹掉了一切。不过，有一样成就让他名垂千古，这就是《法国民法典》。

想当年，还是最高执政官的拿破仑对民法典倾注了巨大的热忱。在《民法典》109次审议中，亲自主持57次。[1]他坚信，只有人民一手拿《圣经》，一手拿《民法典》，法兰西才能够步入一个新时代，也才能引领世界。

后来，法国人感恩、钦佩拿破仑，把《法国民法典》称为《拿破仑法典》。不是因为他的高贵身份和强权地位，而是因为他的坚守、热忱和付出。

但小个子皇帝能够推动历史，却不能创造历史。拿破仑仅仅是回应了时代需求，将法兰西推向了民法典时代。那么，《法国民法典》的直接推力是

---

[1] 另一种说法是，召开了102次讨论会，由拿破仑亲自主持参与97次。https://baike.so.com/doc/3862886-4055501.html。具体次数其他版本亦多不一，故学术研究一般采约数。

什么？

说起来难以置信，是收税立法风波。1789 年 6 月，法兰西国民议会通过决议，宣布所有的赋税、贡献都必须按议会批准的种类和额度收取，除此之外，无论是谁，都不能向老百姓多收一分一毫。这挑战了国王的权威，路易十六很生气，后果很严重：立马解除了附和议会的财政总监内克的职务。

国王和议会的矛盾瞬间激化，法国大革命就此全面爆发。

税收立法只是导火索，还有更深层次的两个原因推动了《法国民法典》的问世。第一个是推力，寻求民法的统一。当时法国南部奉行罗马成文法《民法大全》，北方流行的是大量习惯法。十里不同风，百里不同俗。民法法源不同不仅导致市场规则混乱，还增大了交易成本和风险。法国启蒙思想家伏尔泰就讽刺说："在法国旅行，从北法到南法，你得随时做好准备，一会换马车，一会换法律，反正一路磕磕碰碰不消停。"

第二个是拉力，急需民法典拉动新时代的车轮。大革命推翻了封建国王，建立了资产阶级共和国，急需统一的民事立法固化革命成果，推动社会进步。

最急迫的问题有两个：一个是人的平等和自由问题；一个是财产安全问题。

《法国民法典》对人的自由、尊严和权利进行了全方位确认和维护。其第 8 条废除了阶级分层所带来的一切不平等。不管是身居巴黎豪宅的富豪，还是偏居夏纳的农民，都享有了平等的民事权利。

对于财产安全，拿破仑态度很明确：财产所有权神圣不可侵犯。他说："我拥有许多的军队，但我不能侵占一块土地。因为侵犯一个人的所有权，就是侵害所有人的权利。"如果你买下一片农场，那么地面的土地、庄稼，地下的野兔、矿产，天上的蓝天白云就都属于你。

《法国民法典》取得了世纪性成功。对内实现了法权的统一。不再有身份歧视，不再有苛捐杂税，人性自主，市场活跃，法国进入飞速发展轨道。对外，作为文化软实力的象征，19 世纪的荷兰、意大利、土耳其乃至 20 世纪的埃及、叙利亚、伊拉克、利比亚、索马里都宗奉《法国民法典》，实现了法兰西文化的广泛传输和高端站位。

《法国民法典》产生于水磨风车时代，解决了平等人格、所有权神圣和契约自由等核心问题。我国《民法典》诞生于5G时代，除上述基本价值内核外，还得充分反映、识别信息化、智能化时代的新观念、新技术、新权利。所以，生物识别信息、虚拟财产、电子商务，无一例外地都进入《民法典》视野。比如，游戏账号就成为一种财产，不仅可以转让、拍卖，游戏中的城堡、美女、武士、金库等数字财产还可以赠予他人或指定网友继承。

但法典的时代性绝不是脱离理性地跟风追星赶时髦。有些新技术可能助推人类文明的进步，但也挑战着时代认知，是否必然带来新权利？对此，《民法典》的态度特别审慎。比如，爆红的机器人伴侣，按照《民法典》人法和物法的二元设计，明确将其界定为"物"，是玩偶、人工智能、基因技术叠加的高科技产品，不认可其人格并赋予权利。

为什么要将机器人伴侣排除出"人"的范畴？因为这些无毒硅胶树脂产品，虽然有着人的体型、面孔、肤色、语言，在不远的将来，还会植入情感链接，甚至具备生育功能。但我们必须意识到，这些高仿产品不仅冲击着市场，还冲击着基本的道德规范和人伦法则，甚至还会危及人本身的法律地位和生命意义。这种高度拟人化、类人化、智能化的设备、程序可能危及人的主体性、唯一性地位。有了这种玩偶，狗剩和小芳的恋爱、婚姻可能终结，虚拟的人机共情会取代现实的人际互动，最终损害人类的情感共鸣能力，取代婚姻家庭，占取狗剩作为丈夫、小芳作为妻子应有的法律地位和人伦角色，人会被机器玩偶彻底异化。

有鉴于此，《民法典》承认这些高科技产品的财产属性和技术权利，但并没有像欧洲议会《机器人民法规则》那样，赋予自主机器人电子人人格和法律地位，以免引起误会、误读、误用。

第二，国际性。《民法典》不仅是一个国家内部的法权单元，还是与外部世界互通共享的开放场域。

《民法典》的国际性主要体现在国际化视野和开放性两个方面。

就国际化视野来看，《民法典》充分关注了世界法治文明的优良成分，比如，人格权独立成编，全力保护国民各项基本权利。这既是体系的创新，也是制度的创新，契合了世界民法的主流价值。

以隐私权为例。信息化、大数据时代，当世界各国不断强化隐私权保护的时候，我国有位互联网大佬突然抛出一种奇谈怪论，说中国老百姓对隐私问题很淡薄、很开放，甚至愿意牺牲隐私换取方便、效率。

这是傲慢加无知，彰显了资本的狂妄自大，是资本操控市场后对人的操控。这位大佬的逻辑是什么？如果王小二隐私敏感度很低，什么都要拍一拍放网上，拿隐私求点赞、换流量，法律就没有必要保护他。按这种逻辑，网民王小二必然沦为金钱的奴隶，成为资本市场、数据大鳄的草民、贱民，最终沦为供资本驱策的工具。

《民法典》有力回击了这种谬论，彰显了现代民法典的价值立场。

首先，隐私面前人人平等。只要是人，不管是默默无闻的王小二，还是名满天下的张三丰，不管是美若天仙的女艳星，还是长相"委婉"的男丑角，人人都享有不受他人侵害的隐私权，不因贵贱而异，不因美丑而别。

其次，保护隐私是文明的尺度。无论是乞丐，抑或是精神病人都有不愿为公众所知晓的个人隐私，都受法律保护。这是文明的标尺。如果非要强行检点乞丐每天的总收入，还要打探精神病人受了何种刺激而精神崩溃，这些都属于刺探隐私。实际上，大家稍加留意，就会发现，因为涉嫌歧视，《民法典》中已经没有了"精神病人"这个词，换成了"不能辨认自己行为的人"，这本身就是一种文明的高度。

再次，隐私是自由人格的前提，是法律的底线和基座。即便王小二想当网红主播，自曝隐私，法律也是他最后的安全屋、避风港。不能因为王小二上传头像自称帅哥，李小三就将"二师兄"的鼻子P（电脑修图）上去四处转发，骂王小二没照镜子。这不仅缺德，还侵害肖像权、名誉权。

就开放性而言，《民法典》秉承主体平等、行为自由、规则明确的普遍规则，加持今年刚刚生效的《中华人民共和国外商投资法》，不断完善市场化、契约化机制，助推中国融入国际市场。

纵观历史，市场经济互通有无，本无界域可分，无论是遣唐使、市舶司，都彰显着唐宋的开阔胸襟和从容大气。

今天，不少人想穿越回宋代，为什么？因为幸福指数高。如果你是中年大叔，不管油腻不油腻，不管是来自陆路的胡商，还是来自海路的蕃商，在当时世界一线城市杭州租个小别墅、拥有一份技术工作、娶一个如花似玉的老婆，这都是标配，没问题。每一个人都有打开生活的自由方式，《梦粱录》中的杭州，夜市和早市可以无时差交接。相当于今天重庆的节奏：涮完火锅再K（唱）歌，闹腾到凌晨，重庆小面早早开张，坐等吃货上门。

第三，民族性。《民法典》不单纯是一种立法表达，还是民族精神的科学提炼和精准回应。

我们强调国际视野和开放度，但国际视野不是国际标准，开放度也不是什么都是别人的好，《民法典》必须坚守自己的民族立场，对外来先进文化要择善而从，对自己的优良传统更要从善如流。否则，就可能是邯郸学步，霹雳舞跳出僵尸味儿，学不来别人的长处，还丢掉自己的优势；既不能实现价值的正向引领，也不能有效解决中国问题。吃下带血的生牛排，不仅吸收不了营养，还会拉肚子拉到虚脱。

晚清民法典编纂的失败就是明证。清末修律，重金延聘日本志田钾太郎、松冈义正起草《大清民律草案》，抛弃传统，什么都照搬德国和日本。草案一出，举国哗然，老百姓不知所云，专业法官无所适从。最后只好将它送进博物馆，成了文物。

民族性表现有很多，最重要的就是对本土民法资源的提炼和继承。纵观本次民法典的编纂，民族性特色足、亮点多。我们简单谈两个方面。

第一个方面，弘扬传统文化。《民法典》第1043条出现了"家风条款"，要求树立优良家风，弘扬家庭美德，重视家庭文明建设。

有些网友认为这个条款中看不中用。为什么？因为家风条款本质上属于倡导性条款，不是规范性条款。既没有具体的行为规范指针，也缺乏法律责任约束。就像当年把"常回家看看"写进老年人权益保障法，既不具备可诉性，还不能强制执行，有什么用？笔者认为，家风条款实际上是一种立法价值导向，能有效传承几千年优良传统，发挥家的道德治理功能，矫正极端个人主义倾向。

该条款怎么发挥作用？家风条款实际上也是一种行为指引，法官判案时可以转接具体规范性条款，进行权利义务配置，产生实体规范力。比如，家暴可能导致监护权丧失，遗弃老人可能丧失继承权，等等。

家是最小的社会细胞，也是中国几千年来的文化根基。《民法典》充分尊重和保护个体权利，这是世界大潮，但也充分考量了家的治理功能，这是国情，是刚需。

第二个方面，确证习惯、习俗的法源地位。习惯是民族精神的直接映射，也是民间长期存在、广泛认可的行为规范。《民法典》通过第8条、第10条认可了公序良俗在物权法、合同法、侵权责任法、婚姻家庭法中的重要作用。在人格权领域，也通过专条规定了给孩子取名可以遵从习惯，但不得违背善良风俗。[①] 比如，广东不少人姓老，你叫老佐、老童没问题，但不能叫老祖、老爷、老爹、老妈，也不能叫老公、老婆，否则不是你占别人便宜，就是别人占你便宜，有违善良风俗。

另外，《民法典》第490条和第493条规定，在合同上按指印和签字、盖章具有同等法律效力。这是一个亮点，是对民间习惯的显性立法认同。

从考古史料来看，手印古代称"指模"，最晚从汉代就开始流行，叫"下手书"。按手印有什么用？一是身份确证，防止假冒。激光扫描时代，签字、印章造假太容易，但指模造假难度就大多了。二是人身信用，防止无权处分。古人订立重要合同，卖房卖地，成年家属都得打指模，省得房地产暴涨，老婆状告老公无权处分，说自己不知情、不同意，主张合同无效。三

---

① 分见《中华人民共和国民法典》第140条、第142条、第480条、第484条、第289条、第1015条。

是诉讼证据，防止欺诈。唐宋时期，江浙一带出现了一些防不胜防的合同诈骗，用乌贼的墨汁书写合同，白纸黑字，油光闪亮。但过上几年，纸还在，字没了。[①] 手印的存在至少可以作为合理分配举证责任的依据，最大限度减轻合同风险——没有合同关系，你能在空白纸上按手印？

60多年前，我们一直梦想开启民法典时代，但要么是时代条件不具备，要么是国际环境不理想，要么是民族性无从安放，所以，梦想一直都是梦想。今天，时代性、国际性、民族性三大诉求同时满足，梦想终成现实，《民法典》不仅成为国民权利的坚固堡垒，还必将成为中国引领世界的强大引擎。

---

① 宋末周密《癸辛杂识续集》亦称："盖其腹中之墨可写伪契券，宛然若新，过半年则淡如无字。故佼者专以此为骗诈之谋，故谥之贼也。"上海古籍出版社编《宋元笔记小说大观》第6册，第5834页。

目 录

CONTENTS

第一集　遵循善良风俗

2017年3月15日，第十二届全国人民代表大会第五次会议表决通过了《中华人民共和国民法总则》(以下简称《民法总则》)，并于2017年10月1日起施行，中国民法典时代正式驶入快车道。

什么是法典？就是关于某一个部门法的系统化立法文件。比如民法，是调整平等主体之间人身、财产关系的基本法。因为没有法典，只有相对独立的单行法，如果想知道孩子几岁能"打酱油"？我们就去翻《民法总则》，看看限制行为能力人的有关规定。你到普吉岛旅行，拜托父母照顾宠物——一只呆萌的泰迪犬，可回家后发现宠物被父母无偿送人了。能不能追回泰迪犬？这就得靠物权法了。五年前，你在雄安新区买了一套房，现在房价陡涨，开发商坐地涨价，拒绝交房，你就得依照合同法的相关规定要求开发商实际履行。如果晚上散步，被小区邻居的烈性犬咬伤，打完狂犬疫苗后，你就得翻开侵权责任法，找到动物致人损害条款，积极维护权利。当然，要解决结婚、离婚、分家、继承这些纠纷，你就得熟悉婚姻法和继承法的相关条款。

如果实现了法典化，上述各种单行法就会集中编纂在一起，形成系统、全面调整民事法律关系的法律文件汇编，凡事都可在这部法典里面找答案和依据，这就是《民法典》。

"总则"是《民法典》开篇之作，毫无疑问，它开启了《民法典》时代。那么，"总则"在《民法典》中处于什么样的地位？它是《民法典》的龙头，引领了整部法典的方向，代表了整部法典的立场，还可以保障法典各个部分血脉贯通，最终让《民法典》成为国民权利堡垒，为中国现代化转型提供正向的驱动力。

比如，"总则"第一章第一条开宗明义，宣示了《民法典》的基本价值立场：保护民事主体的合法权益，调整民事关系，维护社会和经济秩序，适应中国特色社会主义发展要求，弘扬社会主义核心价值观。

那么，什么是中国特色呢？笔者认为，"总则"所提出的特色指的是中国社会所反映的民族、文化、时代等特征。比如，通过监护权维系"尊老爱幼"的古老传统；通过对精神病人、智障者的特别保护体现人文关怀；通过认可和适用民间习惯尊重文化的多元性和互补性；等等。但最能体现中国特色的是"总则"设立了一项原则：善良风俗。

什么是善良风俗？就是一个社会普遍认同并具有广泛影响力的正向道德伦理观念和行为规范的总和。按照英国著名文化人类学家马林诺夫斯基的观点，风俗是一个民族精神文化"最基本的要素"，是依照传统力量让社会成员共同遵守的标准化行为方式。

按照这种理论，善良风俗天然分为两个层面：一个涉及最基本道德和伦理观念，一个涉及最具体的行为规范，这是维系社会和家庭的最基本法则。比如，不得故意杀害生命。不能因为同学比你优秀，得了奖学金，就羡慕嫉妒恨，投毒残害，致同学于死地，使得别人父母丧子，哭天叫地；自己父母欲哭无泪，绝望无靠。比如，不得故意破坏人伦亲情。不能因为邻家小媳妇长得漂亮、性感，就诱惑诱拐，带着别人的媳妇跑到天涯海角去天荒地老，破坏人伦和家庭。

这就是中国传统文化一再强调的"天理人情"，如果违背了，老百姓就认为是"伤天害理"。

有一部关于盗墓的电视剧最近几年特别火，不仅有小说，有电影，还被开发成网络游戏。为什么盗墓作品会有如此大的吸引力？因为墓中深藏的玄机、耀眼的宝藏，盗墓者的独门绝技，当然还有人性的阴暗难测和僵尸的玄幻诡异。但这些炫目的情节桥段，却掩蔽了一个道德问题：按照民间风俗，盗墓者的行为不仅危及死者的安宁，盗掘他人祖坟更给他人后代子孙留下难以填补的精神创伤。

这就是典型的伤天害理。此行为不仅会遭到道德的严厉谴责，还会招致法律的严惩。道德谴责方面，民间立场用的是最有力的精神震慑：遭天谴、受报应。盗墓者，要么自己受罪，要么子孙遭殃。比如，曹操为了筹措军费，设置了发丘中郎将和摸金校尉的职务，专门盗掘古墓。"建安七子"之一的陈琳谴责他"污国虐民，毒施人鬼"——破坏国家法制，让老百姓置身水火；手下军官开棺露尸，人鬼共愤。曹魏天下首尾相加不过46年，就江山易主，曹氏家族要么身患怪病，要么手足相残，老百姓认为这都是盗墓行为所致。

就法律层面而言，项羽攻入咸阳，盗掘秦始皇墓，失去了人心，也失去了天下。精明的刘邦反其道而行之，不仅派了专门卫队守护秦始皇陵，还制定了"发冢者诛"的法律——凡是盗墓者，一经发现，立斩不赦！此举既获得了人心，也赢得了天下。到了唐代，法律规定，盗墓见尸者，比照阳间故意杀人罪，杀无赦；并将"开劫坟墓"和十恶忤逆、故意杀人、制造毒药等罪行列为最严重的犯罪。

尊重死者的安宁，也就尊重了生者的身份权、人格权，这是中国几千年"死者为大"道德伦理的核心，也是善良风俗产生广泛、深刻社会效应的经典反射。从这个意义上说，"总则"设立善良风俗原则就是在尊重传统文化心理特色基础上的一种创造性立法进步。

为什么说是创造性立法进步？因为"总则"有两大贡献：第一大贡献是将"社会公德"转换成为"善良风俗"；第二大贡献是将善良风俗从道德义务上升为法律义务。

以前民法中有没有善良风俗？没有。此前的民法通则也好，合同法也好，虽然都在第7条规定了"尊重社会公德"，但没有确证"善良风俗"原则。

善良风俗与社会公德是什么关系？社会公德可以体现善良风俗，比如，不随地吐痰，不在婚礼上恶搞，不在城市主干道上暴走，不在居民区深夜练美声。但社会公德包含不了善良风俗，反倒是善良风俗可以包含社会公德。也就是说，善良风俗的内涵、外延远远大于社会公共道德。

社会公德调整的仅仅是外显性道德失范，只能规范人的外在行为，无法从灵魂深处矫正、疏导人心人性。而善良风俗经过长期的文化熏陶、改良、传承，已经形成了一整套从内到外的价值诉求和行为规则，不仅和社会公德一样具有普遍性、权威性，还具有强大的化成功能，化恶为善、祛恶扬善。

仔细考察，"总则"不仅用"善良风俗"替代了"社会公德"，还用四个条文将善良风俗引入法律规范。

——第 8 条：民事主体从事民事活动，不得违反法律，不得违背公序良俗。这是从法律基本原则层面提出的纲领性要求。好奇是人的本能，好奇害死猫，也可能害死人。看见一枚"小鲜肉"，就想知道他有没有女朋友；看见一个大美女，就四处打听她有没有男朋友。这些是人之常情，但不能超越界限，因为这些都属于个人信息，属于《民法总则》第 111 条保护的隐私权。你有打探的自由，但是别人也有保护自己隐私的自由。你的行为不能超越法律的边界，也不能溢出善良风俗的边界；否则，不仅要承担侵权责任，后果严重了，还得承担刑事责任。

中国长辈见了晚辈，最喜欢问：每月收入多少？谈恋爱没有？男朋友是不是高富帅？女朋友是不是白富美？干什么工作的？买房子没有？有多大面积？在什么位置？等等。这些中国式的问候，人情味特别浓厚。这些都算是风俗，但是否善良？那就得具体区分。如果是出于长辈的真诚关心、爱护，那就是"良"；知道了，不外传、不张扬、不当包打听、不当招风耳、不当漏风嘴，那就是"善"。

——第 10 条：处理民事纠纷，应当依照法律；法律没有规定的，可以适用习惯，但是不得违背公序良俗。这是从法源层面界定善良风俗对适用习惯的限制性条件。习惯可以成为法源，但前提必须合乎善良风俗。今天很多地方还流行恶搞型的闹洞房，这是习惯，但不得作为法源。为什么？因为这种恶搞是陋习，既称不上"良"，也谈不上"善"。

另外两条分别是第 143 条第三款和第 153 条第二款，这两条都规定：违背公序良俗的民事法律行为无效。

这是对第 8 条的具体回应，是从法律行为效力层面维护善良风俗。某档著名相亲节目红遍大江南北，吸粉无数。有一位女嘉宾和男嘉宾成功牵手走下舞台，男嘉宾以为抱得美人归而高兴过了头，一心一意要结婚，于是向女嘉宾提出了结婚的请求，还买了一辆宝马车无偿赠予女嘉宾并登记在其名下。哪知道，宝马车送了，女嘉宾却坚决要求分手，并且不承认两人之间有婚约，还不承认男嘉宾送宝马车的事实。男嘉宾一怒之下，将女嘉宾告上法庭，要求返还宝马车。

这是一份赠与合同，是附条件的赠与合同——什么条件呢？以未来缔结婚姻契约为前提。虽然已经交付、过户，但如果女嘉宾拒绝结婚，男嘉宾是否可以主张赠与合同无效，要求返还？

这在《民法总则》之前，确实很难办。民法通则和合同法都只承认社会公德，你情我愿，你送我宝马，我就笑纳，这属于赠与，你就不能再要回去，这和社会公德没关系。但按照合同法原理和《民法总则》，这宝马车不仅是爱意的表达，还是结婚意愿的表达。直说了，按照民间习俗，这宝马车是"定情物"，也属于"彩礼"，是为了结婚而赠与。如果你要悔婚，对不起，按照习俗，必须返还；否则，就违背了这种风俗中的"善良"品格。

但道德的框架永远圈不住人类的贪欲。彩礼返还之所以形成民俗，就是为了遏制这种贪欲，涤除婚恋关系中的道德投机，防范借婚恋之名骗婚取财。这种善良风俗该不该支持？朝阳区法院一审判决认定了宝马车的"彩礼"性质，要求女嘉宾返还男嘉宾 28 万元。

这件案子发生在几年前，考验了法官的智慧和勇气。因为男嘉宾的要求虽然合情合理，但在当时合不合法就不太好说了。法官很难在当时的成文法中找到具体的法律条文去保护这种民间习俗。但换在今天，法官就可以不承担于法无据的审判风险，理直气壮地适用《民法总则》第 143 条和第 153 条，直接宣告双方赠与合同无效，女嘉宾承担返还义务。

这就涉及另外一个问题："总则"为什么要将善良风俗从道德义务上升为法律义务？因为道德已经无从也无力规范、矫正个别人的反道德行为，只能通过立法予以强制。比如，共享单车为城市发展增添了一抹温柔的暖色调，是共享经济的典型代表和成功示范。遗憾的是，共享单车见证了中国城市发展的足迹，也考验着人性的底色。有人将共享单车锁定，独占独享；有人拆散部件，恶意毁坏；还有人随意停放，倒地不扶，脏了不擦，严重影响市容。如此一来，共享单车既带来了效率和便利，也激活了部分人的恶性。

怎么办？无非就两种途径：

一是制度约束、矫正人性。人性都有崇高的一面，也有卑污的一面。法律的缺位激活的不是崇高，而是卑污，不仅影响到一个时代、一个民族的文明程度，还关系到共同体中每一位成员的现实利益，只有法律，才是矫正人性的利器。将共享单车纳入法律视野，进行法制化管理，不仅可以实现正能量，还能遏制负能量。

想当年，澳大利亚一片蛮荒，是英国最大的罪犯流放地，袋鼠多，毒贩、妓女、黑帮、罪犯也多，是作奸犯科的天堂，是野蛮无序的代名词。但依靠法律，抑制恶性，开发善行，澳大利亚从野蛮走向文明，成为今天世界上文明程度很高的国度。

二是提升市民的道德水平。古人说"徒法不足以自行"——一个社会，只有干巴巴的法条是治理不好的，还需要道德的滋润、软化。法律是他律，再详尽的法律也不可能面面俱到，只有通过道德监督和砥砺，才能从内心激发出责任感、荣誉感，才能让共享单车成为智慧城市、文明城市的风景线和共振器。在共享中感知城市的美丽，人性的温情和世道的温馨。

我们说，"总则"确立善良风俗原则有两大贡献：将"社会公德"转化为"善良风俗"，又将"善良风俗"从道德义务上升为法律义务，从"软法"提升到"硬法"。实际上，更大的贡献还在于：善良风俗原则可以统率整部

《民法典》，确保法典适应中国特色需要，在有效保护当事人合法权益基础上，全面实现"总则"第一条的其他立法功能：维护社会和经济秩序，弘扬社会主义核心价值观。

比如，祭祀祖先是中国几千年的习俗。在古代被称之为"祭祀权"，具有崇高的法律地位，在民间也有着普适性的效力。后来，祭祀权从法权层面消失了，但在民间却以善良风俗的形式长期存在，还具有强大的调控力。

祭祀权是什么呢？就是生者对有利益关系的死者进行哀悼、追思并葆有特定权利的法律利益。但祭祀权淡出法权后，这些法律利益还受不受法律保护？通过什么样的法律保护？

答案很简单：这属于"总则"第一条所谓的"权益"，无论从天理人情层面，还是从社会稳定层面，都应该保护。但翻遍"总则"以前所有的民事法律，找不到这样的保护性条款。

"总则"能不能保护这类权益？我们看个案例就知道答案了。

南京曾经出现过一起诉讼案：有一对姐弟，在父亲去世后，姐姐在父亲墓碑上只刻上了自己的名字；弟弟认为自己的权利受到损害，诉请法院维权。白下区法院认为：依照我国社会的一般民俗和伦理习惯，死者的子女、配偶等近亲属都可在墓碑上署名，这是固有的亲属关系上的名分及丧礼，体现了一种身份权。一审判决要求当姐姐的更换墓碑，添注弟弟名字。但南京中级人民法院二审却认为：民间祭奠仅仅是一种习俗，并不是法律规定的与人身相关的具体权利，不属于民法通则调整范畴，也不属于法院管辖范围。据此终审判决撤销了白下区法院判决，驳回当事人起诉。

认真说来，白下区法院的判决才是合情合理的判决；中院的判决表面上合法，却严重背离了民法的价值立场和中国国情需求，不仅没有平息争端，反而激化了矛盾。因为对祖先的祭奠权利产生于中国古老的伦理哲学，基础就是血缘亲情，是对自由、尊严、名誉、隐私、精神安宁等价值的合理追求。保护这种诉求，有两方面的重大功效：

一是强化身份认同，凝聚人心，形成共同的价值观。中国没有原生的宗教、维系家族、民族最重要、最根本的纽带就是"中华民族"这样的族群身份。为什么今天还在祭祀炎帝、黄帝？就是为了凝聚人心，形成共同的价值观。

二是实现由家到国的一体化治理模式。消弭风险，稳定地方，最后实现国家的长治久安。为什么现在有些人成了"人渣"？很大层面的原因就是信仰迷失，无知无畏。这些人上不敬天地，中不敬祖灵，下不敬父母，走上社会，动不动就抬头骂天、低头骂娘，成为不知敬畏、不知感恩的行尸走肉。

有朋友可能对碑上刻名持有异议。子女为什么会在父母祖先的碑上刻名？一是为了标注身份，二是为了表达纪念。否则，自己良心难安不说，还得承受亲族、社会的各类消极评价。

当然，南京中院的终审判决虽然保守，但事出有因：法官追寻不到可以直接适用的法律条文，为规避审判风险，只好一推了之。但《民法总则》颁布，这就是"总则"第一条认可的"权益"，法官可以援引"善良风俗"原则对当事人合情、合理、合法的权益进行充分的保护。

最后，我们还要说明，善良风俗既不违背主流价值观，也不危及公共利益与其他人利益，还能够在《民法典》中有效融入中国元素，在传承优秀传统文化的同时，弘扬正能量，通过民事立法和司法推动家庭和社会的有效治理。

我们以善良风俗为例，解读了"总则"第一条的几个关键词：权益、中国特色、核心价值观，说明了《民法总则》的引导性作用。那么，"总则"又是如何引导中国步入现代化、民族化轨道的？后续将带来详细解读。

第二集　保护胎儿权利

《民法典》"总则"第 16 条规定：涉及遗产继承、接受赠与等胎儿利益保护的，胎儿视为具有民事权利能力。

这里所谓"视为"，就是法律上叫的"拟制"，就是一种假设—因果关系。也就是说，只要胎儿生下来是活蹦乱跳的小生命，知道又哭又叫找奶吃，那他在母体里的时候，就算是"人"了，还没生下来就能继承他父亲的遗产。这种拟制第一次让胎儿获得了法律上可能的法律地位，是中国民事立法的重大进步，代表了《民法典》可贵的生命立场。

在民法通则时期，民法没有界定胎儿的法律地位，只是技术性地确立了胎儿向婴儿转换的标准："出生"。所谓"出"，是指脱离母体；所谓"生"，是具有独立的生命体征。但这个标准在价值上和逻辑上都存在问题：价值上，胎儿只要还没脱离母体，那就不是民法上的"人"，不享有独立的法律人格；逻辑上，既然不是"人"，也就不享有法律人格，不受法律的强力保护。

"总则"的进步意义有多大？我们看一个案例就知道了。

2010 年 9 月，江西省丰城市一位即将临盆的孕妇遭遇车祸，腹中胎儿因此死亡。后来，当事人向丰城市法院提起诉讼，主张了医疗费、残疾赔偿金、精神抚慰金等损害赔偿费。特别是对胎儿死亡提出了丧葬费、死亡赔偿金两项诉讼请求。法院支持了对孕妇本人的各项赔偿请求，但对于胎儿权利的请求，法院怎么判决的呢？不予赔偿。理由是：因为胎儿还不是"人"，不具备民事主体资格。既然还未"生"，就不存在所谓"死"。

法院的判决依据是什么呢？是民法通则第 9 条：自然人的民事主体资格始于出生，终于死亡。[1] 胎儿尚未脱离母体，不能算"人"，也不享有民事主体的一切权利。[2]

胎儿到底算不算人？这是一个永恒难解的问题，涉及一个民族、一个时代的文明程度和道德高度。如何解答这个问题不仅涉及胎儿的法律地位和权利构建，还涉及对胎儿本身的侵权损害赔偿。按照今天的标准，胎儿和婴儿的转换条件就两个：是否脱离母体；是否具有独立的生命体征。

我们穿越一下，看看古人如何解决这种难题。

在早期文明中，谈不上对胎儿利益的保护，道德、法律双向关注的是对婴儿权利的保护。

婴儿权利的保护也经历了相当长的历史时期。纵观人类进化史，世界各地都存在过"杀首子"的习俗。中国早期的少数民族、迦太基人、腓尼基人都有过这种"人祭"的历史，将头胎子女杀掉敬奉神灵。最熟悉的例子就是齐桓公时期"三邪"之一的易牙，杀掉自己的第一个儿子，蒸熟了献给齐桓公，赢得了齐桓公的绝对信任。[3] 实际上，按照史料，在易牙之前，被奉为仁君典范的尧也杀过自己的大儿子，所以被人斥为"不慈"。[4]

为什么要杀掉第一个孩子？敬奉神灵只是表面的解释。真正的原因是什么呢？保障丈夫血统的纯粹性：在杂婚制时代，男女关系开放度很高，男性娶妻回家，所生的第一个孩子极有可能不是自己的。为了确保血缘正统，杀掉头胎就成了自然的选择。但通过杀害生命来确保血缘正统，无论理由有多正当，也显得残酷寡恩，所以，才拉大旗作虎皮，抬出神灵来遮遮掩掩。

为了终结这种野蛮习俗，孔子提出了"男女大防"理论。这理论到今天

[1]《中华人民共和国民法通则》第 9 条："公民从出生时起到死亡时止，具有民事权利能力，依法享有民事权利，承担民事义务。"

[2] 陈丽：《孕妇遭遇车祸胎死腹中 有精神抚慰无死亡赔偿》，"人民法院网"，2011-03-29，http://www.chinacourt.org/article/detail/2011/03/id/445720.shtml。

[3] 具体考证及文献详参裘锡圭：《杀首子解》，《中国文化》1994 年第 2 期。

[4]《庄子·盗跖》。

遭到了很多人的批判、嗤笑，觉得荒唐。但回归历史，孔子是一个爱心满满的人，他通过男女自然禀赋进行角色定位、科学分工、分类管理，通过物理区隔、内外有别来净化男女关系。

这种区隔的标志就是垂帘相对，但闻其声，不见其人。那时候没 QQ 聊天，没微信传艳照，更没有表情包。垂帘而对，确实遮蔽了男女的自由交流，但从文明的演化历程来看，这道帷帘也筑起了生命的屏障，保全了无数婴儿的性命。

后来，汉族文化又用另外一种仪式解决了这一难题：分居拜庙。所谓分居拜庙，就是新郎迎娶新娘后不是夫妻双双把家还，不是三拜之后进洞房。新郎得把新娘送到一个特定的地方静养，自己孤零零回家，陪一帮光棍朋友喝酒侃大山。三个月后，当新娘没有异响异动，再由新郎接出来，先到祖庙，相当于后来的祠堂，拜见列祖列宗，再回家拜见公公、婆婆。从这一天开始，新娘才算是名花有主，成为夫家的一员。

说白了，这三个月就是考察期。如果新娘有婚前怀孕迹象，必然躲不过夫家的监督。如果发现新娘已经有孕在身，夫家就有权解除婚约，新娘就只能从哪里来回哪里去。所以，这又催生了另外一种习俗：新娘家特别怕女儿被遣送回家，女儿出嫁出门后，当妈的就端着一盆清水，狠劲泼出去，向夫家宣告自己女儿的清白。这就叫"嫁出去的女泼出去的水"。

说起来，分居拜庙让新婚夫妻失去了洞房花烛的快乐，也不怎么人道，但和"杀首子"相比，这已经算是进化到了很高的文明形态。

到了中古时期，文明进化到了第三个阶段，不仅对婴儿进行保护，对胎儿权利也倾注了更多的人道呵护。无论是传统法律，还是人伦法则，抑或是街头巷尾大爷大妈的道德话语场，都不同程度地将胎儿视为"人"并给予最严格保护。

唐代虢州刺史袁郊写过一本传奇小说，名叫《甘泽谣》①，里面讲到一起

---

① 袁郊《甘泽谣·红线》："时里有孕妇，忽患蛊症，某以芫花酒下之，妇人与腹中二子俱毙。是某一举杀三人。"

医疗事故：一个孕妇腹腔长了寄生虫，古人叫"蛊症"。医生犯了经验主义错误，用芫花酒杀虫，导致孕妇和腹中两个胎儿全部死亡。这医生遭了报应，下世投胎变成了女性，成为卑贱的女仆，就是著名的女侠红线女。①

这种因果报应虽是民间的想象、附会，但确实代表了古代民间的道德立场：作为医生，红线女的前身用药不慎，一举杀死了三个"人"，最后受惩罚变成女身和奴仆。这则传奇说明，在当时的民间，胎儿就是一个"人"，不得伤害、残害。

依《唐律疏议》，孕妇求医，医生故意不依方配药，导致胎儿死亡，那是故意杀人，后果很严重：死刑；如果不小心，也是过失杀人，两年半徒刑。即便孕妇、胎儿都好好地没事，医生也要杖六十。②

实际上，民间也有"百日魂上体"的说法，只要怀孕到了第三个月，胎儿就已经有了知觉——这和现代医学完全合拍。胎儿到了第三个月，各种器官已经基本成形，这时如果堕胎，那就等于杀人。死去的胎儿还会变成"恶婴"，自己复仇——这当然是玄幻、笑话，是民间传说的穿凿附会，但目的也是让人多积阴德，珍爱生命。

古代刑罚中有一个法则：孕妇犯罪，不得拷讯，必须等到"产后百日"——生下孩子满一百天才能拷讯。这一法则从南北朝时期一直沿袭到清代。如果无视法律拷讯孕妇，官员得挨板子；如果导致孕妇流产，官员不是丢官，就是入狱。比如《唐律疏议》就规定：如果执法者违法拷讯，导致孕妇受伤，就比照斗殴杀伤论罪；如果导致胎儿死亡，比照过失杀人论处，判

---

① 《太平广记》卷第195《豪侠三》记载更为详细：红线曰："某前本男子，游学江湖间，读神农药书，而救世人灾患。时里有孕妇，忽患蛊症，某以芫花酒下之，妇人与腹中二子俱毙。是某一举杀其三人，阴力见诛，降为女子，使身居贱隶，气禀凡俚。幸生于公家。"

② 《唐律疏议·杂律·医合药不如方》中就有记载："诸医为人合药，及题疏、针刺，误不如本方，杀人者，徒二年半。""其故不如本方，杀伤人者，以故杀伤论；虽不伤人，杖六十。"疏议中还特别重申了，即便"于人无伤，犹杖六十"。

处徒刑两年——这里所谓过失杀人之"人"，显然是指胎儿。①

　　为什么会如此规定？清代著名律学家沈之奇的解释很有人情味：产前不行刑，是为了保护胎儿；产后百日行刑，是因为母亲哺育三个月后，婴儿才能够延续生命。②

　　再看域外。以美国为例，就历史发展轨迹来看，保守人士因为宗教、道德原因将胎儿视为具有生命的个体，主张赋予其法律人格，除非危及孕妇生命，不得擅自堕胎，否则就无异于谋杀，不仅要承受道德谴责，还得承受法律的严惩。自由派人士则注重保护孕妇个人自由选择权、隐私权，允许对胎儿命运进行合理处分。

　　保守派、自由派两派的斗争到了20世纪出现了新的转机。1973年，美国联邦最高法院Roe v. Wade一案终审判决确认了孕妇的个人自主权和隐私权，间接承认了孕妇的堕胎权。但即便在这个争议极大的判决中，法官也适当限缩了孕妇的权利。这就是著名的"怀孕三段论"：怀孕前三个月，胎儿不算"人"，是否堕胎取决于孕妇的决定权；中间三个月，胎儿长成人形，除非严重影响到孕妇本身的健康，州法律限制堕胎；最后三个月，为了保护潜在的生命和产妇的健康，禁止堕胎。

　　进行法文化比较后，我们再回到开篇的判决。从适用法律角度而论，江西省丰城市法院的判决并没有什么不妥，因为民法通则只设计了"出生"的标准作为胎儿是否转换为"人"的法定标准。本案中，产妇虽然临盆待产，但毕竟胎儿还没有脱离母体，也无从检验其是否具有独立的生命体征，所以不能视为法律上的"人"，也不能作为民事主体主张权利。

　　从法律上看，丰城法院的判决无可指责，但无论从人伦道德，还是从人情法理，不予赔偿确实有违人道。毕竟，一个可能生命的骤然终止无论如何

---

　　①《唐律·断狱》规定：妇人怀孕，犯罪应决杖笞，皆待产后百日，然后决。若未产而决杖笞者，杖一百；伤重者，以斗杀伤论。若堕胎者，合徒二年。妇人因而致死者，加役流。限未满而都决者，减一等。

　　② 沈之奇：《大清律辑注》："既保其胎于生前，复全其子于产后。"产后百日，其所生之子乃可"哺食续命"。法律出版社2000年版，第1047页。

都是可怜可悯，可悲可吊的事。

"总则"的诞生，解决了这一人伦和法律的困境。和民法通则相比，"总则"最大的进步表现在三个方面：

第一大进步，从逻辑上肯定了胎儿成为"人"的可能性。从章节安排上，"总则"将胎儿利益放在第二章"自然人"部分，这就从逻辑层面解决了胎儿是不是"人"的问题。

所谓自然人，就是自然出生并依法享有法律人格和权利的人。实际上，胎儿是否属于自然人，是否属于民事主体，一直是大陆法系难以破解的逻辑难题。

近代以来，受理性主义哲学体系的影响，德国民法典形成了"人—物"二元区分理论，形成了非"人"即"物"的逻辑推理。理论上、逻辑上看起来很完美，但一到经验、伦理层面，就很容易出问题。

比如，动物、胎儿、尸体的法律地位怎么界定？说牛羊和人享有同等民事法律权利，肯定不妥。但说动物是纯粹的"物"，人就是"主人"，是主宰，要么竭泽而渔，赶尽杀绝，要么烟熏火烤搞虐杀。这不仅违背自然法则，还可能带来种群灭绝和环境灾难。说尸体是"人"，但这"人"已经死了。按照"人格"理论，他已经丧失权利能力，不再属于民事主体。但要说尸体是"物"，盗卖尸体配阴婚、侮辱作践尸体在逻辑上就只能构成侵害财产权，而不构成侵害人格权、身份权，这显然又是荒诞不经的。胎儿更是如此。说他是"人"，他只是特定的细胞组织；说他是"物"，出生之日他就变成了"人"。

能不能回避这个逻辑难题？回避不了。最大的风险就在于，如果认定胎儿是"人"，母亲的堕胎或他人的伤害就可能构成故意杀人罪；如果认定胎儿是"物"，那就是一团血块，这无疑会撕裂道德的内核，击穿人伦的底线。

"总则"将胎儿归类于"自然人"中，从逻辑上最大程度缓解了"人—物"二元区分的逻辑僵局和价值两难。为什么呢？因为它提供了一个比照标准。按照"总则"第16条立法精神：当涉及胎儿未来权利保护的特殊情形下，胎儿享有和"人"一样的权利，不能被剥夺和限制。这就从逻辑上将胎儿视为"人"，解开了"人—物"对立的逻辑死结；价值上又实现了对胎儿权利的特别保护。

第二大进步，赋予了胎儿在财产法上的法律人格。

继承法第28条规定：遗产分割时，应当保留胎儿的继承份额。这一立法从法律上保护了胎儿的继承权，但其范围仅限于财产法上可能的权利，没有赋予胎儿相当于自然人的身份。而"总则"第16条用拟制手段从法律上逆推胎儿具有与自然人同等的人格。

这两者之间有什么区别？继承法采用的财产预留模式：小子，遗产分割先留出一份，你要出来，变成了"人"，这遗产就归你；要不然，就成别人的了。"总则"采用的是人格赋予模式：小子，只要你争气，活着落地，你在娘胎里就成"人"了。今天的财产分割从你娘受胎开始你就有份；姥爷的玛莎拉蒂汽车你在娘胎里就归你了。

说起来，结果似乎都一样：都要出生落地才有份。但两者之间最大的区别就在于：按继承法模式，胎儿出生后才算是"人"；而按"总则"模式，胎儿没出生、落地前，就算是"人"了。

这种立法充分借鉴了西方立法的经验。《法国民法典》规定，只要已经受胎，胎儿就享有接受赠与的能力；即便还未出生，但继承开始时，视为胎儿在继承前就已经"出生"。[①]《德国民法典》也明确规定，只要继承开始时已经受孕，就直接认定胎儿于继承开始前已经出生，和其他继承人具有同等法律人格和权利。[②]

第三大进步，拟制主体说为胎儿的其他权利保护打开了通道。严格意义上说，"总则"对胎儿进行主体拟制，不仅有利于逆推胎儿的法律人格，还可以保护其未来利益。

---

①《法国民法典》第906条第1项规定："为有受生前赠予能力，以于赠予时已受胎为已足。"第725条规定："尚未受胎者，不得为继承人。"第1923条规定："在继承开始时尚未出生，但已怀孕的胎儿，视为在继承开始前出生。"

②《德国民法典》第1923条第2项规定："在继承开始时尚未出生但是已经受孕者，视为在继承开始之前已出生。"

如果胎儿还在母体，但抚养人因他人侵权死亡，胎儿一出生就面临生存艰难，能不能主张侵权人赔偿抚养费？按照民法通则和继承法，这是不可能的。但依据"总则"，这就可能成为法定权利。

法条很抽象，我们还原到具体案件就简单多了。成都发生过一起车祸，作为胎儿抚养人的父亲死亡。第一次赔偿时，胎儿的权利被忽略。后来，胎儿出生了，又以被扶养人身份要求赔偿。法院依据民法通则第119条，判令加害人向被害人生前需要扶养的人支付了必要的生活费等费用。①

这是成都首例遗腹子索赔案，判决合情合理。但是否合法？法官将遗腹子解读为"生前需要抚养的人"，这需要很高超的智慧和很大的勇气。因为前面说了，民法通则根本就没有赋予胎儿以"人"的身份，也没有规定其未来权利。但有了"总则"拟制主体身份，胎儿未来权利的保护就有了明确的法律适用依据。

更重要的是，如果孕妇被撞了，胎儿生下来成了残疾人甚至成了脑瘫儿，他母亲固然可以请求赔偿。脑瘫儿能不能作为原告提起诉讼，要求侵权人承担侵权责任？这个问题在世界各地都有不同的处理规则。依据民法通则，那时候，胎儿没有出生，所以没有这方面的权利。但依据"总则"的立法逻辑，因为出生前受到损害，胎儿出生后是可以作为原告依法维权的。

胎儿权利的保护代表了一个时代的文明高度。近代以来，各国民法典纷纷对此提供了人性化的保护，这既是文明的进化，更是法律的升华。《民法总则》关于胎儿权利保护的规定，既吻合了人道主义的生命立场，也回放了固有文明的曲折历程。既可为捍卫生命提供坚实的堡垒，也可为民族的繁盛提供有效的制度供给。

除了捍卫生命，"总则"还有哪些亮点值得我们去追寻？后续将带给您更多解读。

---

① 李晓波:《父亲车祸死亡 遗腹子索赔成功》,《天府早报》2008年12月12日。

第三集　尊重民间习惯

《民法总则》第 10 条规定：处理民事纠纷，应当依照法律；法律没有规定的，可以适用习惯，但是不得违背公序良俗。这一条属于授权性规定，确立了习惯的法源地位。

习惯能不能成为法官的直接援引并作为判案依据？这是历来都备受关注的话题。

我们常说，习惯成自然。有的人公鸡打鸣就起床锻炼，有的日上三竿还睡懒觉做美梦，这是作息习惯。有的喜欢上海菜的甜酸，如果吃不上，勾兑一碗糖醋开水也能让味蕾过把瘾；有的喜欢四川菜的麻辣，找不到川菜馆，拿着几个干辣椒都能嚼上半天，这是饮食习惯。

习惯是什么？习惯就是民间生活中长期形成并被广泛认可的各种行为规范和行为偏好。习惯为什么会成自然？因为长期的熏陶、训练、适应，人的生物钟、味觉嗅觉已经习惯了这种节奏、味道。你要上海人到重庆，成天吃火锅，不仅找不到舌尖上的重庆快感，回上海还得跑医院调理肠胃。为什么？因为不习惯。

那么，法律上有没有这样的习惯？很多。行为偏好不构成行为规范，但社会生活中的很多"习惯"就是行为规范，甚至上升为习惯法和成文法。比如抢婚，就是人类早期缔结婚姻的习惯。一个成熟的单身男性看中了另外部落一个成熟而未婚的女孩，惊为天人，属于自己的梦中女神，骑着快马抢了女孩就跑。然后成家立业，生儿养女，他就成了一个有家的人。

抢婚盛行于早期世界各大文明地区，后来就从习惯上升为习惯法，成为约束人类婚姻的一种行为规范，所以形成了法律上有名的一种婚姻制度——"掠夺婚"，民间普遍称为"抢婚制"。

但我们不能误会，以为抢到手的美女就自然成为自己的新娘。你还得按照习惯承认的规矩办事：你可以暂时控制她的人身自由，但不得侵害她的一切权利。你还得扛着一头野猪做彩礼，赶快到她父亲、兄弟部落去报信、求婚。她的父亲、兄弟答应了，接受了你的野猪，这婚姻才有效力。否则，你就得乖乖地放人。要不然，面临的就是你和可能的小舅子之间的个体决斗，甚至引发部落之间的战争。当然，抢婚制的法律效力今天已经完全丧失，演化成了一种仪式和娱乐节目。

习惯、习惯法在法律文化史上有哪些作用？意义有多重要？我们简单梳理一下：

首先，习惯、习惯法是法律民族性最集中的体现。表达了一个民族特有的价值观念、道德立场、生活方式和社会交往法则，代表了民族和时代的基本精神。

比如，中国的孝道，本来是来自家事习惯和习惯法。对于孝顺儿孙，就是褒奖、鼓励；对于那些动辄对父母冷眼相向，甚至拳打脚踢的不孝儿孙，轻则打板子，重则在祠堂当众用棍子敲死。后来国家发现治家和治国具有一致性，就将孝道从家庭的道德义务上升为国家的法律义务。胆敢辱骂、殴打父母者，统统构成不孝甚至"大不孝"，会被处以极刑。所以，有人说，中国以孝治天下。这就是民族性。

其次，习惯、习惯法还是成文法最主要的来源。前面说过，家庭、家族对子孙严加管教和惩处，有效实现了家族的内部治理。后来国家基于时代需求和治理绩效，将孝道上升为成文法、国家法，家庭、家族的自治法和习惯法就成为孝道法律的最主要来源。

最后，习惯、习惯法也是成文法最重要的补充。习惯、习惯法不仅具有民族性、时代性，还具有地域性。国家立法的时候，要么基于价值立场，要么基于立法成本，不可能对所有的权利义务关系都规定得清清楚楚、明明白白，这就必然出现漏洞。

这漏洞怎么填补？最重要的就是习惯和习惯法。比如风水信仰，不可能在法律中作出明确的规定，但在民间这种信仰还广泛存在，根据这种信仰还确立了很多行为规范。比如，你家的房檐高度不能超过我家的房檐，否则就"压"住了我家的"风水"。这些纠纷，法律不是不解决。从西方的罗马法和中国的《周礼》时代开始，法律都用相邻权来解决。但相邻权是物权，只能解决房檐滴水是否影响到邻居的正常生活，不可能解决基于风水信仰所产生的心理需求。如果不解决，不仅会引发争端，还会诱发家族性的械斗。怎么办？尊重民俗、民情。按照民间的习惯或习惯法来处理，这事自然就完事大吉。不仅平息了争端，还填补了成文法的漏洞。

通过上述三点，我们说明了习惯、习惯法具有民族性、时代性、地域性，代表了立法的民族立场。

《民法总则》之前我们承不承认习惯？也承认，但范围极其有限。比如，合同法就承认了交易习惯的法律地位。你吃重庆小面，是先吃面，还是先付钱？这就完全可以依照交易习惯。再比如，物权法也承认了相邻权领域的纠纷可以适用民间习惯。如果你家在上风口，你排烟就得注意，不能让我家一年四季烟雾缭绕；你家要养蟒蛇当宠物，我家有老人、小孩，你就得牢牢看住蟒蛇，不能爬到我家窗户上打秋千，吓死人得偿命，吓坏了得赔钱。

遗憾的是，除了交易习惯和相邻权习惯，我们还有大量的习惯没通过立法予以明确认可。纠纷发生后，当事人各执一词，法官举棋不定。比如，所谓"凶宅""鬼屋"的买卖，如果买受人不知情，出卖人也未告知，买受人主张合同无效，法官该不该支持买受人的诉讼请求？这就涉及习惯背后所蕴含的民族精神和民俗信仰。在法官看来，这可能是封建迷信，无稽之谈，法律上也找不到支持的依据，可能判决买受人败诉；但对买受人来说，这不仅涉及房子能不能住的问题，还涉及特定的精神利益问题。法官不支持，又能找谁讲理、维权？

很幸运，《民法总则》弥补了这项立法缺陷，打开了《民法典》民族性的广阔通道，构建了《民法典》民族性的高阶平台。考察晚清以来的立法史，这是一次全面而深刻的立场回归。回归什么呢？回归到立法的民族立场，打造具有中国民族特色的《民法典》。

晚清也编纂过《民法典》，聘请了两位日本民法学家主持。但两位民法大家醉心的是西方所谓先进法治理念，钟情的是欧洲民法典的正宗，对于中国本土国情、民俗习惯，要么茫然不知，视同无物；要么傲然不顾，视为残渣。什么条款，都看看德国人怎么说，法国人怎么看，意大利人怎么处理。如此下来，一部纯粹西化的民法典草案应运而生，这就是《大清民律草案》。

可惜，这部民法典草案永远只是应景的文本，没有办法成为法典。最大的问题就两个：一般人读不懂；读懂了，也不愿意用。理由很简单：这是欧洲法典的翻版，没有中国特色，不合中国口味。有意大利比萨的甜酸柔腻，却没有川菜的麻辣香鲜。不合时宜世态，也不合国情民意，只能束之高阁，成为一份研究文本。

为什么叫回归？因为《民法典》本身就是一种文化选择，而文化天然具有本土性、区域性。英国著名历史学家汤因比有个生动形象的比喻，他认为，不同文化之间，就好比两个人。对一个人可能是美味佳肴，对另一个人可能就是致命的毒药。对一个身强力壮的人，吃点鹿茸，喝点参汤，冬天零下二十多度还只穿一件单衫，身体倍儿棒；但一个身体极度虚弱的人大量进补人参、鹿茸，不仅补不了元气，还会致命丧身。

比如，最近几年，出现了几起儿女向父母索要压岁钱的纠纷。这就涉及一个问题，压岁钱到底是谁的？按照西方所有权归属原则和无偿赠与合同理论，这笔钱确实该归孩子。我们很多子女现在也习惯用西方民法理论解读压岁钱，认为这笔钱天经地义归自己，理直气壮地放进自己的存钱罐、银行卡，独占独享。

但我们忽略了一个现象：西方社会没这习惯。同时，我们也忽略了三个问题：

首先，别人为什么给压岁钱？不是因为你是小孩就该得压岁钱，而是因为你是谁家的小孩别人才给你发压岁钱。换言之，压岁钱带有身份性，并且不是基于小孩自己的身份，而是基于父母的身份。

其次，压岁钱是否礼尚往来？压岁钱既然是一种基于特定身份产生的赠予，这就是一种债，是人情债、良心债，是家庭的连带之债。这债就必须还。否则，到了明年春节，不仅没了压岁钱，还会招来亲朋好友白眼和嘲讽。

再次，孩子是否天然就享有所有权？如果父母出于爱心和理财计划将压岁钱归属在子女名下，这是一种家庭自决权，但只要没有进行明确界分，还是应当属于家庭共同财产。

说白了，压岁钱是中国式人情，是一种礼俗和习惯。面对这种习俗，晚辈一定要明确区分民法的西方法律语境和中国的古老道德传统，不要用所有权的理念去解读自己的压岁钱。因为西方的逻辑话语和价值取舍在家庭责任和义务上并不适合中国，因为人生永远没有心安理得的不当得利。

此前，如果发生压岁钱纠纷，起诉到法院，法官会怎么办？依照西方的民法理论，全判给子女，合法但不合情理；判为家庭共有财产，合了情理，但又于法无据。有了"总则"第10条，法官就有权参酌中国的习惯对这类案件作出合情合理合法的判决。

压岁钱看似小事，却关系到基本人伦、社会人情，更关系到一代未成年人的基本价值观。如果民法对此熟视无睹，完全无视中国式人情、习惯，不仅会淡化善性，还会诱发恶性。

实话实说，我们的《民法典》之所以历时大半个世纪，一路坎坷，既不是政策导向问题，也不是立法技术问题。真正的问题是：我们没有找到《民法典》的民族立场和价值坐标。全盘西化，会导致囫囵吞枣，消化不良；回归传统，又怕抱残守缺，坐井观天。这种犹豫和延宕，最终导致自己的反不掉，别人的也拿不来。等到急需法律的时候，要么盲从西方，要么割裂传统，晚礼服没做好，就撕裂了旗袍，要遮羞就只能拿着被单随身裹。

《民法典》作为一种文化选择，是特种民族文化的价值表达和传输，而习惯就是民族立场和时代价值的试金石。

《法国民法典》颁布后，在大欧洲和法语语系地区引发了轰动，大家纷纷效仿、点赞。德国法学家坐不住了，一部分主张全盘移植《法国民法典》，一部分主张独立编纂。关键时刻，年轻气盛的萨维尼出场了。他认为，法律和语言、风气、社会结构一样，是民族精神的显现和载体。只有尊重、反映民族精神，那才是自己的民法典。否则，要么是移花接木，花是玫瑰，木是榆树，没法对接存活；要么自欺欺人，拿一部民法典显摆炫耀，别人家有的，我们家也有。如果一时半刻找不准民族精神怎么办？那就回归历史，先找到历史精神。

民族精神也好，历史精神也好，都是指一个民族最深层次的文化基因遗存和外在制度显现，习惯刚好体现了两种精神的统一。

那么，根据"总则"第 10 条，哪些才能称为民事习惯呢？这得注意几个标准：

第一个标准，持续性。凡是能称为"习惯"的，必须是长期存在于社会生活、经济生活中的行为规范。比如，在市场买咸鸭蛋，你拿出一块钱递出去，别人才会把咸鸭蛋递上来，这就是延续了几千年的交易习惯：一手交钱，一手交货。后来西方《合同法》把这种习惯改造了，成为一项抗辩权，叫"同时履行抗辩"。

第二大标准，公开性。凡是能称得上习惯的，都是众所周知的行为规范，不是一时兴起，更不是突发奇想。比如，物权习惯当中的相邻权，你家的紫藤一到春天夏天，不仅开枝散叶，还串根交缠，长到我家院子，不仅引来蚊子、蚂蚁，还会让老鼠、蛇顺藤攀缘，访问我家。怎么办？习惯上有两种处理方式：首先，我请你自己砍掉伸到我家的紫藤根茎，恢复我家阳台原状；其次，如果你不愿意，或者不动手，我就自己动手，在分界线处截断紫藤。这样做，你服不服气无所谓，但得服理，因为这是大家都知道、也认可的规则。

第三大标准，权威性。习惯必须在一定区域范围内具有权威性，获得人们的普遍认可和服从。比如，前面讲到的"凶宅""鬼屋"，虽然没有科学依据，但也不是什么封建迷信，而是一种民俗信仰。有没有鬼是科学问题，怕不怕鬼是心态问题。你卖房子的时候不讲清楚，不仅不地道，违背善良风俗，还会引发持续性的官司。当然，要是你自己疑心生暗鬼，把好端端的房子半价卖掉，后来证明这纯粹是鬼扯，能不能要回房子？按照习惯，肯定不行。

这三大标准涉及法官适用习惯判案的基本规则。"总则"第10条特别强调，习惯的适用不得违背公序良俗。也就是说，习惯除持续性、公开性、权威性三大标准外，还得满足一个前提：必须是好习惯，具有道德目标上的正当性。既不影响公共秩序，也不违背善良风俗。否则，可能就是"恶习""恶俗"，不能援引、适用。比如，今天恶搞式的闹洞房，还有结婚彩礼推崇的"万紫千红一片绿"。

解读"总则"第10条，还有两个问题需要说明。

第一个问题，尊重习惯不是今天才有的立法立场，这是中国法文化的悠久而优良的传统。比如，今天的招投标合同，学界一般认为来自18世纪的英国。但考校传统法律制度，中国南宋就有了相当完善的招投标制度，只是名称叫"实封投状"。其原理参照的是传统民间分家的阄书，到今天还在全国各地流行。后来官府借鉴其原理，广泛推行"实封投状"习惯，到了绍兴二十八年（1158），朝廷出面制定了"实封投状法"，习惯就升格为成文法。

什么是"实封投状"？按照南宋法律，官府的土地出让、矿业开采、铸币、税收都必须采用竞争式缔约方式，以确保公开、公平、公正。在官衙外的布告墙贴出招标公告后，旁边就会挂上一个镂空的树根。为防止作弊，树根没法打开，也不能从里面取东西。凡是有意投标的人就将标书投进去。决标之日，行政长官率领各大职能部门领导亲临现场，锯开树根，当场唱标、决标。一旦决标，县太爷就得拿出官印，盖在中标人的标书上，这叫"钤印"，招标合同立即生效。效率奇高，还可以防范串标和官员腐败。①

我们现在最大的一个误区是，用西方文本化标准衡量传统习惯。这样一来，别人有的我们历史上永远都没有，不仅产生文化自卑，还会数典忘祖，忽略自有习惯资源。正如邻家小芳有酒窝，你自己没有，怎么办？没必要自卑，更没必要到韩国去整形弄些人造酒窝。因为酒窝并不是评价一个女性漂亮与否的唯一标准。同时，我们还得注意名实问题。别人叫"招投标"，我们叫"实封投状"，名称不一，实体不二，不能眩于名实之争，买椟还珠。一个人本名叫张二狗，大家既瞧不上这名，也看不上这人；后来二狗改名了，叫张三丰。这下，名字和人都高大上了。但这是一人两名，名不同，人没变。

可以说，这些民事习惯牵引了中国数千年的发展，缔造了辉煌的文明史，是中国法文化的原型矿脉，是无价之宝，具有民族区域的普适性，经过挖掘、提纯、改良后可以适用于任何时代。

第二个问题，怎么对待外来文化？尊重和沿用本土习惯是否就意味着排斥外来文化？不是。凡是先进的理念和立法技术，都值得我们学习、移植。比如，去除家长权中的身份特权和对妇女的歧视性规范，追求平等的法律人格，这就是我们需要向西方民法典学习并不断强化的内容。

这两个问题决定了《民法典》编纂必须坚守两大前提：对外来文化择善而从；对固有文化从善如流。

但在移入外来法律文化时，我们必须考虑其价值立场及其制度供给是否与中国固有文化相互兼容。一味反对文化殖民自属不宜，但保护、吸纳传统民事习惯则是立法的首要前提。说白了，首先得守好自己的，再拿别人的。不能只顾拿别人的马褂，扔了自己的长袍。倘能做到这一点，我们的民法典才可能成为真正的盛世华典。

我们通过"总则"第10条解读了《民法典》的民族立场，那么，《民法总则》在民族性之外，还有哪些可贵的闪光点？后续将带给您更多解读。

---

① 刘云生：《宋代招标、投标制度论略》，《广东社会科学》2005 年 5 期。

第四集　彰显家国情怀

2016年曾经发生一起案件，引发了国民的广泛关注：成年的儿子为了母亲免受侮辱，手持水果刀刺向施暴者，导致一人伤重死亡。后来被一审法院以故意伤害罪判处无期徒刑。判决一出，舆论哗然，无数帖子刷满屏、爆头条。后来，二审法院认定这种行为属于正当防卫，只是防卫过当，构成故意伤害罪，判处有期徒刑5年。

罪名没变，但从无期徒刑到有期徒刑5年，为什么会有如此大的差距？是什么样的力量促使二审法院作出如上判决？是人情、人性，是民情、民意，是法律植根所在的情和理让法官作出了相对合理的判决。

母子之情是哺乳类动物种群最原始、最深沉的一种情感，也是最可贵的一种情感。从生物进化史考察，如果没有母子之爱，动物种群面临的结局只有一个：灭绝；从社会演化史考察，凡是摧毁母子之爱的社会，也只有一个结局：崩溃。所以，古往今来，都会尊崇这种亲子之爱，从法律、道德两个层面维护、巩固这种人伦。

虽然二审时，《民法总则》已经颁布，但还没有生效。如果生效，这案件的罪与罚应当更为轻微。为什么呢？因为《民法总则》第26条明确规定：成年子女对父母负有赡养、扶助和保护的义务。也就是说，这孩子保护母亲免受他人非法、非人道侮辱，既是母子之情的自然展现，也是一种伦理义务，还是一种法定义务。

此条属于新增条款，出现在"监护"一节中。这是《民法总则》立法的一种跨越式进步。此前，《中华人民共和国宪法》第49条第三款仅仅规定了成年子女对父母有赡养、扶助义务，但并未提及对父母的保护。《民法总则》在宪法条文基础上增设"保护"义务，实则是从民法层面认可了成年子女保护父母健康、安全行为的正当性和合法性。

这显然强化了家庭成员之间的各项权利和义务，构成了《民法总则》的一大亮点。虽然《民法总则》沿袭宪法、婚姻法等法律将监护权定性为义务，但就其本质而言，监护权虽然义务居多，但有些监护义务本身也表现为一种权利。比如《民法总则》第 26 条规定，父母对未成年子女负有抚养、教育、保护的义务；成年子女对父母负有赡养、扶助、保护的义务，名义上都是"义务"，更多的还是表现为权利。比如，夫妻离婚后往往会争夺未成年子女的抚养权。父母对子女的管教更应该界定在权利层面，否则，母亲查看一下女儿的聊天记录，当爹的禁止儿子打游戏，都可能侵害儿女的隐私权和行为自由。

刚才谈到的辱母案也是如此：别人一边辱骂，一边拽着母亲的头发，要将她的脑袋按进抽水马桶。无论是基于人性本能，还是基于道德伦理，这儿子必须奋不顾身地冲上去，捍卫母亲的尊严，保护母亲的安全。保护母亲，这是一种法定义务；对抗施暴者，这就是一种防卫的权利。

从这个意义上讲，《民法总则》第 26 条新增"保护"义务，实际上是赋予了成年子女对老年父母的正当防卫权。不仅可以激活人性中的善性，提升伦理的标尺，还能有效保护老人的身心健康和人格尊严。

这种立法精神不仅强化了对老人权利的保护，还直接延伸到对其他家庭成员权利的保护。比如，根据《民法总则》第 37 条，如果妻子身患重病，作为监护人的丈夫成天打骂，后来被法院撤销了监护人资格。监护权没了，作为配偶，他对生病的妻子的扶养义务还存在吗？一样存在。他还得按月支付妻子的抚养费、医疗费。如果这两口子后来离婚了，妻子经济陷于贫困，衣食不周，是否能够要求前配偶扶养？不行。因为扶养是身份法上的义务，一旦身份关系解除，扶养义务也自然归于消灭。

身份关系解除，两人不再是家人，还可能形同路人，前丈夫是否就不承担任何义务了？未必。结合婚姻法第40条和第42条，如果婚姻关系存续期间内，丈夫没有尽到扶养义务，既不给生活费、营养费，还不交医疗费，妻子就可以请求经济补偿。离婚的时候，如果妻子没有正常收入，也没医疗保险，还没社会保障，怎么办？原来的丈夫就应当进行经济帮助。

这是一种伦理道义，法律和道德必须双重维护。

"夫妻本是同林鸟，大难临头各自飞"，这句谚语在中国家喻户晓。为什么会成为谚语？因为它反映了一种世情常态，说明了夫妻之间可能遭遇的一种命运：人生路长，姻缘路窄。当家庭深陷困境，贫贱夫妻百事哀，共同抗争、奋斗的固然不少，但劳燕分飞也很常见。有合必有散，这是天地之道，也是人伦之道。如果夫妻双方确实没法维持婚姻，离婚就是必然选择。

但无论如何，夫妻结合的基础就是两个字：情义。即便有一天，情的纽带断了，义的准绳却不能断。不能因为夫妻反目，就怒目相向，就大打出手，就隐匿财产，就聘私家侦探跟踪盯梢，就向狗仔队泄露绯闻。无论是按照天道，还是人道，你泼别人一身狗血，绝对换不来一碗鸡汤。

财产方面，还涉及婚姻法中的经济补偿、经济帮助等各项。特别是男性如果主动离婚，就必须给予原配夫人合情合理的补偿、帮助。要是一毛不拔，或者推三阻四，不仅引发法律风险，还会招来道德谴责和强制干预。这是传统道德衡量一个男人是否是真正男人的标准，也是法律的底线。唐代高官李元素强行和妻子王氏离婚，给的经济补偿太低。王氏很柔弱，但王家很强势，一纸诉状直达朝廷。宪宗皇帝大怒，诏令李元素停职，对前妻的经济补偿、帮助不能低于五千贯。①

---

①《旧唐书·李元素传》：数月，以出妻免官。初，元素再娶妻王氏，石泉公方庆之孙，性柔弱，元素为郎官时娶之，甚礼重，及贵，溺情仆妾，遂薄之。且又无子，而前妻之子已长，无良，元素寝疾昏惑，听谮遂出之，给予非厚。妻族上诉，乃诏曰："李元素病中上表，恳切披陈，云'妻王氏，礼义殊乖，愿与离绝'。初谓素有丑行，不能显言，以其大官之家，所以令自处置。访闻不曾告报妻族，亦无明过可书，盖是中情不和，遂至于此。胁以王命，当日遣归，给送之间，又至单薄。不唯王氏受辱，实亦朝情悉惊。如此理家，合当惩责。宜停官，仍令与王氏钱物，通所奏数满五千贯。"元和五年卒，赠陕州大都督。

宪宗皇帝为什么干预官员家务事？诏书上说得很清楚：王氏无辜被休，有辱人格，人心难平；作为官员，如此治家，有损官体。更重要的是，一日夫妻百日恩，恩断了，义还在。这无疑强化了家庭身份关系的延续性和持续力，能够有效地保护弱者的利益。

这是我们讲的家庭成员之间的权利义务的强化。但没有家庭成员或者家庭成员不能履行赡养、扶助、保护义务，又该怎么办？《民法总则》的另一大亮点就是深化了政府职能部门和社会自治组织对弱势群体保护的法律责任，实现了从家到国的深度关注。

《民法总则》规定：父母、配偶、子女、祖父母、外祖父母、兄姐及其他近亲属都可以依序成为未成年人、无民事行为能力人、限制行为能力人的监护人。但如果亲缘关系中没有人担任或无力担任监护人或依法被剥夺监护权，鳏寡孤独废疾者谁来监护？按照《民法总则》第 32 条：政府和社会组织补位，成为监护人。[①] 这一条彰显了一种积极的社会责任和国家责任，既展示了可贵的道义立场，更展现了时代的宏大气韵。这种道德呵护既体现了家国一体的道义情怀，更显示了国家和社会的责任担当。

考察源流，监护权在历史上本来是一种身份权，属于亲权范畴。但随着社会的发展，很多家庭会出现监护权缺位的现象。如果国家和政府不最后兜底接手予以援助、救济，不仅贫困废疾者无所依靠，还会带来人道主义风险。毕竟，一个老人无人照料，衣不蔽体、食不果腹、穷饿潦倒，最后横尸街头，绝对不会给统治者带来什么好名声，反而会导致社会信任和政府信任的不断流失，更可能引发不可知的风险。试想，一个孤儿亡命江湖，可能成为实现一个亿小目标的成功创业者，但也可能成为江湖混混，乞丐班头，甚至成为黑恶势力的帮凶。

历代统治者深谙此道，一旦监护权掉链子，会千方百计施加救济。显仁政，扬美名，更能集聚人心，维护稳定。所以，当一个老人没有子女，孤苦

---

①《中华人民共和国民法典》第 32 条："没有依法具有监护资格的人的，监护人由民政部门担任，也可以由具备履行监护职责条件的被监护人住所地的居民委员会、村民委员会担任。"

无依，监护权就不断从家庭向社会拓展，如在穷尽亲属等关系后，也没有社会组织出面，就只能由政府接盘，代行监护职责，绝不能让一个失能老人饿死家中、冻死荒郊。

从法律制度层面而论，公元521年，梁武帝下令设立"独孤院"，专门赈济失能老人和孤儿；唐代的"悲田院"遍布全国，成为无数孤寡老人的最后依靠；宋代的"居养院"少了悲悯的气氛，50岁以上的贫困老人无须担心冻饿穷愁；明代的"养济院"担负了贫困家庭的养老重任。朱元璋专门规定，不管是否进养济院，凡是80岁以上贫困老人，当地政府必须每月赠送大米100斤、猪肉5斤、米酒60斤。在南京和凤阳，80岁以上的老年人还有爵位，与地方官平级，老年人迎来了黄金时代。

古人为什么尊老怜老？因为家道和国运息息相关，紧密相连。如何对待老弱病残，不仅事关家道盛衰，更关系到国家兴亡。从这个意义上讲，国家承受监护固然是对国民的道德回报，也是家道通向王道的必由之路。

以尊老为例。西周以来，中国历代统治者充分关注老人的身体和精神健康，通过道德礼法从家庭到社会全方位、深层次弘扬、推行尊老敬老风气。很多学者认为这是怜老惜贫，还有人说是对基本人权的尊重。但笔者认为，这些道德光环并非历史的真相。历史的真相是什么？揭开道德和法律的神秘帷幕，不难发现，统治者之所以在礼法层面尊长、尊老，实际上是通过孝道推行王道。

试想，一个孩子如果在家尊敬老人，步入社会自然就会同情卑弱；如果为官行政，他首先想到的就不是如何敛财升官，而是施行仁政，解决百姓的衣食温饱。这样一来，微观上可以增强家庭、家族的凝聚力；宏观上又借助家族道德权威维护地方稳定，实现长治久安。换句话说，历代统治者固然不乏怜老的道德情怀，但其本意却是为了维护社会稳定和统治权威。

我们以鸠杖为例进行解读。按照《周礼》的记载：每年二月，掌管捕鸟的官员应当捕捉斑鸠，献给国家。国家收这么多斑鸠干什么？供养老

人。① 为什么给老人赏斑鸠？有两种解释，一种解释是汉代郑玄的说法：春天的时候，老鹰化为斑鸠，代表的是重生，吃斑鸠可以延年益寿；② 第二种解释也出现于汉代，认为斑鸠从来不患噎症，老人能吃、能喝、能睡，身体倍棒，自然康强长寿。③

到了汉代，斑鸠少了，老人多了，这仪式就慢慢流于形式。国家不再用真正的斑鸠赏赐，而是用一种替代物：鸠杖。根据汉代史籍记载，到了秋天，政府就会为70岁以上的老人颁赐鸠杖。因为是皇帝所赐，所以又称"王杖"。鸠杖的杖头雕饰斑鸠，一来隐喻长寿；二则易于把握；三则易于识别。

鸠杖怎么会有识别功能？这得从汉代的法律说起。今天甘肃武威出土的汉简专门有《王杖诏书令》，规定老人到了70岁，就可以领到以皇帝名义赏赐的拐杖。④ 如果看见手持这种鸠形拐杖的老人走过来，就如同见了皇帝的特使，要毕恭毕敬，站路边上弯腰敬礼。不能直着身子、甩着膀子、昂首阔步擦肩而过。这样做，不仅会挨老人的棍子，还会挨官府的板子。根据《王杖十简》记载，要是有人折断鸠杖扔路边地上、夺过鸠杖侮辱殴打老人或者强迫老人当苦力。结局是什么？死刑。简书中因此被判死刑的就有六人。⑤

由此看来，尊老、敬老并不是我们今天才有的优良风气，而是一种文化传统，《民法总则》要求成年子女保护老人，就是承继了这种优良传统。说

---

① 《周礼·夏官·罗氏》："中春，罗春鸟，献鸠以养国老。"

② 《周礼·夏官·罗氏》郑玄注："是时鹰化为鸠，鸠与春鸟，变旧为新，宜以养老，助生气。"

③ 《后汉书·礼仪志》："年七十者，授之以玉杖，端以鸠鸟为饰。鸠者不噎之鸟，欲老人不噎也。"

④ 《王杖诏书令》："高年赐王杖，上有鸠，使百姓望见之，比于节。"

⑤ 《王杖十简》记载一例，《王杖诏令册》记载六例，其他简文记载一例。长安市东乡啬夫田宣、南郡亭长司马护两人均因擅自征召和捆绑、拘留王杖主人，被判处弃市；汝南郡男子王安世、陇西郡男子张汤两人凶恶奸诈，殴打王杖主人，并折断其杖，被判处弃市；汝南郡云阳县白水亭长张熬，殴打、拉扯王杖主人，并强迫其修整道路，遭人告发，被判处弃市；汝南郡一男子因侮辱王杖主人，同样被判处弃市；汝南郡西陵县颊部游徼吴赏指使随从殴打王杖主人，皇帝最后判决将吴赏及其随从弃市。

起来，尊老怜老伦理始于家庭，推广于社会，是实现家族自治、地方自治、国家和谐稳定的最重要方式之一。最终，这种家庭伦理不断演化为社会伦理，形成了中国传统特有的尊老、敬老、养老的道德礼仪和法律文化。颁赐鸠杖的敬老礼仪，自西周到汉代，从唐玄宗到乾隆皇帝，世代延续，成为盛世家国情怀的经典注脚。①

　　我们讲了《民法总则》的两大亮点，就是强化了家庭成员和政府、社会组织的责任和义务。但要是有人就不遵守，怎么办？针对此类情形，《民法总则》又细化了监护权的撤销条件，这也构成了一大亮点。

　　《民法总则》第 36 条详细列举了剥夺监护权的三种情形。② 比如丈夫卧病在床，妻子成天恶语相加，骂老公不是男人，还得靠老婆养活，甚至不给治病，不让吃饭；还静心化妆，出门逛商场、打麻将、约闺蜜，完全不顾老公死活。怎么办？这就同时构成了第 36 条列举的三种情形：严重损害被监护人的身心健康，怠于履行监护职责，导致被监护人处于危困状态。这种情况下，丈夫可以向人民法院申请撤销监护权。如果丈夫不提出申请，也没有其他组织提出申请，这丈夫是否就只有等死一条路？不是。按照《民法总则》第 36 条第二款，民政部门就应当向法院提出申请，撤销妻子的监护权。

---

　　①《新唐书·玄宗纪》："丁酉，宴京师侍老于含元殿庭，赐九十以上几、杖，八十以上鸠杖。"清代昭梿《啸亭续录·千叟宴》："乾隆乙巳，纯皇帝以五十年开千叟宴于乾清宫，预宴者凡三千九百余人，各赐鸠杖。"

　　②《中华人民共和国民法典》第 36 条："监护人有下列情形之一的，人民法院根据有关个人或者组织的申请，撤销其监护人资格，安排必要的临时监护措施，并按照最有利于被监护人的原则依法指定监护人：

　　（一）实施严重损害被监护人身心健康的行为；

　　（二）怠于履行监护职责，或者无法履行监护职责且拒绝将监护职责部分或者全部委托给他人，导致被监护人处于危困状态；

　　（三）实施严重侵害被监护人合法权益的其他行为。

　　本条规定的有关个人和组织包括：其他依法具有监护资格的人、居民委员会、村民委员会、学校、医疗机构、妇女联合会、残疾人联合会、未成年人保护组织、依法设立的老年人组织、民政部门等。

　　前款规定的个人和民政部门以外的组织未及时向人民法院申请撤销监护人资格的，民政部门应当向人民法院申请。"

立法用语是"应当"，也就是说，为了最大限度保护弱者的权利，民政部门充当的是法定义务人，不能推诿、不能懈怠。

这就引出另外一个问题：《民法总则》为什么会通过立法强行介入家庭？笔者认为，这是对弱者利益的特殊保护。对于那些不顾父母老贫，子女幼弱，妻子病残的人，"丧尽天良""禽兽不如"的道德谴责已无从矫正，只能通过国家立法予以矫治。同时，不履行监护义务还有一个原因，有些人不能履行监护义务，确实是有心无力。有鉴于此，国家必须通过立法，将这种监护责任在社会和国家层面进行分配，补位成为监护人，最大限度保护弱势群体利益。

《民法总则》通过完善、新增监护条款实现了道德传统和法律制度的双向回归。在传统社会，养老育小不仅是天然的道德义务，更是法律义务。如果不供奉老人，那就是不孝，可能招致极刑，名声没了，命也没了。所以，"不孝"的道德谴责和法律制裁有着强大的约束力和震慑力。

传统刑法为什么将道德义务法定化？因为单纯的道德反省和教化无从矫治凶顽，只有法律介入，才能形成强制约束力。按照荀子"三不祥"理论，一个人不孝顺父母长辈，步入社会绝不会尊重上级和同事，不会尊重圣贤，这种人就是我们今天叫的"人渣"。他本人有没有前途和未来，那是他个人的事情；但人渣多了，法律还袖手旁观，社会就岌岌可危了。①

今天有些人对子女视如拱璧、爱同珍宝；对老人视如无物、弃若敝屣。一些年轻人宁愿和宠物同居，也不愿和老人共处。这种爱子女、爱宠物远远超过爱父母的现象不仅有伤人伦，还会给自己子孙传导错误的价值立场，最终导致世风败坏，社会震荡。

当然，这种不孝毕竟是少数。如果监护人真心悔过，愿意担负监护人职责，请求恢复监护权，《民法总则》规定人民法院可以视情况恢复其监护权，

---

① 《荀子·非相》："幼而不肯事长，贱而不肯事贵，不肖而不肯事贤，是人之三不祥也。"

修复亲情，修复人伦。① 毕竟，法律的他律永远抵不上道德的自律。只有亲情和美、家庭和谐，才能真正实现善性传递，美德拓展，不仅有利于家，也有益于国。

　　这也是国家法律介入家庭的真正目的。除了家国情怀，《民法总则》还弘扬了哪些正向价值，扶正祛邪？后续将带给您更多解读。

────────

　　①《中华人民共和国民法典》第38条："被监护人的父母或者子女被人民法院撤销监护人资格后，除对被监护人实施故意犯罪的外，确有悔改表现的，经其申请，人民法院可以在尊重被监护人真实意愿的前提下，视情况恢复其监护人资格，人民法院指定的监护人与被监护人的监护关系同时终止。"

第五集　护航见义勇为

2017年4月21日傍晚，河南省某市一位女性被车撞倒，前后经过20多辆车和20多名过路行人，要么绕道而行，要么驻足观望，没有一辆车停下救援，也没有一个人阻止过往车辆、援手相扶。一分钟后，女子被第二辆车碾轧致死。

视频流出，网评如潮。有网友骂来来往往的行人是"一群行尸走肉"；有人慨叹倒地女子如"垃圾"一样"无人理会"；更多的评论则痛惜人性冷漠，世道寒心。

这一偶然事件折射出两个问题：一个是生死关头旁观者的道德失落；一个是对于生命救助的法律缺位。缺德但不违法，谁也拿他没办法。针对这类"缺德"行为，法律真的就束手无策吗？

发达国家的做法值得我们深思和反省。法国、德国等国家通过刑法强力矫正该类见死不救的行为，力求恢复最低的人性标准。

《法国刑法典》规定了一个罪名叫"怠于给予救助罪"，其构成要件就是，如果能够帮助陷于危险中的人或者呼叫救助，且对自身和第三人不存在危险，而故意放弃救助者，要承担两种法律责任：一是判处5年监禁；二是罚款7.5万欧元。[1]

《德国刑法典》有一个罪名叫"不作为以及非故意杀人罪"，如果发生意

---

[1]《法国刑法典》第223-6条："任何人对于处于危险中的他人，能够个人采取行动，或者能唤起救助行动，且对其本人或第三人均无危险，而故意放弃给予救助的，处5年监禁并扣7.5万欧元罚金。"

外事故、公共危险，有人需要救助，行为人有可能进行急救且不会产生重大危险而见死不救者，会被同时提起刑事和民事诉讼，判处1年自由刑或被处罚金。①

《日本刑法》第217条规定了所谓的"遗弃罪"，所涉对象就包含了需要救助的人如果遭遇能为施救者的消极不作为，那就构成一种积极的"遗弃"，属于犯罪；而第219条的"遗弃致死伤罪"，则是前条的结果加重犯，如果施救者的积极遗弃导致被救助人死亡或伤残，则加重处罚。最典型的案例就是2009年日本当红明星押尾学的遗弃致死案。押尾学和陪酒女共同服食摇头丸，当陪酒女出现严重生命濒危现象时，没有实施救助，也没呼叫救援，陪酒女后来死亡。押尾学自己辩称怕惹麻烦，影响星途，所以怠于救助。后来被检控方指控"遗弃致死伤罪"。东京高等法院审判长斥责押尾学"为保全自身导致他人失去获救时机的行为十分卑鄙"，虽然没有按照检控方以遗弃致死罪定罪，但还是认定遗弃罪成立，判处入狱2年6个月。

这是国外刑法对见死不救做出的积极反应。

我国的情况怎么样？目前，见死不救是否构成犯罪，尚无立法迹象。但值得我们思考的问题在于，即便我们借鉴了上述发达国家的立法精神，在刑法中移入老百姓所谓的"见死不救罪"，那也仅仅解决了罪与罚的问题，是一种滞后的、补充的、公法的救济。真正要激励人们积极互助互救，还得依靠民法本身。因为，在民法的天空下，生命救助是最高位的道德法则，也是最高的法律原则。

《民法总则》集中体现了这两大原则。《民法总则》第184条规定："因自愿实施紧急救助行为造成受助人损害的，救助人不承担民事责任。"这是《民法总则》立法的亮点，也是一种创举。为什么这样说？因为，这一条款不仅可以救助生命，还可以重塑道德。试想，是人都有恻隐之心，不忍心看

---

① 《德国刑法典》第323条c项规定："意外事故、公共危险或困境发生时需要救助，根据行为人当时的情况急救有可能，尤其对自己无重大危险且又不违背其他重要义务而不进行急救的，处1年以下自由刑或罚金。"

见同类生命无情残灭。可是，那么多的车辆和行人为什么见死不救？原因有很多，但有一个不可回避也情有可原的原因是：怕救助不当惹上麻烦。

救人没问题，如果就此惹上官司，招来天价的赔偿，那么不仅好人做不成，还要赔个倾家荡产，谁愿意这样做！也就是说，救不救人，并非是单纯的道德问题，还是一个成本问题。当受害人与施救人之间既缺乏身份关联，又没有信任可言，如果救助行为导致了后续性损害，甚至遭遇诬陷栽赃，而法律又不能为施救者提供免责的保障，那就得不偿失了。权衡之下，最佳的选择就是：袖手旁观。

这就是法律缺位导致的道德失落。《民法总则》如何平衡受害人与施救人之间这种道德偏向和利益博弈？

《民法总则》第184条给出了完满的答案，也可以从根源上解决这一难题。该条规定：不管危险来自外部侵害，还是来自受害人自身的疾病，只要救助人自愿、无偿救助，哪怕造成或加重了损害，救助人也不承担任何责任。

这是一道免责的金牌。既肯定了善性、善行的可贵，也解开了法律的桎梏，避开了人性的卑污怯懦。曾几何时，救助人因救助不当，甚至被受助人纠缠、敲诈，法槌敲出的不是正义和良知，而是救助人的悲凉和受助人的卑劣。流风所及，坐视不理反倒成为最理性的选择，报警、打120电话就成了最大的善行。

实际上，在《民法总则》的第三次审议稿中，虽然增设了紧急救助免责条款，原则上排除了救助人的法律责任，但却留下了一个很不美妙的"尾巴"。该条又以但书——也就是除外条款的形式规定：如果受助人能证明救助人有重大过失造成自己不应有的重大损害的，救助人应承担"适当"的民事责任。比如，一个人被车撞了，肋骨本来没断，你抱着他飞奔跑向医院导致肋骨断了，这救助人就有过失，由此造成了损害，你就得赔偿。

之所以说"很不美妙"，是因为这一除外条款有五个方面的问题：

第一，以民事责任阻塞了道义行为的积极通道。一个老年人突发心脏病，倒在地上，生命垂危。你要没专业救助知识，非要扶起他，还背着他拦车到医院。如果这老年人死亡，你就可能承担巨额的赔偿责任。如此规定，只能削弱行为人实施善意救助的动因和热情，让无数人裹足不前、游移不定。因为紧急救助本意是弘扬道德并通过倡导性条款明确列示，以鼓励国民尽力向善，而不是科以法律责任，阻断善行的通道。

第二，举证责任分配严重不利于救助人。按照证据规则，如果受助人认为救助人有过失，救助人就必须证明自己没过失。但事起仓促，施救者要么无时间和机会保留证据，要么因无经验而产生无心之失。无论是无证据，还是证明不力，抑或是证据不被采信，无论何种结果，都得承担责任。按照目前民事责任体系和分类，承担的必然是侵权责任；同时，可能还会涉及精神损害赔偿。如此善心无善报，谁愿意没事找事？

也就是说，按照第三次审议稿，我们在见义勇为的时候，随时得保留、搜集证据。首先得防范讹诈，证明第一次损害不是自己造成的；其次得防范过失，证明自己的救助行为没有造成后续性损害。如果遭遇第一种情形，好人当不了，一旦找不到证据，还可能成为侵权人；如果遭遇第二种，好人是当了，一旦找不到证据，还是可能成为侵权人。

这就是中国好人遭遇的道德风险和法律困境。我们举个极端例子，2015年10月31日22时30分，南宁市一位女主播经过隧道时，发现一电动车车主受伤倒地，于是下车施救，却反被诬陷为"肇事者"。如果没有行车记录仪，这位美女主播很难证明自己的清白。

又想当好人，又不想担风险，我们该怎么实施救助？如何自证清白？我们不可能每次都开着摄像机或者手机录音去救人。

第三，用语模糊，既难定性，也难定量。当法官无法找到法律的有效条款公平保护善意救助人的时候，立法用语的模糊只能加重救助人的不利情节。比如，何为"重大"？何为"适当"？不仅当事人双方可能会争执不休，法官也难以居中持平。最后的判决必然不利于救助人，好心不得好报，这样的但书条款只能削弱核心条款的效能。

第四，以社会责任、契约义务苛加救助人，显失公平。紧急情况下的道德救助本是一种善行，不是法律义务。受助人的损失完全可以通过向施害人主张侵权责任或者通过社会救助、医疗保障、商业保险等方式予以救济，不能将侵权责任、社会责任和契约义务也就是商业险保险人义务强行添加到救助人身上。如此一来，反倒会为受助人留下最大的最便捷的投机通道：找保险公司麻烦，找社保保障麻烦，找民政局更麻烦，既然找谁都麻烦，那逮着谁就是谁。如此一来，不仅不能培育善性，还会激活人性中的恶性。

第五，不能够防范故意讹诈。比如碰瓷，"受害人"一旦倒地受伤，车主是救，还是不救？出于本能或同情，车主一般会积极施救，最后摊上的就是巨额赔偿；如果不救，你是"肇事者"，也得摊上巨额赔偿。如果风险都一样，凭什么还要救？索性这好人就不当了！

这样博弈的结果，最终的受害人是谁？我们看一个古代的案例。宋代的袁寀教导儿孙一定要讲恩义、恤邻里，不能恩将仇报，更不能栽赃诬陷。他讲到了一个真实案例：有一家人做官后残虐邻里，被仇家纵火，火势很快蔓延开来。邻居们火速赶到现场，但就是没有一个人救火。根据邻里互助的道义，救火是必需的；根据法律，坐视不理是要受惩罚的。紧急时刻，这些邻居在干什么呢？开小会！如果救火，落不了人情不说，这官员还会诬告邻居们趁火打劫，盗取财物。官司一打，无论如何都会伤筋动骨；如果不救火，按照法律，最多挨一百板子。最后民主表决：不救，让他烧个干净。①

人同此心，心同此理。到了现代社会，当一个被救助的老年人缠上救助人，一会儿要医疗费，一会儿要营养费，救助人的败诉和赔偿不仅浇灭了他的善心和良知，还必然引发轰动效应和示范效应。这无疑向世人昭示：宁可不当好人，也不能惹火烧身！

---

① 袁寀《袁氏世范》："居宅不可无邻家，虑有火烛，无人救应。宅之四围，如无溪流，当为池井。虑有火烛，无水救应。又须平时抚恤邻里有恩义。有士大夫，平时多以官势残虐邻里。一日为仇人火其屋宅，邻里更相戒曰：若救火，火熄之后，非惟无功，彼更讼我以为盗取他家财物，则狱讼未知了期。若不救火，不过杖一百而已。邻里甘受杖，而坐视其大厦为煨烬。此其平时暴虐所致也。"

于是，我们中的绝大多数成了围观者；于是，我们天性中的同情、怜悯不断淡化，最后趋于冷血、无情，成为行尸走肉。所以才有了儿童落水无人敢下水相救，任其溺亡；所以才有了老人倒地，无人上前，任其倒毙街头。2013年，新浪网四川频道发起了在线调查，数据统计让人极度失望：面对摔倒的老人，愿意出手相助的人只占14%；表示"不会，坚决不做这类傻事"的人占了86%。

堂堂五千年文明、有着十四亿人口的泱泱大国居然扶不起一个老人，这是道德的悲哀，更是文化的伤痛，民族的耻辱。

道德层面不是没有回应，也不是没有效果。比如"中国好人网"单纯"搀扶老人奖"就设立了四个奖项；有的大学专门向扶起跌倒老人的学生颁发奖状和奖金。但我们应该看到，道德扶贫或良知激励永远抵不上法律的现实风险。

正是基于上述考量，2017年3月13日，全国人大法律委员会召开会议，对原草案进行审议、修改，在自愿、无偿的紧急救助条款中，排除了救助人的民事责任。换句话说，只要我是好心救助、无偿救助，即便肋骨断了或者老人不幸离世，救助人都不承担任何法律责任。这种责任排除，既体现了理性的立法精神，也彰显了道义的力量。

放眼国外，这样的立法并非少数。比如，美国、加拿大、德国不仅从刑法上进行强力矫正，还从民事法律层面进行积极维护。比如，美国很多州都有《善良的撒玛利亚人法》，又译作《善意救助者保护法》。该法为见义勇为的好心人提供了强有力的法律保障。只要陌生人现场对他人实施无偿的紧急救助，即便因失误造成了意外损害，也可以免除法律责任。

这就涉及法律和道德的关系问题。我们虽然很难在法律与道德二者之间明确划定边界，但有些共同价值却不容否认。比如，法律离不开道德的滋养，一旦背离道德立场甚至走向反道德，那么法律剩下的就只能是赤裸裸的强权和干巴巴的条文，没有了人性的温暖，也失去了理性的立场。当自私和冷漠充斥了我们的内心，良心自然就被套上枷锁，法律也就成了应景虚文。

从这个层面而论，《民法总则》第184条不仅重塑了道德内涵，还构筑了新的道德高地；不仅反映了人情民意，也传承了优良的文化传统。

在传统法文化中，人命至重。对生命的救助不仅有民法的规范，还有行政法的旌褒赏赐，更有刑法的惩处，它们构成了法律和道德的双重合力，开发善性，抑制恶性。以秦代为例，商鞅变法，赏罚分明，如果有人在公共场所杀伤人，百步之内的人如果不予施救，罚缴两件铠甲。①

这个惩罚很重，重到什么程度？秦代铠甲样式复杂，用料昂贵。有鲛革，原料是鲨鱼皮；有犀革，原料是犀牛皮；当然，也可以上缴铁甲，但不要忘了，秦代的铁不是今天的生铁，是青铜。要是嫌这三样都贵，还可以选择石甲，但这石头非同一般，是今天的盐溶液石灰石，还得打磨、穿孔、缝缀。如果自己没本事下海捕鲨鱼，上山追犀牛，也没有这技术，就只能到市场上去购买或请人打造。说白了，按照当时物价水平，赔一副铠甲就相当于今天赔偿一辆高大上的劳斯莱斯汽车。

不救人，惩罚很重。救了人，有赏吗？有。罚重，赏也重。如果制服罪犯，按战场上杀死敌人功劳受赏。按照韩非子的说法，秦兵要是杀掉一个敌人，就赏爵位一级，一首一级，这就是今天"首级"的来源。要想做官，起步就是年薪五十石的级别。②有爵位终生衣食不愁，不仅能得到衣食田，还可以由子孙继承。有官做，就有岁俸，细水长流。

所以，秦代的人都真心想当英雄，也出了很多真心英雄。这种立法精神，从秦代一直延续到清代，有效支撑了见义勇为的道德底座。

在民事法律方面，正面的积极救助不仅可以获得道德上的美名，还可能得到被救助人的终生感激，成为世交，甚至缔结婚姻。英雄救美的故事太多了，大家网上搜搜就能获得满满的正能量。

---

① 《睡虎地秦墓竹简·法律问答》："有贼杀伤人冲术，偝旁人不援，百步中比（野），当赀二甲。制服，与斩敌同赏。"文物出版社2001年版。
② 《韩非子·定法》："斩一首者，爵一级。欲为官，五十石之官。斩二首者，爵二级。欲为官者，为百石之官。"

需要说明的是，见义勇为必须倡导，《民法总则》第 184 条也为其拓展了空间，提升了平台，但我们还得注意一些例外情形。

　　比如，不能以纯道德义务苛加善意救助人，最终走向泛道德主义。见义勇为在道德上没有边界，但在民法上却有边界：实施救助不能危及自身生命，也不能危及第三人生命。理由很简单：民法上每一个人的生命都是平等的，除非自愿或具有特别身份关联，比如，父母必须救助未成年子女。否则，不能要求一个人牺牲自己的生命去救助另外一个生命。

　　比如，不能以道德义务苛加未成年人。未成年人因为年龄、智力、经验等原因，难以预知风险，也缺乏救助的基本常识和技能。他们只能从事与其能力匹配的救助行为，比如，拨打 110，呼叫 120，除此之外，不能苛求，更不能强求未成年人舍命相救、殊死搏斗。

　　最后，古代的智慧和国外的经验都告诉我们，为了呼唤善性，必须实现各个部门法之间的联动，才能真正实现《民法总则》的立法精神。以唐代为例，不仅在刑法中规定了"不救助罪"[①]，还在行政法层面颁布了可观的奖赏条令：如果是见义勇为、救助人命、捕获贼盗，由政府出资，按所保全财产的十分之一比例赏赐救助人。[②]

　　由此可见，只要实现了民法、行政法、刑法的联动，法律就必然成为善良的守护神、公平的矫正器。

---

　　①《唐律疏议》卷 28 规定："凡是邻里遭遇盗抢杀人，如果邻人求告，不予施救，杖一百；自己知道却装作不知道且不加救助，杖五十；如果知道但确实无能为力，必须马上报告官府，若不理不问，还是构成'不救助罪'。"

　　② 仁井田升《唐令拾遗捕亡令》第 28："诸纠捉盗贼者，所征倍赃，皆赏纠捉之人。家贫无财可征及依法不合征倍赃者，并计得正赃，准五分与二分，赏纠捉人。若正赃费尽者，官出一分，以赏捉人。"

第六集　开启绿色征途

《民法总则》第9条规定："民事主体从事民事活动，应当有利于节约资源、保护生态环境。"也就是说，我们开车尾气必须达标，烤串不得污染空气，建工厂不得破坏水源。这一条款就是学界所称的《民法典》的"绿色原则"。

在立法建议稿征求意见过程中，对"绿色原则"的理解因为角度不同、角色不同，出现了一些不同的观点和疑问。比如，节约资源、保护生态是否应该由民法调整？有人认为民法调整的是平等主体之间的人身关系、财产关系。再比如，上淘宝网购，和心仪的男神结婚，这些都属于私法。而尾气达标与否，空气清新与否，水源质量是否符合标准，这些生态保护方面的内容则属于公法，是政府的事。如果不达标或者出现违法，是罚款还是责令整改抑或坐牢，都和张三、李四这些具体的民事主体没关系。

实际上，这就涉及环境权是私权还是公权的问题。所谓环境权，就是老百姓享有良好环境的权利，如清洁的空气和水源，良好的采光权、通风权、景观权，等等。这些权利很多国家都纳入宪法保护，确实属于公法。

但这种宪法性权利如何具体实现？单纯依靠国家、政府行不行？行政法、刑法是否就足以保障老百姓的环境权？

笔者的观点是，环境权和人格权一样，既属于公权，也属于私权。一个女孩长得性感、漂亮，婚姻情况不明、是否生子不明、行踪不明，还开名车、住豪宅，身上的奢侈品动辄几十万元，还花样翻新不重复，今天香奈儿，明天雅诗兰黛。单位有人就认为这女孩家非富即贵，但也有女性同事羡慕嫉妒恨，造谣说，这女孩实际上是"小三"。一来二去，大家在背后都对这女孩指指点点，还不断生成大量的绯闻趣事，"小三"的恶名不胫而走，还"臭"名远扬，搞得闺蜜反目，男友分手，自己也焦虑失眠。这女孩红颜大怒，要诉诸法律。这时候，宪法第 38 条保护公民人格尊严不受侵犯的条款就成了她维权的最高位法律。① 但法官不能拿宪法条款来直接判案，也就是说难以司法化。这女孩就有两个路径可选：一是控告诽谤，通过刑法第 246 条"诽谤罪"来捍卫自己的权利，通过公权力惩治造谣诽谤者；二是通过侵权责任法状告侵权，要求侵权人停止侵害，恢复名誉，赔偿损失，其中还包括精神损害赔偿。

环境权也是一样，你羡慕太极宗师张三丰，率领一帮弟子在武当山修道。后来，武当山新建了一家水泥厂，森林被毁，水源被破坏，空气被污染，你既可以要求政府积极出面制止、惩处；也可以到民庭直接状告这家水泥厂侵权并诉请赔偿。

换言之，自然人的环境权既可以通过公权力保护，也可以通过民事侵权救济。这类私法权利即便在《民法总则》"民事权利"一章没有列举，法官也可通过适用第 9 条，采用目的性解释方法扩充第 110 条，将"环境权"和健康权、隐私权、名誉权等有名权利一样纳入民法保护范围。② 如果界定为"权利"确有困难，也可以通过体系化的解释方法将"环境权"解释为《民法总则》第一条的"合法权益"。

环境权进入民法，有通道对接，有适法空间，但有什么优势？笔者的观点是，用民法保护环境权，至少有三大优势：

第一个优势，有效遏制环境侵权。自然人、法人可以通过民法有效维

①《中华人民共和国宪法》第 38 条："中华人民共和国公民的人格尊严不受侵犯。禁止用任何方法对公民进行侮辱、诽谤和诬告陷害。"

②《中华人民共和国民法典》第 110 条："自然人享有生命权、身体权、健康权、姓名权、肖像权、名誉权、荣誉权、隐私权、婚姻自主权等权利。"

权，诉请侵权人承担民事法律责任。为什么有效？因为当事人是最直接的利益受损者，通过民法，以利益打败利益，这是最有效的手段。一家水泥厂一年赚上千万元，要是法院判决赔偿1200万元，那水泥厂不仅无利可图，还会倒贴。结局就只能是倒闭或者搬迁，武当山自然就会重归宁静。换句话说，各部门法携手并进，保护了你和修道者的环境权，也就保护了武当山的生态环境。

第二个优势，节约治理成本。一旦维权成功，武当山的水泥厂自然难以生存，只要水泥厂还没到被追究行政责任、刑事责任的程度，这种环境侵权案子就算了事大吉，不需要环保部门、质监部门和人民法院再介入，极大程度节约政府治理成本。即便在民事责任外追究行政责任、刑事责任，亦可公私分明。

此外，只要民事权利得到了救济，你也不会带着一帮道士走上街头，到政府门口，到法院门口去维权了。这不仅节约了治理成本，还可以确保政府信任和权威。

第三个优势，推动部门法的联动互补。按照上述模式，环境权进入民法调整范围，就能明确宪法统率下各部门法的角色定位和分工协作，形成互动、互补局面，全方位、深层次保护民事主体权利，同时也有效保护生态环境。

一般来说，政府职能部门没有千里眼、顺风耳，即便有，极少数地方职能部门为了GDP，为了政绩，也会装聋作哑，怠政荒政，或者走走过场，掩人耳目。

遇上这种情形怎么办？《民法总则》第9条就成了维权依据，也成为推动政府积极行政的推动力。因为你是权利的受损者，作为民事主体，你会积极维权，不仅可以遏制生态侵权，还可以要求政府履行管理职责，政府再督促水泥厂履行法律义务和社会责任，最终实现各部门携手并进，共同保护生态环境。

那么，节约资源、保护生态进入民法调整范围没问题，有没有必要作为基本原则？

在《民法总则》草案第二次审读期间，确实有人提出，保护环境、节约资源肯定值得提倡，也可以由民法调整，《民法典》也可以成为绿色民法典。但这些都是指向民事主体的具体行为规范，应该放在"民事权利"一章，作为权利和义务来规定。如果作为"基本原则"，一方面和平等、自由、公平、诚信这些原则不匹配；另一方面，显得小题大做。

这观点不是没道理。所以，2016 年 12 月，全国人大常委会《民法总则》草案稿第三次审读就将"绿色原则"从第一章"基本规定"挪到了"民事权利"一章。

但这观点也很有问题。

比如，"绿色原则"与民法其他基本原则在价值上、逻辑上并不相悖，而且还相互兼容。基本原则的类型无非就三种：一种是平权性规范，比如，独立人格、平等地位。欧阳锋称霸西域充老大，那是江湖地位而不是法律地位。就法律人格和地位而言，他和丐帮的最低级乞丐没什么区别。一种是赋权性原则，比如自由原则。你有轻功，既可以像裘千仞那样水上漂，也可以像云中鹤那样凌空飞跃。当然，也没人反对你像孙悟空一样，一翻十万八千里。还有一种是限权性原则，比如，诚实信用、公序良俗。你可以当剁手党、月光族，在淘宝、天猫上任性地刷存在感，但你不能嫌钱多得烧心，点燃人民币来烧钱；你可以追求自己心仪的女神，但不能插足别人的家庭，更不能诱拐别人的娇妻到天涯海角去相伴一生。

《民法总则》第 9 条立法用语是"应当"，显然属于限权性原则，不存在匹配不匹配的问题。

还有，将"绿色原则"作为权利义务来规范，不是小题大做，而是大材小用。"绿色原则"之所以被学界称为"原则"，那就说明它具有统摄力和涵摄力，能够从价值和逻辑两个层面统率、包蕴一切的相关行为规范及其法律效力，而不是具体指向某一类权利或义务。比如，我们说"法律面前人人平等"，这是抽象人格的平等。这"人"就可以进行很多种区分，既可以从性别标准派生出男女平等；还可以从生物学、社会学标准派生出高富帅、矮穷矬平等；还可以从病理学标准派生出高度智障和一般人平等。但"双性人""变性人"是否就和其他人不平等了？这些主体在民法上没有专条规定，但这些人和其他人在法律人格和地位上没有任何区别。换言之，平等原则包含了所有价值标准和逻辑节点上的"人"的平等，所以，才成其为"基本原则"。如果将"绿色原则"仅仅作为一种行为准则和权利义务的价值指向，这一原则的逻辑涵摄力和价值统摄力就会被限缩。

还有一个问题，即便作为基本原则，能否在司法实践中具体适用？如果基本原则就是单一的条款，没有后续性具体条文承接、细化，更没有行为规范和法律后果，我们一般会认定这属于宣示性条款而非规范性条款。

表面上看，"绿色原则"就是一个宣示性条款，法官没法直接援引作为判案依据。但我们必须关注的事实是：如果没有这样的条款，环境权难以与民法对接，法官也无法找到高位阶的立法依据对环境权进行保护。有了这项原则，法官适用法律就有了民法上的"尚方宝剑"。

举例来说，黄药师的桃花岛旁边新建了一座化工厂，引发了空气、水源、土地各种污染，春天来了，桃树既不开花，也不结果，还大量死去。黄药师目前能找到的法律依据有三个：

第一，依据民法通则第124条，他自己来证明这家化工厂违反国家保护环境防止污染的规定，污染了桃花岛并造成了损害，诉请法院判令化工厂依法承担民事责任。

第二，援引环境保护法第64条，因污染环境和破坏生态造成损害的，应当依照侵权责任法的有关规定承担侵权责任。

第三，对接侵权责任法第65条，因污染环境造成损害的，污染者应当承担侵权责任。

看起来法条援引没问题。但最大的问题是，黄药师在诉讼中最大的风险和成本是举证责任。首先，他得证明化工厂违反了国家保护环境防止污染的具体规定的某条某款；其次，他得证明自己的损失真实存在；再次，他得证明桃树不开花、不挂果和化工厂的违法行为有直接因果关系。

这样下来，当翻检法条、核对法定技术指标、评估损失各大环节走完，估计桃花岛已经成了荒岛，黄药师要是不离开，就只能荒岛余生了。

但有了《民法总则》第9条，法官就可以依照"绿色原则"要求化工厂自己证明没有违反"保护生态"的法定原则和注意义务，化工厂和桃花岛、黄药师的损失不存在必然的因果关系。这样一来，黄药师尽可以离开桃花岛四处周游，拜拜中神通王重阳，斗斗西毒欧阳锋，和洪七公喝喝酒，顺带到襄阳去看望一下女儿、女婿。等他优哉游哉地回来，法院的判决已经下达：化工厂败诉。法律后果就是：停止侵权，化工厂关闭；赔偿黄药师损失；恢复桃花岛生态。

简单总结一下，"绿色原则"进入《民法总则》，虽然有不同的观点和分歧，但都不是原则性争议，而是学术概念和立法技术的争议。那么，"绿色原则"在《民法典》中有什么重要意义？或者说，"绿色原则"的入法有哪些贡献？

笔者认为，最大的贡献有三点。

第一大贡献，传承智慧。说起来，"绿色原则"并非是今天才横空出世，而是中国优秀文化理念和制度文明的产物。从《周礼》时代开始，在"天人合一"哲学思想的引导下，阴阳和谐、顺天安民就是法律的最重要价值目标。

今天所能见到较早的环保法令是"禹禁"，传说是大禹立下的法令，其中有一条：春天到来百花开，三个月内禁止进山伐木；夏天到了，鸟兽虫鱼繁殖长育，三个月内，禁止捕鱼打猎。[①]

西汉元始五年颁布了《四时月令诏条》，以太皇太后诏书的名义保护生态，规范十二个月的各类行为并要求地方官严格遵守，约束民众，全方位保护水资源和林木、动物资源。比如，春季不得用弓箭、弹弓射杀飞鸟，也不

---

① 《逸周书·大聚解》："春三月，山林不登斧斤，以成草木之长；夏三月，川泽不入网罟，以成鱼鳖之长。"

能设机关、张网罗捕捉鸟类。[1]

到了唐代，立法者认为，天下名山，既能蕴产动物山珍，还能行云布雨，调节气候，所以严厉禁止砍伐森林、采花割草，并且还要举行隆重的祭奠山川仪式，感谢天地养育护佑之恩。[2]

王阳明将这种天人合一的哲学思想称为"物我一体"。人怎么对待自然，自然就会怎么对待人类。这种人与自然的和谐相处还拓展到了社会生活的方方面面。比如，为了合于自然四时运行规律，古代刑法中的死刑犯，只要不是谋大逆，法律规定都在秋天执行死刑，称之为"秋决"，老百姓叫"秋后问斩"。为什么选择在秋天行刑？因为秋天是收割的季节。而春天、夏天是繁育生长的季节，杀人有伤天地和气。

比如，人—自然—社会三者之间关系具有高度的一致性。你是帅哥一个，一个女孩送你鸳鸯锦囊；一个女孩送你一幅画，画的什么呢？连理枝或者比目鱼；还有一个女孩送你几颗红豆。你很高兴，但肯定也虐心，因为你知道这三个女孩子到底是什么心思。

郑板桥老来得子，教育孩子的第一位原则就是明道，让孩子明白天地人之道，严厉禁止孩子残虐小动物。郑板桥为什么这么做？不是单纯的"绿色原则"，郑板桥看得更高更远。他的观点是：如果一个孩子从小打鸡、骂狗、杀猫，长大后他会善待同类吗？古代很多家法禁止子孙结交屠沽之辈，不是出于职业歧视，而是因为前者杀生伤义，后者酿酒耗粮。

第二大贡献，更新理念。古代法律文化尊崇自然，培育的是感恩之心、敬畏之心，客观上也实现了人与自然的和睦相处，这就是一种生态伦理，完全吻合今天倡导的绿色发展理念和模式。更重要的是，这种生态伦理理念会进一步渗透并影响社会伦理，形成一种合力，有助于构建绿色和谐的自然秩序和社会秩序。

---

[1]《四时月令诏条》第 32 行："毋弹射飞鸟，及张罗、为它巧以捕取之。"

[2]《唐六典·虞部》："凡五岳及名山能蕴灵产异，与云致雨，有利于人者，皆禁其樵采，时祷祭焉。"

宋代著名哲学家叶适说：但存方寸地，留与子孙耕。本意是整肃人心，导人为善。但这比喻却形象地说明了绿色文明不仅仅会影响子孙的心态和价值取舍，还会直接影响子孙的命运。换言之，"总则"确立的"绿色原则"不仅可以有效推进生态文明建设，也有利于实现代际公平。

第三大贡献，创新法治。具体而言，《民法总则》第9条直接授权立法部门后续立法权和立法解释权。有了"原则"，立法部门在民法典的后续编纂过程中，就可以在物权法、合同法、侵权责任法各编对"绿色原则"进行细化、强化，使其具有实质性意义并且可以为法官适用法律提供直接指引。既有利于当事人维权，也实现了立法的统一。

同时，为司法实践提供裁判指引。法庭或仲裁庭可以根据《民法总则》第9条主动审查民事法律行为的合法性，并且有权对非法行为进行无效裁判，最大限度维护当事人权利，保护生态环境。如果西毒欧阳锋和姑苏慕容家订立合同，要在人群密集区开办高污染的纺织加工厂，即便已获当地政府部门批准，但姑苏城的居民既可以独立诉讼，也可以代表诉讼，诉请法院保护环境权。法院就可以凭借《民法总则》第9条对欧阳、慕容两人的合同效力进行无效认定。

我们讲了《民法总则》第9条的合理性和贡献，但客观说来，第9条仅仅是一个良好的开端，《民法典》各编后续性的落实、强化工作才是推动第9条正常高效运行的保障。从这个意义上说，第9条开始了我国的绿色征途，只要民法人努力前行，绿色中国的梦想就指日可待。

第七集　人脸上有哪些法律权利

当今社会，信息化、智能化开启了刷脸时代。开手机"刷脸"解锁、网购"刷脸"支付、回家"刷脸"开门、高校"刷脸"考勤，上个公厕还得"刷脸"取纸。可以说，刷脸已经融入生活日常，成为一种时尚，一种生活方式。

不可否认，刷脸这种高科技的推广、运用确实为民众生活、社会管理带来了效率和便利。但刷脸会不会有副作用？是否危及老百姓的民事权利？《民法典》对此如何回应？

2019年7月，某市野生动物世界入园检票引进了人脸识别技术，动物园向所有购买年卡的用户发送信息：取消以前的指纹识别，必须注册人脸识别，否则无法正常入园。绝大多数用户都前往动物园"奉上脸面"，更改识别程序，但一位大学老师坚决不给面子，拒绝办理变更手续，还严重质疑动物园采集人脸信息的合法性和安全性。最后协商不成，双方只能对簿公堂。

无独有偶，也是在2019年，某市地铁人脸识别系统测试成功，准备投入使用，但立刻招来有关学者的再三质问，引发网络热议。学者们集中关注的还是两个问题：公交部门是否有权采集乘客人脸信息？不刷脸你能不让我上车？就不提供公共服务？

有关部门是否有权采集人脸信息，涉及行政授权问题，这里不讨论。我们关注的两个问题是：人脸上是否存在民事权利？《民法典》保护人脸信息，到底保护的是什么？

《民法典》对人脸信息的保护是本次立法的亮点之一。具体表现就是将人脸纳入人格权范畴并通过一系列具体权利予以规范、保护。

第一，确立了人脸信息所涉及的基本权利。按照《民法典》第1034条的分类标准和立法逻辑，人脸属于"生物识别信息"，受个人信息和隐私权双重保护：作为一般信息，受个人信息条款保护；个人信息中带有私密信息的，受隐私权保护。[①] 也就是说，人脸不仅是一种生物性存在，还是一种社会性存在；不仅是一个人独一无二的生物信息，还隐含了隐私权等人格权利。

作为个人信息存在的人脸，谁都有抛头露面的权利和义务。权利好说，王小二玩自拍、发抖音，想怎么出头露脸都行，扯鼻子、拉嘴皮学学二师兄都没问题。义务是什么呢？主要用于识别身份。王小二到酒店住宿，和刘三妹到民政局登记结婚，就得刷脸，须验证身份。但按照个人信息保护规则，除了社会管理必需，除了合同约定，除了王小二知情同意，任何人不得要求王小二立定刷脸，还要眨眨眼笑一个。

作为隐私权存在的人脸，保护程度远远高于个人信息。隐私权层面的人脸属于绝对权，与人脸相关的一切数据、行为、状态都受法律严格保护。你在丽江街头咖啡店静坐发呆，蹲洗手间君临天下处理微信，一不小心挖个鼻孔、掏下耳朵，这些都属于与人脸有关的私密信息，属于隐私权保护范畴。

这就间接回应了本集开篇两个案例所涉及的核心问题：人脸信息属于个人信息和隐私权，动物园、公交公司属于私法主体，非经行政机关特别授

---

①《中华人民共和国民法典》第111条："自然人的个人信息受法律保护。任何组织或者个人需要获取他人个人信息的，应当依法取得并确保信息安全，不得非法收集、使用、加工、传输他人个人信息，不得非法买卖、提供或者公开他人个人信息。"第1034条："自然人的个人信息受法律保护。个人信息是以电子或者其他方式记录的能够单独或者与其他信息结合识别特定自然人的各种信息，包括自然人的姓名、出生日期、身份证件号码、生物识别信息、住址、电话号码、电子邮箱、健康信息、行踪信息等。"第1038条："信息处理者不得泄露、篡改其收集、存储的个人信息；未经自然人同意，不得向他人非法提供个人信息，但是经过加工无法识别特定个人且不能复原的除外。信息处理者应当采取技术措施和其他必要措施，确保其收集、存储的个人信息安全，防止信息泄露、篡改、丢失；发生或者可能发生个人信息泄露、篡改、丢失的，应当及时采取补救措施，按照规定告知自然人并向有关主管部门报告。"

权或者消费者知情同意，不得采集、储存、处理。换句话说，进动物园看考拉，坐地铁见女朋友，进园、进站不得强行要求刷脸。

国外采用的也是这种严格标准。2019 年，瑞典斯凯尔莱夫特一家教育机构被瑞典数据保护机构罚款 20 万瑞典克朗。为什么？因为该机构采用人脸识别技术监控高中生到课率。数据保护机构认为，监控到课率确实是教育机构的职责和权力，但点名、签到就足够了，不能采用风险太大的人脸识别，这种监控会严重危及学生的隐私权。

第二，明确了人脸信息可能派生的其他人格权。人脸信息被数据化处理后不仅危及隐私权，还可能直接危及肖像权和名誉权。

按照《民法典》的定义，肖像是通过影像、雕塑、绘画等方式在一定载体上所反映的特定自然人可以被识别的外部形象，其中人脸就是最基本的信息。非经你本人同意或者是被公安机关通缉，或被挂上橱窗公开表彰，一般情形下，任何人不得制作、使用、公开你的那张脸，更不能以丑化、污损，或者利用信息技术手段伪造等方式侵害你的肖像权。[①] 比如王小二拉长鼻子学猪八戒的形象一旦被公开甚至被别人做成表情包上传网络，首先侵害的就是肖像权。还有高手会在王小二变形后的鼻子上 P（修图）上一根葱，再配上"王小二算哪根葱？""猪鼻子上插根葱"等文字，那就不单纯是侵害肖像权了，还可能侵害王小二的名誉权。

按照美国哲学家怀特的文化分层理论，人脸绝对不是单纯的几何描述，还是一种生物识别信息，是一种经过文化策略性抽象后的价值赋予和符号呈现。说白了，刘邦的鼻子高而挺，刘备的耳朵大而长，朱元璋的下巴地包天，已经不单纯是生物学上的天生异象，还是一种人际互动和社会交换。所以《民法典》将人脸信息通过隐私权、肖像权、名誉权等方式进行一体化

---

① 《中华人民共和国民法典》第 1019 条："任何组织或者个人不得以丑化、污损，或者利用信息技术手段伪造等方式侵害他人的肖像权。未经肖像权人同意，不得制作、使用、公开肖像权人的肖像，但是法律另有规定的除外。

未经肖像权人同意，肖像作品权利人不得以发表、复制、发行、出租、展览等方式使用或者公开肖像权人的肖像。"

保护。

这既是一种立法的进步，更是一种文明的进步。回望历史，中国古代也是典型的"刷脸"时代。和现代社会的逻辑一样，古代的"脸"不仅是单纯的生物学存在，还叫"脸面""面子"，是一个人的身份象征，是社会地位、声望名誉和人脉资源的函数。所以，美国社会学家戈夫曼认为，面子并非单纯的人格再现，而是一种社会形象。

为什么很多人对刷脸特别敏感甚至反感？我认为有两个原因：一个是文化心理，一个是权利隐忧。

首先看文化心理。在传统文化中，刷脸最常见的情形是对高危人群进行另类管理的结果，通过特定刑罚在脸面上做出显著标记，既便于识别，也提醒公众小心应对。如此一来，中国人对刷脸具有文化上的不被信任感、羞耻感、排斥感。这是一种文化反射，很正常。

怎么进行另类管理？那就是标签化。这标签不是我们今天电子化、数据化的信息数据，是为了让危险人群易于识别，古代就在人脸上做文章，刻刺不同的字样图案，四种刑罚随之产生。

第一种叫黥刑。周秦以来用钻凿、刀锯在人脸上、额头上刻下或割出特定的字迹或花纹，再用染料揉进伤口，结疤后永不褪色。宋代以后文明一点，改用针刺，所以又叫"刺刑"。[①]至于刺什么方位、多大面积、什么字样，法律都有明确规定。按宋代法律，王小二第一次偷只鸡，就在耳朵后边刺一个圆形符号，算是给个面子；第二次偷只羊，就在耳朵后边刺个方形符号，也还算顾及脸面；要是屡犯不改，第三次还偷牛，那就是死不要脸，直接将圆形或方形符号刺在脸上。[②]如此一来，走遍天下，行旅之人、住店之家都

---

① 黥刑，又名墨刑，黵刑，刺刑，始于西周之前，于清光绪三十二年修订《大清律例》时废止。《尚书·吕刑》："墨辟疑赦。"孔安传云："刻其颡而涅之曰墨刑。"《周礼.司刑》："墨罪五百。"郑玄注云："墨，黥也，先刻其面，以墨窒之。言刻额为疮，以墨窒疮孔，令变色也。"关于行刑工具，《国语·鲁语》谓"小刑用钻凿，次刑用刀锯"。

②《宋史·刑法志》记载："凡犯盗，刺环于耳后：徒、流，方；杖，圆；三犯杖，移于面。径不过五分。"

知道王小二是偷鸡摸狗的累犯。如果杀人、抢劫，本来应当判处死刑，后来贷死刺配，当堂刺在额头、脸颊。《水浒传》中，武松为什么假扮行者？因为头箍可以遮住额上的刺字，长发刚好遮住两颊和耳朵后的刺痕。

第二种叫髡刑。就是剃掉头顶周边的头发，是先秦时代的一种耻辱刑，战国时期齐国有个著名的辩论家受过此刑，所以叫"淳于髡"。今天看看影视剧，再到大学校园走一圈，传统的髡刑貌似还成为"小神兽们"特别喜欢的发型。

第三种叫耐刑。"耐"，就是用刀剃除脸颊上的毛发，古代叫"髯"。耐也是一种耻辱刑——对一个男人来说，髯不单纯是帅气阳刚的外显，还是生命、人格的内敛。直到今天，很多民族都还保留了一些禁忌，不能摸男人的胡子，更不能剃掉男人的胡子，因为那代表的是自由身份和人格尊严。

第四种叫劓刑。就是用刀割去鼻子。今天骂人"不要鼻子"很打脸，就是起源于这种刑罚。王小二没了鼻子，大街上一溜达，别人侧目而视，自己都不好意思迈腿。实在要打个酱油买点醋，也只能戴面罩或者捂着脸靠边走路。

古代这种"刷脸"虽然能够进行有效身份识别，也能最大限度防范、惩治犯罪，自有其合理性。但另类化、标签化管理的后果很明显，也很严重。

第一，身份歧视和身份强制。宋代名将狄青年轻的时候帮哥哥顶罪，额头上被刺上文字，留下瘢痕，发配军队。即便后来身居高位，还是被人瞧不起。宋代重文轻武，当他担任定州军队总管时，司令官是文人韩琦。韩司令瞧不起武官，有个妓女叫白牡丹为了逗乐，借敬酒之际，大庭广众之下公然嘲笑狄青额头上的瘢文。狄青当场不便发作，第二天将白牡丹拖回军队，一顿竹条打成了"红牡丹"。①

---

① 王铚：《默记》，孔一校点："韩魏公帅定，狄青为总管。一日会落，妓有名白牡丹者，因酒酣劝青酒曰：'劝班儿一盏。'讥其面有涅文也。青来日遂笞白牡丹者。"作者按："班"当为宋代军队编制的俗称，"班儿"即"班头"，指总管职位。白牡丹以"班"谐音"斑"，讥刺狄青。上海古籍出版社，《宋元笔记小说大观》第五册，第4546页。

这是身份歧视，再看身份强制。唐末军阀朱温规定了一条严酷的军令：凡是出战，指挥官战死，所有的部下统统斩首，这就是骇人听闻的"拔队斩"。军令一出，战败的士兵只有一个选择：用脚投票，跑得越远越好。但朱温无赖出身，有的是智商，在每个士兵脸上刻上字，姓甚名谁，部队番号，一清二楚，无处可逃。就算逃回老家，家族乡里都怕连坐，就算父母，也怕牵连，只能劝他乖乖回去送死。^①朱温这一招貌似稳定了兵员，但残酷寡恩，最终被自己儿子杀掉。

　　第二，行为强制与职业歧视。从西周时期开始，百姓犯法受刑后，都被强制性地束缚在固定职业上。黥刑的守大门，劓刑的守关口，髡刑的守仓库，身份固化，分工明确。^②到了宋代，发配到军队效力的人，不仅脸上有刺文，而且被打入另册，独立登记，叫"赤籍"，军人随之也被污名化，叫"赤老"（也称"赤佬"）、"配军"，今天都还是贬义词。想当年，狄青从延安知州升任国家军队副总司令，手下来迎接他，一天等不到，两天等不到，忍不住开骂：这赤老左等右等都不来，死哪去了？后来，朝廷就戏称狄青叫"赤老司令"。^③宋仁宗很赏识狄青，告诉他说：好歹你也是有身份的人了，还是用药把脸上的瘢文洗掉吧。狄青表态说，忠诚在心不在脸。我就用这张脸来激励士气，为国效力。

　　狄青说得堂堂正正，还用酒洗瘢痕，让它越来越亮，但心底还是特别顾忌。在枢密院任副总司令的时候，有一天，另一位副总司令王尧臣看着狄青笑，狄青问他傻笑什么。王尧臣说："贵脸上的瘢文越来越亮。"狄青一下子就不高兴了，回击说："要喜欢，奉送两行刺你脸上好不好？"王尧臣当场闹

----

① 《旧五代史·梁书·太祖纪》："太祖之用兵也，法令严峻，每战，逐队主帅或有没而不反者，其余皆斩之，谓之'拔队斩'。"

②《周礼·秋官·司寇第五·司民·掌戮》："墨者使守门，劓者使守关，宫者使守内，刖者使守囿，髡者使守积。"

③ 江休复《江邻几杂志》，孔一校点："都下鄙俗，目军人为'赤老'，莫原其意，缘尺籍得此名邪？狄青自延安入枢府，西府逆之，累日不至，问一路人，不知乃狄子也。既云未至，因谩骂曰：'迎一赤老，累日不来。'士人因呼为'赤老枢'。"上海古籍出版社，《宋元笔记小说大观》第一册，第570页。

了个大红脸。①

污名化、职业强制必然带来职业歧视。后来，北宋时期开始流行一句谚语："做人莫做军，做铁莫做针。"

第三，人本身的物化、异化。按照传统的孝道观念，身体发肤，受之父母，不敢毁伤。古人为了惩治犯罪，为了职业固化，将人脸视为社会化管理和法律惩戒的手段和工具，直接危及了国民的身体健康、名誉、隐私等人格权；通过毁伤身体、侮辱人格进行分类，也会引发整体的社会歧视。

由此看来，古代刷脸主要是用于惩戒、处罚违法犯罪行为并进行社会公示。正因为如此，非经官府正当程序，任何人不得毁伤他人脸面，邻居之间为鸡毛蒜皮的小事对骂对打，也会遵守一个基本原则："打人不打脸，骂人不揭短。"为什么呢？脸代表人格，短代表隐私。

北宋名相富弼担任郓州知州时，有个有名有才的书生和当地头牌妓女吵架，将妓女脸部抓伤，并往伤口揉进染料，头牌妓女彻底毁容。妓女号哭投诉。富弼认为，身为读书人，无名无分就残害百姓，以后做官那还了得，一怒之下，杀掉了书生。②

私黥平民构成犯罪，但肯定罪不至死。富弼为什么要如此高调处理？富弼的逻辑是：这书生很有才，还没得志就如此猖獗，如果哪一天得志了，必然如虎添翼，草菅人命。更重要的是，毁掉一个女人的脸，就毁掉了她的前程未来，还毁掉了她的名声人格。

梳理古代"刷脸"的类型和缺陷，并不是要用今天民法典人格权标准去衡量古代刑法的是非对错，而是想说明，在传统法文化中，脸面和人格的克

---

① 孔平仲《孔氏谈苑·狄青王伯庸同在枢府》："狄青、王伯庸（王尧臣）同在枢密府，王常戏狄之涅文云：'愈更鲜明。'狄云：'莫爱否？奉赠一行。'"江休复《江邻几杂志》亦载其事："伯庸常戏其涅文云：'愈更鲜明'。狄答云：'莫爱否？奉赠一行。'王大惭恧。"

② 施德操《北窗炙輠录》卷下，王根林校点："富郑公知郓州，有士人出入一娼家久，其后与娼竞，乃挝其面碎之，涅以墨，遂败其面，其娼号泣诉于府，公大怒，立追士人至，即下之狱。数日，当决遣，其士素有才名，府幕皆更进言子郑公曰：'此人实高才，有声河朔间。今破除之，深为可惜。'公曰：'惟其高才，所以当破除也。吾亦知其人非久于布衣者，当未得志，其贼害乃如此，以如斯人而使大得志，是虎生翼者。今不除之，后必为民患。'竟决之。"

减、剥夺息息相关，这是今天老百姓对刷脸敏感、反感的文化根源。

再看权利隐忧。除了公共安全和公共管理需要，动物园、公交公司这些市场化经营主体是否有权采集乘客的人脸信息？是否需要乘客知情同意？是否涉嫌身份歧视？这些都是消费者质疑并担心的问题。

最大的隐患还在于，采集、储存人脸信息是否安全？通过定位、抓拍、匹配而生成的数据信息一旦被垄断、滥用，不仅会危及生活安宁，还可能危及肖像权、名誉权甚至生命权，被无人机定点清除。当一个国民的安全、安宁、隐私都无从保障，单纯的效率、便利又有何用？

这不是危言耸听。一旦你在丽江咖啡店发呆的形象被抓拍，经过匹配，你的姓名、年龄、职业、开户行甚至你的搜索记录、性格偏好、性取向都会瞬间生成，还可以通过定位追踪，得知你到了哪个酒吧、见了什么人、坐的什么航班，等等，这些个人信息都会暴露无遗。

鉴于这种文化惯性和权利隐忧，《民法典》在"总则编"和"人格权编"对刷脸行为都进行了全方位规制：

第一，不得非法收集、使用、加工、传输他人个人信息，不得非法买卖、提供或者公开他人个人信息。①也就是说，无人超市老板李小三要获取顾客王小二的人脸信息，必须遵守合法、正当、必要三大原则，还要征得王小二同意并且公开搜集、使用的目的、方式、范围。说明为什么采集？凭什么采集？干什么用？否则就属于非法，涉嫌侵权。

第二，人脸信息不得泄露，未经王小二同意，李小三不得向他人非法提供。换句话说，即便通过执法、监控设备拍下王小二的人脸信息，除非为了配合、协助公安机关办案等公共安全、公共利益目的或者征得王小二本人同意，李小三不得泄露王小二的一切信息。如果李小三是公职人员，更应当对所获取的公民信息进行保密、加密，否则不仅侵权，还可能犯罪。2016 年，

---

① 《中华人民共和国民法典》第 111 条："自然人的个人信息受法律保护。任何组织或者个人需要获取他人个人信息的，应当依法取得并确保信息安全，不得非法收集、使用、加工、传输他人个人信息，不得非法买卖、提供或者公开他人个人信息。"

河北一位辅警执法过程中，拍摄到了一位女性的不雅视频。出于好玩，也为了道德谴责，手一抖，把视频转发了。瞬间传遍小城，该女子到巡警大队喝下农药，自杀身亡，这辅警最终被判刑入狱。

第三，信息收集者、控制者应当确保人脸信息安全，防止被他人盗取、篡改。一旦被"盗脸""套脸""变脸"，遭遇侵害的不仅仅是肖像权，还可能危及隐私权、名誉权、财产权等，这点我们在另外专题中具体分析。

第四，结合《民法典》隐私权保护条款，根据网络安全法第43条的规定，王小二如果发现网络运营者李小三违反法律、行政法规的规定或者双方的约定收集、使用其人脸信息的，有权要求李小三删除信息。也就是说，如果哪一天王小二发现网络上出现了自己的面孔，无论是帅气爆棚，还是抠鼻子、挠耳朵的怪相，王小二都有权要求运营商立即删除，这就是民法上的"被遗忘权"。

简单总结一下，人脸不仅是国民有效的身份识别信息，还是人格权的物质载体；从古代的黥刑、刺刑到《民法典》全面保护人脸信息，不仅是法律的进步，也是人类文明的进步。只有人脸识别信息进入人格权的堡垒，刷脸才能带来真正的效率和安全。

第八集　AI 换脸会换出什么风险

前不久，一款 App 突然爆红网络。只需上传一张自己的照片，即刻就能变形为心仪的男神女神。不用化妆布景，不用导演场记，还不用讨好制片金主，高科技换脸技术可以瞬间让你实现角色转换，东邪黄药师、西毒欧阳锋、花心萝卜韦小宝、丰神俊朗花无缺、食色无忌猪八戒，随你挑，随你选。如此噱头，引来无数影迷粉丝狂欢追捧。

狂欢背后，商家的逐利逻辑隐然可见。首先，消费者要上传一张自己的动态真脸，还必须同意商家自由使用、转让、编辑，商家是否利用消费者的"面子"挣钱盈利，消费者无从知晓，亦无从约束。如此一来，每一位消费者都是用自己的"真"脸换取一张别人的"假"脸，在获得别人"脸面"的同时，放弃了自己"脸面"的自主权。其次，换脸后如果要进入互动情景，消费者就得付钱。商家的商机与盈利逻辑无疑就是用"假"脸游戏，用"真"脸买单。

更大的风险还在于，如果这种狂欢模式被肆意推广，必然诱发巨量且极为严重的法律风险、道德风险。比如，王小二、刘三妹可以用自己的脸换花无缺、宋慧乔，但别人也可以用王小二、刘三妹的脸换上猪二哥、石榴姐。

针对换脸风险，我们从法文化层面解读三个问题：人脸是否具有独立的文化内涵和法权意义？《民法典》对人脸生物识别信息的保护涉及哪些权利？如何防范人脸的商品化、娱乐化带来的危害与风险？

第一，人脸是具有特定文化内涵的法权单元。

按照《民法典》第 1034 条的规定，人脸属于生物识别信息，是最基本的法权单元。

首先，人脸是一种社会识别依据，也是一种社会控制依据。从秦代的照身贴到今天的身份证，人脸特征和扫描都是进行身份识别的最直观、最重要的手段。

从社会识别角度而论，个人凭借自身的脸面证明"我就是我"，如果与他人产生法律关系，就会产生一系列权利和义务，最终成为法律上独一无二的"主体"和最小的法权单位。一旦混淆，不仅仅混淆的是人与人之间的身份，还会导致权利、义务的混淆。假如王小二、王小三双胞胎兄弟娶尤二姐、尤三姐这对孪生姐妹，一旦搞错，就会啼笑皆非，不仅身份识别错误，权利义务也会错位。

从社会控制角度而论，国家管理凭借国民的脸面证明"你就是你"，由此界定你的身份角色并实施有效的社会控制。周秦以来，国家通过黥刑、刺刑在人脸上强制性地刻上或刺上特定的符号、图案、文字进行另类化、标签化管理，以此防范、惩戒犯罪。

其次，人脸是生物信息的物质载体，也是社会声誉和地位象征。从生理学上讲，人脸是一个人生物信息存在的核心感官区域。一旦对脸部进行识别，就能系统化地匹配出个人的相关隐私信息，比如，年龄性别、情绪性格、人格状况，甚至性取向、政治立场，等等。有鉴于此，西方很多国家禁止在学校、私人生活区域安装人脸识别系统，为什么？因为这种刷脸很容易让学生、业主成为"透明人"，侵害生活安宁和隐私。

特别需要留意的是，在中国传统文化中，人脸还代表了特定的社会地位、声望名誉。国外很多朋友不太清楚中国人的"面子"究竟是怎么回事。实际上，面子就是凭借个人身份实现社会交往、获取资源、赢得权威的能力和人际网络。所以，只有在中国文化语境下，才能听懂"给个面子""不看僧面看佛面"到底是什么意思。

再次，人脸是一种数字化资源，也是一种人格集合体。信息化、智能化时代，人脸早已摆脱了纯生物学的 2D 平面存在模式，但人脸所承载的人格性权利，比如隐私、名誉不可能发生根本改变。这就导致数字化资源一旦被别有用心的个人或集团掌握，我们失去的不单纯是一张脸，还有我们的人格权利和财产权利。

现代生物测定学通过多维传感器探测、抓取、匹配，瞬间就能将人的面部信息转变为数字信息或数据，再识别、确证"你是谁"，进而还可能对你进行动态追踪、定位。无声无息间，你的一切都会暴露在监控者的视野中：早上七点九分出门，跟练太极拳的张大爷打过招呼，死盯着迎面而来的美女看不够；用石头威胁过王麻子家的"二哈"，买了三斤二两猪肉，中午吃的是面条不是肠粉；等等。

这种高科技手段用于监控高危人群，保障公共安全自然没问题。但如果人脸这种唯一性识别和验证数据被泄露，就可能产生很多风险。比如侵害隐私：当下此刻你身在何处，跟谁在一起，心跳脉搏是多少。此情此景，无论是谁，都会毛骨悚然，愤怒无比；更严重的是，一旦带上 3D 面具，有人可能冒充武林高手叶问抢银行，冒充谦谦君子花无缺实施盗窃；等等。

更可怕的场景还有，王小二早起晨跑，迎着朝阳、听着鸟叫，心情美美的，可突然收到广告信息说，尊敬的顾客，你现在处于运动状态，心跳多少，脉搏多少，周边负氧离子多少。一看到这些信息，王小二瞬间就会崩溃，哪还有心情看朝阳、听鸟叫？

鉴于人脸识别的可怕威力和对公众权利的无限侵害可能，2018 年 12 月 17 日，微软副总裁 Brad Smith（布拉德·史密斯）在布鲁金斯学会的会议演讲中特别指出："微软在人脸识别技术应用中必须坚持合法、可控、知情同意等六项原则。"亚马逊公司也积极主张："人脸识别绝不能运用于侵犯个人权利。"2020 年 6 月 8 日，IBM 宣布不再提供任何人脸识别服务和人脸分析软件，高调退出市场。

第二，《民法典》对人脸识别的立法定位和制度设计。

人脸识别的数据化、信息化本来已经带来诸多的风险和威胁，如果对"换脸"不予规制，基于人脸识别而形成的社会秩序可能会崩溃解体，负载于人脸上的各类民事权利也将遭遇世纪性挑战。令人欣慰的是，《民法典》充分关注了高科技可能对民事权利造成的危害，未雨绸缪，抢占先机，对"刷脸""换脸"可能侵权的行为进行有效规范。

刷脸我们有专题单独探讨，这里我们结合《民法典》讨论"换脸"可能侵害哪些权利？

第一类，人格权。具体来说，又区分为如下几类权利。首先是肖像权。按照《民法典》第 1019 条，任何组织或者个人不得以丑化、污损，或者利用信息技术手段伪造等方式侵害他人的肖像权。未经肖像权人同意，不得制作、使用、公开肖像权人的肖像。如此，"换脸"游戏中，你不得滥用他人肖像，用自己的脸去替代影视作品中的花无缺，别人也不能拿你的脸置换成猪二哥，否则就侵害了肖像权。

其次是名誉权。未来生活中，因为"换脸"导致的身份盗窃以及由此引发的诈骗、色情合成等问题将日趋严重，被盗脸、套脸、改脸的人名誉会遭受严重损害。有鉴于此，《民法典》第 1024 条界定名誉是"对民事主体的品德、声望、才能、信用等的社会评价"。同时规定："任何组织或者个人不得以侮辱、诽谤等方式侵害他人的名誉权。"如此，当他人利用你的 3D 人脸模型实施不文明行为甚至犯罪行为时，你就可以通过《民法典》积极维权。

再次是隐私权。上面讲过，人脸信息泄露或被非法利用，通过匹配手段，会暴露自然人的一切相关隐私信息，比如身高、血型、出生日期、是否结婚、居住地点、车牌号码、社会交往、饮食习惯、行为偏好等，不仅让人防不胜防，还不堪其扰。为此，《民法典》将隐私界定为自然人的私人生活安宁和不愿为他人知晓的私密空间、私密活动、私密信息。按照《民法典》第 1032 条的规定，任何组织或者个人不得以刺探、侵扰、泄露、公开等方式侵害他人隐私权。

第二类，身份权。按照《民法典》第 1001 条的立法思路，身份权中涉及人格利益的，比照人格权规定予以保护。

换脸中最大的风险就是身份盗窃，主要是"套脸"和"盗脸"。一旦人脸这种生物密码丢失或被他人盗用、冒用，王小二作为自然人身份真实性的最后一道屏障就会崩塌，基于人脸信息而设定的门禁系统、电子支付、网络交易、网络申请公共服务等身份安全问题就显得异常严峻。一般密码王小二可以更换，但人脸自然密码一旦泄露、暴露并被盗取、冒用，"你不是你，你又是谁"就会成为王小二永远的痛。王小二会绝望地发现，别人只需一副3D面具，他的社保卡被代领，信用卡被透支，还可能被贷款，甚至可能被假结婚，成为别人的老公。当然，王小二还可能被动成为网络诈骗犯，成为欠钱不还的老赖、出轨的小三，钱财尽失、名誉扫地甚至面临牢狱之灾。

当然，如果王小二知情，可以断然采取措施防范侵权，遏制犯罪，最大程度减少风险。但这些权利保障和责任排除都得有两个前提：一是王小二得证明他不是带着3D人脸模型的"他"，才能免去责任；二是王小二还得当李逵，协助公安机关抓到李鬼，才能有效维权。

无论哪一种，成本和风险都太大。由此而论，最佳的方式还是保住自己的脸，保有人脸信息的私密性、安全性，别去玩什么"换脸"之类的游戏。

第三类，知识产权。"换脸"游戏还涉嫌侵犯他人知识产权。一般来说，人脸数据库必须依靠特定的素材库才能实现所谓的明星梦。这种素材一般是从影视作品或其他影像作品中截取的片段。这种行为绝对不是著作权法所保护的合理使用，而是一种赤裸裸的侵害署名权、修改权及作品完整权。如果王小二相信网络平台的承诺，将自己的脸植入《西游伏妖篇》吴亦凡扮演的唐三藏艺术形象，同样侵害了吴亦凡和相关影视公司的权利。

如果不以营利为目的，纯粹就是换个脸，娱乐一把，也没有恶搞、丑化破坏名誉等情节，是否还是构成侵权？同样构成侵权。北京知识产权法院2015年就判处一起案件，明确指出侵犯作品完整权的行为不以"有损作者声誉"为要件。换言之，不论王小二是恶意还是善意、是故意还是无意，只要对吴亦凡版唐三藏形象进行了修改，都构成对作品完整权的侵害。

　　说起来，AI换脸游戏貌似传统的杂耍，但必须警惕：杂耍是逢"场"作戏，用的是标签化的脸谱而不是真实的人脸生物数据，不会危及人格、人伦，不会伤天害理；AI换脸是逢"脸"造戏，当技术霸权与信息垄断遭遇商业利益，我们的时代就可能被猎奇、无聊、仇恨、贪婪驱动，无视法律，强暴道德，以娱乐、共享之名践踏他人权利、坏人名德、毁人家庭、诱坏风气。

　　警惕之外，我们还应该理性地对待人脸识别技术。毕竟，高科技能给人类带来新的便利和较高的效率，《民法典》也为换脸之类的法律风险加上"法锁"。未来如何应对换脸之类的游戏软件带来的负面效应，笔者认为，至少应该把握好三对关系。

　　第一对关系，科技与伦理。技术作为一种工具应当是中立的，新技术更能引领创新，推动人类文明发展，这一点不可否认。但同样不可忽略的是，技术作为一种工具性存在，既可以造福人类，也可以贻害无穷。屠刀可以用来杀鸡宰羊，也可以用来行凶杀人；核能既可以发电，补给能源，也可以让人类一夜之间回归旧石器时代。

　　同样的道理，换脸技术虽然可以带来无穷乐趣，丰富业余生活，但如果没有科技伦理的钳制，娱乐至死的结果可能就是自我权利的丧失或者对他人权利的极度伤害。

　　《民法典》制度设计中人格权、身份权、知识产权系列保护制度无疑为换脸之类的高科技套上了伦理的缰绳，使其不至偏离正道。同时，《民法典》的此类设计还可以完成一项未来最重要的使命：遏止技术霸权与信息垄断，防范数据公司滥用人脸数据独霸市场，牟取暴利。如本集开篇讲到的某公司推出的换脸App平台，看起来是纯娱乐，最多也就是恶搞。但从民法维度看来，人脸不仅是身份确证、社会交往、法律行为的生物识别系统，还承载着自然人的人格权、身份权、知识产权，不能过度开发，更不能滥用，以此创造流量和效益；也不能以格式条款严重限制、剥夺消费者权利，加重其义务和风险。

第二对关系，法律与道德。即便换脸仅限于娱乐或者恶搞，也不能超越法律与道德界限，不能以恶搞诱发不良社会风气，不能以商业利益冲毁法律的堤防。比如，王小二的人脸信息被他人进行报复性色情合成，发布于网络，牟取暴利。妻子刘三妹忍无可忍要离婚，王小二喊冤叫屈，说脸是我的没问题，但打脸的事不是我做的。刘三妹就会问，脸是你的，脸都不要了，凭什么敢做不敢当？

很多数据开发商、网络经营商可能认为，换脸游戏如果不营利，就不会违法。这是一种错误的认知。从法律层面而论，有 AI 大咖以"技术交流"为说辞，将港版《射雕英雄传》中"朱茵版"黄蓉的脸换成杨幂的脸，五官、表情高度相似，真假难辨，这显然构成知识产权侵权。

从道德层面而论，即便不构成侵权，张冠李戴、移花接木、偷天换日也会引发道德风险。所以，这段视频播出后，引发了好奇，但更遭遇了道德谴责和社会猜疑甚至集体恐慌，最后被迫删除。

第三对关系，成文法与习惯法。作为文本存在的《民法典》虽然不可能对换脸之类的行为进行面面俱到的规定，但习惯法可以有效填补这种漏洞，这就是《民法典》中的"善良风俗"条款。

娱乐搞笑有利于调剂身心，但不得违反法律、消解道德，也不能违反民间社会长期形成并广泛认可的习俗。上举 App 为了规避法律对肖像权、名誉权、隐私权的保护，将素材库中的人脸头像全部去除留白，供消费者自我填充安脸。

如此行径，比直接侵权更为恶劣。为什么？因为在传统文化和习俗中，脸面不仅代表身份，还代表了尊严和社会地位，更负载了特定的民俗信仰和禁忌。商家人脸数据库通过信息技术手段对所存储人脸任意去头、去脸，每一张人脸数据都可能被处理成"无脸人"，随意被他人置换、填充、恶搞、丑化，成为"不要脸"的人，被"附体"、被"夺魄"、被"追魂"。如此行为，带来的不仅仅是名誉损失，还有可能造成极度的心理伤害和人格贬损，严重违反善良风俗。

也正是基于上述风险，欧盟的《一般数据保护规则》(*General Data Protection Regulation*)针对"个人生物识别数据"设计出与中国《民法典》相近的两大原则：知情同意原则与正当性原则。除非获得用户明确同意，或者具有其他正当理由，否则，禁止收集、处理个人生物识别数据。就个案来看，2015年Facebook（俗称"脸书"）在未经用户同意的情况下，非法对用户照片进行人脸识别并存储相关信息，引发了大面积集体诉讼。主审法官认为这一行为违反了美国伊利诺伊州有关保护生物信息隐私的法律，应当予以严惩。

由此看来，《民法典》的立法定位和制度设计规定不仅契合了传统文化语境，具有民族性，还顺应了世界权利保护的潮流，具有国际性。

最后总结一下，人脸不仅是一种自我形象的生物学表达，也是人格尊严和社会评价的有机载体。如果任由换脸游戏的行为泛滥，国民权利就会失去法律、道德、习俗的三重保护，当技术霸权与信息垄断格局形成，我们每一个人都可能被去头去脸，丢失脸面和隐私，失去尊严和人格，成为信息帝国的牺牲品，被异化为数字化资源和营利的工具。

第九集　智能机器人有法律地位吗

最近几年，智能机器人加持资本市场并飞速发展，日新月异，新理念、新技术、新权利不断涌现，在回应未来市场的深度需求时，也给民法带来了世纪性挑战。理论界和实务界出现了大量的疑点、难点、热点问题。最具争议的三个话题是：智能机器人在民法上算不算"人"？是否具有自主表达、自我决策能力？是否具有责任能力？

这涉及民法很重要的三项制度，分别是主体资格、行为能力、责任分配。新出台的《民法典》对此如何回应？单从法条设计来看，《民法典》中找不到任何具体的规范条文，但这并不代表《民法典》就不关注、不回应上述问题。

先看第一个问题，智能机器人算不算民法意义上的"人"？是否赋予其民事主体资格？

近两年，机器人伴侣爆红网络。这些由无毒硅胶树脂制作而成的产品，不仅有着人的体型、面孔、肤色、语言，甚至嘴唇的形状、眼睛的颜色、个性化文身都可以根据客户的要求量身定制，不差分毫。

更先进的是，这些机器人伴侣身体内部还有加热系统，完全可以模拟人类真实体温。同时，有了人工智能加持，机器人伴侣还拥有了可以自主设定的性格、情感。你要健壮活跃，"科比1号"是不错的选择；你要深沉老练，"东邪黄药师精装版"可以伴你走天涯；你要阴狠毒辣，"西毒欧阳锋升级版"可以让你畅行西域大漠。

更广阔的前景还在于，机器人伴侣不仅可以植入人类的感情和个性，甚至有可能具备生育功能。早在 2007 年，韩国科学家就已经发明了遗传机器人，只需将 DNA 编码编辑到一个软件里，就可以不断进行基因匹配，模拟出合成生物，最终定制出需要的染色体，为机器人"孕育"下一代提供了技术可能。2017 年，俄亥俄州立工程学院开发出了组织纳米转染技术，可以通过纳米芯片将遗传基因送到一个细胞内，再将这个细胞定向转化为其他功能的细胞，比如，生殖细胞。这两项技术合龙，机器人生小孩就不再是科幻、玄幻桥段，极有可能成为现实。

有鉴于此，很多哲学家、科学家、伦理学家、法学家欣喜无比，认为超新人类诞生，应当赋予其法律地位。但在笔者看来，再怎么亮眼的机器人伴侣都是玩偶 + 人工智能 + 基因技术的叠加，不是真正的人。

为什么？具体理由有两个。

第一个理由，人的地位具有唯一性、至上性，智能机器人是人类的产物而非人类本身。

这种区分标准有很多，目前世界上所有成文法国家的民法典在人的界定上秉承的都是近代经典哲学确立的标准，认为人是一种自在自为、自私自利的本体性存在，有着独立于动物界、植物界的诉求能力、回应能力和言说能力。比如，王小二在西湖苏堤上看见了刘三妹，一下子两眼发直腿发软。这不仅有喜欢刘三妹的动物性冲动，还有和刘三妹结婚、组建家庭的社会性意愿；不仅要通过社交获取三妹父母、七大姑八大姨的认可和接纳，还要通过两眼放电、写下情书、送上玫瑰花传递爱意，赢得芳心；更要通过山盟海誓、钻戒和婚礼仪式表达一生一世、永不分离的郑重承诺。最后，两人通过契约结合成为夫妻，生下孩子，形成了特定的身份关系和财产关系。

简言之，正是因为设定了独特的自我标准，人类才获得了唯一性、至上性的主体性地位，也塑造了法律权利和社会关系，赢得了独立于其他物种的高级存在。所以，从罗马法到近代民法典运动，无一例外地对法律人格进行了严格限定，原则上只有异性自然人通过契约结合并按照自然规律生育的后代才能称之为"人"，这是自然人成为法律人的主体前提。除此之外，不能称之为人，也不享有所谓人格。

所以，按照近代以来的哲学标准和民法典立场，虽然机器人伴侣具有宋慧乔的外形、体温、音质，可能被植入情感链接，还可能设计出温柔、贤惠等性格特征，但这些都是基于程序而设定的机械角色扮演，不是宋慧乔本人的自然性格流露、情感表达，本质上还是一种人造物，不能划归为"人"的范畴。

第二个理由，功能性替代而不是主体性替代。

智能机器人技能爆棚，表现卓越，远远超过人类，这是不争的事实。比如，美国、日本推出的护理型智能机器人和机器宠物让大量的子女解脱出来，它们帮助照护老人，陪聊天、喂药、喂饭、辅助锻炼，还给老人讲故事、说笑话、逗乐解闷，无一不能，有效缓解了老人的孤独寂寞。美国一家公司2016年就售出机器宠物10万多件，甚至有市场营销专家估计，到2022年，老年人、残疾人的机器宠物或机器人伴侣会以25%的速度增长。

但我们一定得明确，这是一种功能性替代，而不是主体性替代。因为这些智能机器人不具备人类的情感认知，阿尔法狗不知道为什么要赢，不会赢了就欣喜若狂；输了也不会有什么挫败感、羞耻感，更不会流下伤心的眼泪。即便护理型智能机器人能够面面俱到、无微不至，但再精准的算法设计和再温馨的人工智能模拟场景，也永远不可能替代子女的亲情陪伴。

为什么？因为它们没有温情，更没有灵魂。人类作为高级哺乳类动物，亲情陪伴本身是发自内心的真诚感恩和灵魂交流，而不是机械的动作和预设的甜言蜜语。

正因为如此，2017年美国的一项调研报告表明：64%的家庭反对机器人伴侣照顾老年人、儿童、残疾人；欧盟国家反对的数据也达到60%。为什么？原因有三：一是机器的服务不可能替代基本人伦的温馨、温情；二是机器的介入反而增加了老年人的孤独感和危机感，担心被子女、社会歧视甚至遗弃；三是老年人、残疾人担心被监视、监控，失去人应有的尊严和自由。

　　再看机器人伴侣，这种人造物不是因为爱情而缔结婚姻，收获家庭、儿女、亲情，而是通过购买行为获取一种替代性的情感慰藉。按照目前的市场价格，王小二可以定制并买回一个"新娘"并取名刘三妹，英国机器人伴侣售价约 12000 英镑，日本的更高，接近人民币 15 万元。但王小二一定得明白，他每年都得为这位人造刘三妹支付费用进行数据更新，让"三妹"升级换代，否则那就是一堆硅胶原料，连魔幻剧中的白娘子、狐狸精都算不上。

　　根据上述两个理由，智能机器人至少目前不可能替代人的主体性地位。但为什么会引起民法学界近年来长期而激烈的争论？因为智能机器人已经开始挑战人的主体性地位。

　　第一方面的挑战，是人对未来终极命运的危机感。比如一旦智能机器人可以生孩子，这可能让未来的世界很精彩，但更可能是很无奈。如果播下龙种，收获跳蚤，还仅仅是科技的失败；如果植入的是宠物猫基因，生下的是东北虎王，那就是人类的悲剧。当人类生产和再生产都由智能机器人替代时，必然危及人本身的存在价值和生命意义。

　　更大的挑战是第二方面，智能机器人的替代性功能不断冲击着现有道德规范和人伦法则。比如，机器人伴侣已经开始向真实的人际关系提出严峻挑战。日本年轻人生活、工作压力太大，不想谈恋爱，更不想结婚，机器人伴侣就成了有效的替代。不用甜言蜜语、花前月下，不用彩礼、不用陪伴，不用看脸色，不用担心女朋友吃醋，更不用担心妻子出轨头顶"草原"（指绿帽），只需一个指令，就能实现男性说一不二、唯我独尊的崇高地位和话语霸权。

　　这种虚拟的身份会严重危及人本身。主要危害有两个：一个是对替代性社交过度依赖，导致人机互动代替人际互动，直接危及真实的人际交往，甚至对真实社交感到厌恶、恐惧。另一个是人被智能机器人异化、移情，将"主人—玩偶"的行为模式代入真实社交关系，侵害同类的生命权、健康权。

　　这两种危害不仅导致道德崩溃、人伦畸形，还会让大量的年轻人迷失其中，以真为假，以假为真，真真假假，难以自控，最终性情变异，行为失范。这并非危言耸听，从暴力游戏对青少年犯罪的影响不难看出人机互动游戏中非道德倾向对真实参与者的情感渗透和道德影响力。

针对智能机器人可能诱发的哲学、道德、伦理风险，我国《民法典》遵循传统立场，对此进行有效回应。具体来说有两个方面：

其一，将智能机器人定性、定位、定格为"物"，准确回击市场利润追逐目标下的人机互动所带来的风险。这一价值立场有效排除了智能机器人成为"人"的可能性，警示、提醒使用人，人机互动实际上最多就是一种消遣或替代，不可沉溺，更不可建立所谓"情感链接"，损害人类特有的情感共鸣能力。

其二，民法通过公序良俗、诚实信用等原则连接合同法、侵权法，将此类产品的开发、设计、制造、销售纳入民法管控范围。比如，有学者认为，所谓性爱机器人，彰显的是反人道、反人伦的暴力文化、强奸文化，是对人类身体的商品化，有"性"而无"爱"，不是人与人之间的一种情感互动，严重违背公序良俗原则。有鉴于此，民法可以对此类产品加以更严格的法律义务和责任，要求生产商、销售商必须尽到最大伦理义务，增强透明度，签署风险告知书，防止消费者"上瘾"甚至产生精神疾病，否则应当承担精神损害赔偿责任。

第二个问题，机器人伴侣有没有行为能力？

民法上的行为能力是指民事主体以自己独立的行为取得民事权利、承担民事义务的能力。根据上述分析，智能机器人既然不具备主体资格，自然也就没有独立行为意识表达的能力。

我们从以下三个方面进行解读。

第一，智能机器人是工具性存在而非主体性存在。从语义和逻辑层面分析，智能机器人是人类通过科学手段和工具模仿、拟制自身的技术工具，目的是延伸、提高人类的能力、技能，是"人工"的设计和编程。

从价值层面考察，智能机器人可以模拟情景，但并不具备自主意志。它们上得厅堂下得厨房，还可以说笑、下棋，甚至卖萌、撒娇，成为性爱伴侣。目前，英国出现了人类与机器人结婚的先例，日本更批量生产了机器人"伴侣"。但它们永远不可能生成感情涟漪，更不可能产生发自内心的深沉情感和矢志不渝的忠诚。实验表明，一个机器人伴侣可以同时和两千多求爱者进行感情互动，连情话都不重复，唐伯虎、韦小宝都得甘拜下风。

第二，智能机器人的行动轨迹遵循程序指令而非自主决策。人类的自主意志和自我决策不仅受本能和利益驱动，还受理性程度、道德水平、法律认知约束。但机器人伴侣没有直觉、没有羞愧、没有同情与怜悯，当然，也没有所谓痛苦、屈辱，更不会忏悔、救赎。智能机器人不具备自我认知能力和理性的判断能力，自然也没有自主决策能力。一切行为都来自算法暗箱的预设指令，是被动行为而非理性选择。

有学者用"矿井救援决策模型"说明了 AI 决策的伦理风险。一个矿井有 AB 两个井道阀门，瓦斯爆炸后，井下有 100 个矿工。如果关闭 A 或 B，都有 50% 的概率救出 50 人；如果同时关闭 AB 两道阀门，虽然屏蔽了毒气，但因为饮用水和食品缺乏，则最多可能保证 10% 的人脱离危险。如果由人来决策，一般不会选择同时关闭。但如果授权 AI 自主决策，它首先就会选择同时关闭，结果还出人意料：矿工的存活率可以达到 80%-90%。为什么？因为屏蔽毒气后，AI 推定矿工可以通过吃掉先死同伴的尸体支撑到救援到来。[1]

第三，智能机器人的行动目标是功利取向而非道德引领。因为资本的逐利性，智能产品生产商、销售商迎合的是消费者的单向需求，以此提高资本回报率和市场占有量，这种人为指令、程序遵循的法则和标准不是人道主义，而是功利主义、实用主义伦理观。所以，对于人工智能决策而言，从来不会存在所谓"价值校准难题"，而这无形间抛弃的就是人类最可贵的伦理法则。如果不加遏制，任由人工智能决策，未来被 AI 控制的社会就可能成为被功利、享乐、服从包围的"孤岛"，隔离的就是人类最深沉、最可贵的

① 柳亦博：《"湖心岛"隐喻：人工智能时代的算法伦理入侵》，《政治学人》2019-12-12，http://smart.blogchina.com/939355804.html。

道德法则和精神引领。

第三个问题，机器人伴侣有没有责任能力？

如前所论，智能机器人既不具备民事主体资格，也不具备行为能力，自然就不可能具有责任能力。因为理论争议太大，技术也不成熟，加上道德、伦理风险尚不明显，本次《民法典》没有对智能机器人进行具体条文设计。但这并不意味着《民法典》就不规范由此引发的法律争端。实际上，对于无人驾驶、智能陪护这些领域产生的侵权，我们在《民法典》内部完全可以找到可靠法源和权利、责任基础。

2017年欧洲议会通过《机器人民法规则》，提出了一个建议：设立电子人人格，赋予智能机器人以法律地位。但必须明确的是，这种提议的目的并非是智能机器人争取与人同等的法律人格，而是为智能产品自主决策产生损害行为后追究法律责任。

该规则明确指出，任何机器人技术和人工智能的发展都必须以保护、保障自然人的尊严、自主和自决为前提，自动化、算法决策都只能是一种纯技术性的自主性，如果造成损害，不是由机器人承担责任，而是由人来承担责任。

根据《民法典》的制度设计，未来智能机器人的侵权风险一般存在于以下两个环节。

第一个环节，智能机器人开发、设计、制造侵害特定主体的人格权。比如以特定人类的身高、形象、姿态、声音制作而成的"科比一号""林志玲二号"，如未经权利人书面授权并签订有偿使用肖像合同，按照《民法典》第1014条、第1019条、第1023条、第1028条，显然侵害了科比、林志玲两个人的肖像权、姓名权甚至名誉权。

第二个环节，使用、消费阶段可能诱发的侵权，主要有三种情形。一是人机互动情形下，机器人伴侣"自主"决策，非法采集、储存、传输"主人"生物识别信息，包括基因信息、性格偏好、性取向等，可能会严重危及"主人"的人格权。虽是机器人伴侣自动识别获取，但侵权责任应由开发商、制造商、销售商承担。

二是机器人伴侣因为设计瑕疵、质量问题，导致消费者人身伤害，应当遵循欧洲议会《机器人民法规则》之规定，采用严格责任或无过错责任。只要损害发生而开发商、制造商、销售商不能证明是消费者自己过错导致，则应承担侵权责任。

三是新型侵权，如盗取、改装、侵害他人机器人伴侣，特别是改变程序设计，引发各类侵权后果，行为人须自行承担责任。如"主人"王小二让机器人伴侣刘三妹讲个笑话，但刘三妹讲出的却是惊悚恐怖故事；让它提供关于人类生存意义的心灵鸡汤，刘三妹却积极劝诱王小二自杀；等等。

简单总结一下，智能机器人不是人，而是一种替代性产品，是基于特别需求而生产、销售的生活助手或精神慰藉物，但不能寄托人类的个体情感和身份归属。所以，有朝一日，王小二的机器人伴侣刘三妹离"家"出走，王小二大可不必伤心，更不必寻找挽留。因为，机器人刘三妹对王小二的情感需求还抵不上家养的狗狗"二哈"。

第十集 基因编辑有什么风险

2018 年 11 月，某大学一位副教授公开宣布：一对名叫露露和娜娜的基因编辑婴儿健康诞生，因为一个基因已经被修改，这对双胞胎可以天然抵抗困扰人类多年的艾滋病病毒。

消息一出，石破天惊，瞬间震动全世界。据媒体报道，国家卫健委紧急回应，称为"事件"，要依法依规处理；科技部声称基因编辑婴儿触犯法律、法规；中国科学技术协会生命科学学会联合体随之发表声明，反对有违科学精神和伦理道德的所谓科学研究与生物技术应用。广东省火速成立"基因编辑婴儿事件"调查组，认定该团队实施了国家明令禁止的以生殖为目的的人类胚胎基因编辑活动。

2019 年 12 月 30 日，深圳市某区法院一审判决，该副教授因共同非法实施以生殖为目的的人类胚胎基因编辑和生殖医疗活动，构成非法行医罪，被判处有期徒刑三年，并处罚金人民币三百万元。刑事处罚外，卫生健康行政部门将该团队列入人类生殖技术违法违规人员"黑名单"，终身禁止其从事人类辅助生殖技术服务工作；科技主管部门终身禁止其申请人类遗传资源行政审批、终身禁止其申请各级各类科研项目。

为什么国家行政部门、行业协会、人民法院对基因编辑婴儿事件如此重视？为什么处置如此急迫？为什么处罚如此严重？所有的答案都聚焦在一点上：违反科学精神，违反伦理道德。

严厉的刑事惩罚、行政处罚之外，《民法典》对此类行为如何定性？通过什么样的制度设计予以规制？

《民法典》第 1009 条以专条形式明文规定：从事与人体基因、人体胚胎等有关的医学和科研活动，应当遵守法律、行政法规和国家有关规定，不得危害人体健康，不得违背伦理道德，不得损害公共利益。这是《民法典》立法的一大亮点。通过三个"不得"为基因编辑加上了三把"法锁"，最大限度阻却、减轻其对自然人人格权和伦理道德、公共利益的风险。

高科技高风险，这是 21 世纪的常态。结合《民法典》第 1009 条和其他各编，我们可以看到，基因编辑不可避免地涉及法律、伦理道德、技术三大风险。

第一大风险，法律风险。

第一，危及身份权。人类的身份是在遵守自然法则前提下形成的身份识别、亲缘关系、社会角色。所谓自然法则，就是依照自然规律，男女结合生下孩子，然后形成亲子关系、亲缘团体。王小二一诞生就有了父亲、母亲、爷爷、奶奶、姥姥、姥爷，大姑、小舅，自己也就定位在特定的亲缘网络中。进入学校，步入社会，娶个貌美如花的女神刘三妹组建家庭，有了王大宝，还有了王二喜，自己也成了丈夫、父亲。加上事业有成，还当上主管，晋升总裁，有了新的社会身份和社交网络。

中国古代有滴血认亲的桥段，虽然不科学、不准确，但确实说明古人对身份的高度重视。家谱，在传统中国就是最权威的身份证明。翻开家谱世系图，一般的子嗣线是红线，代表了正统亲生；如果是蓝线，那肯定不是亲生、本生，而是抱养、过继，或者是路边妻、露水妻生下的难以确证身份的子孙。红蓝之间，孩子的名分、法律地位、经济权利就有了天壤之别。

基因编辑技术一旦介入，人类的身份就可能发生质变。即可能改变王小二先天基因序列，断裂亲缘关系的自然传承，从智商、身高、肤色等方面全方位展开人工塑造，直接引发王小二和他的祖先、后代难以进行有效的自我身份识别。更严重的是，科技的干预、介入可以修改王小二进攻性或自尊感等基因密码，改变其人格、性格，最终影响到他的人生轨迹和社会角色担当。

简言之，基因编辑可能毁弃人类基于自然基因传承而产生的先天性身份关联，也可能改变人的自我识别系统，最终改变其后天社会角色的自我设定，导致法律上的身份权失去自然依据。

第二，危及人格权。基因编辑至少危及两种人格权：一是基因供体提供者的生育权以及随之产生的知情同意权、决定权；二是新生婴儿的生命权和健康权。

就生育权层面而论，供体提供者是否愿意生育，是按照自然规律生育还是通过人工辅助技术生育，这些都属于当事人的自决权，非经知情同意，任何人不得限制、剥夺，更不能未经知情同意擅自进行基因编辑；就婴儿生命权、健康权层面而论，婴儿是否出生，首先取决于父母生育权的行使，如果人工干预，导致婴儿出生后发生异常，这就是典型的"错误出生"，会产生相当严重的侵权责任。

所谓"错误出生"又称"不当出生"。该类判例来源于美国，一般情形下是指胎儿具有先天缺陷，父母有权选择是否生育。如医疗机构未能尽到注意义务，漏诊、误诊，导致残疾婴儿出生，必须承担违约责任或侵权责任。我国最高人民法院 2016 年以再审案例的形式确认了"错误出生"制度，如果医疗机构失误导致父母生育选择权丧失，就构成了侵权。[①]

与一般"错误出生"不同，基因编辑婴儿事件中，行为人明知违法违规，擅自编辑基因并促成婴儿的出生，显然侵害了其父母的生育选择权。至于露露和娜娜，基于出生的事实，按照《民法典》第 13 条规定，已经享有了法律人格。如果以后发现基因编辑导致其健康异常，也有权提出损害赔偿之诉。

第三，基因编辑对民法提出了三大世纪性挑战。

第一个挑战，基因编辑婴儿是自然人，还是人造"人"？这挑战了民法对"人"的基本界定。根据近代民法的人格原理，凡是遵循自然规律出生的

---

① 最高人民法院（2016）最高法民再 263 号"李某诉长沙市妇幼保健院案"，中国裁判文书网，2020 年 4 月 28 日。

人，都是民法意义上的"人"，不管叫王小二，还是谢大脚，都享有与其他人绝对平等的人格。按这个标准，孙悟空、哪吒都不算民法上的人。同理可证，基因编辑严重违背自然法则，通过人为操控改变自然基因，很难说是自然法意义上的人，而更接近人造人的角色。

有朋友可能会质疑，试管婴儿是人，为什么基因编辑婴儿就出问题了？试管婴儿虽然借助了人工生殖技术，但都是辅助性技术，保有了基因传承的完整性，所以属于自然人而非人造人。

第二个挑战，人的主体性地位是取决于自然法则，还是人定法则？基于人道主义立场，即便是基因编辑婴儿，一旦出生，我们就必须按照《民法典》认同其主体地位。但随之而来的难题是：按照《民法典》的制度逻辑，人格只能遵循自然规律生成并由法律最终确证。基因编辑显然打破了这种价值链条和逻辑前提，开启了"人—复制人—复制人复制的人"的人定法则，冲毁了民事主体赖以生成的自然规则。最终的恶果是什么呢？扭曲、屏蔽、湮没人的主体地位。人的存在不再是自在自为的存在，可能沦为他人意志或利益的产物，要么沦为实验室的小白鼠，要么成为商业帝国的性玩偶，要么成为军火商的超级战士。

如此一来，人就不再是民法中具有独立人格和生命的个体，而是供他人生存的工具和手段，最终被异化为"物"。

第三个挑战，人与人之间如何实现平等？如果承认了基因编辑婴儿的合法性，承认其民事主体地位，人类不可避免地就会面临一个世纪性难题：重启绝对不平等！因为基因编辑技术可以通过匹配、开发、植入等手段制造"超级人类"，最终人类就会陷入创造与被创造、支配与被支配的恶性循环，毁灭现有秩序和人类本身。

其中，人类即将面临两个最可怕的后果：一是凭借财富和技术，部分富翁会改变基因系统的不良链条，重启、再生、植入优势基因，虽难成为与天地同寿的神仙，但活上150岁肯定没问题，彻底打破"死亡面前人人平等"的自然规律和社会法则，引发新的人类不平等和社会分层——王小二是中产阶层一分子，按照自然规律，活到 88 岁，寿终正寝，这是常态，因为死亡面前人人平等。但他的好友李小三是亿万富翁，会优哉游哉地活到 150 岁。这就不正常了，估计王小二很难咽下人生最后那口气。

二是凭借技术、信息垄断，超级人类可以自行繁殖，不断进化，为了获取、争夺有限的生存资源，超级人类会以优生学法则对劣势基因人种进行定向管理甚至定点清除。这话太委婉，直白点，人类将再次面临奴役和种族灭绝！

这不是虚妄的杞人忧天，更不是好莱坞大片的惊悚桥段，我们只需回顾两个历史片段就知道未来不可估量的风险。一个是美国联邦最高法院大法官霍姆斯的名言："我们需要健康、品行好、情绪稳定、富有同情心和聪明的人，我们不需要傻子、蠢货、穷鬼和罪犯。"另一个大家耳熟能详，就是希特勒的优生学，引发了世界大战和种族灭绝。

第二大风险，伦理道德风险。

《民法典》为什么要求基因技术不能违背伦理道德？主要是基于如下考量：

从伦理层面而言，通过基因编辑诞生的人类如何进行自我识别和社会管理？如何构建伦理共同体？是否可以繁衍后代？对下一代诞生是否存在隐患？

上述系列问题都涉及一般人与基因编辑人之间是否存在同质性的伦理关系问题。单纯从生物学意义上讲，两者都是人，能够进行统一的身份识别，构建伦理共同体，一样会是爹妈生，父母养，一样会有同学、朋友、上下级人际关系存在。但可能存在的伦理问题却很难找到圆满解决方案。一如系列电影《X 战警》的情节展示，一般人与基因编辑人之间是否会因新的身份识别和社会分层产生身份认同障碍甚至相互歧视、对立？即便属于祖孙关系，是否会因为资源匮乏、生命周期差异以及人格差异而走向对立面？如果基因干预对基因组产生不可逆转的破坏，是否能够组建家庭并繁衍后代？

从道德层面而论，与前述法律风险息息相关的问题是，基因干预人类的生命是否具有道德上的正当性？如果不能获得正当性，那么这种生命的存在就是非道德的产物，何以证明其生存的合理性？如果说作为生命存在的基因编辑人同样是人，必须获得道德正当性，否则就是非道德，那么，我们同样面临一种悖论：超越自然法则、科学规律而产生的人到底是实验对象、创造物抑或是具有独立人格、自由意志和道德主张的个体？如果承认前者，则导致人的异化和物化，人类就可能沦为供体甚至玩物，道德风险更大；如果承认后者，那无疑就承认了基因编辑的正当性、合理性，不存在道德上的可归责性，我们的讨论也就成了伪命题。

实际上，基因编辑人的主体地位问题、道德正当性问题与克隆人惊人一致。英国国家生物伦理顾问委员会认为，克隆人是以人体做实验，面临道德风险，所以对"人体克隆"颁布短期禁令。第59届联合国大会法律委员会曾经通过了一项政治宣言，要求各国禁止有违人类尊严的任何形式的人类克隆。其基本依据就是两个：一是人类没有权利干预、改变自然规律；二是克隆人会危及人类自身的尊严和地位。

第三大风险，技术风险。

基因编辑包括基因的删除、插入、改写，依照目前的技术，无法根本解决脱靶的风险。基因编辑婴儿事件发生后，中国122位科学家联合发布声明进行强烈谴责。为什么？因为技术风险太大。基因技术可以轻松修改任何物种的DNA，包括人类自身，但人类不同于土豆、西红柿，更不是小白鼠，可以不用考虑脱靶和基因突变风险，可以优化试验，反复纠错。

正是为了防范未来不可知风险，《民法典》才为基因编辑技术套上了三把大锁。但接下来的问题是：三重风险和三把大锁是否就意味着完全否定、抛弃科技创新，阻断医学进步？不是。针对第59届联合国大会法律委员会关于全面禁止人体克隆研究的宣言，中国和其他一些国家投了反对票。为什么？因为对克隆技术不能一刀切，必须区别对待。中国反对的仅仅是生殖性克隆研究，但并不反对治疗性克隆研究。前者可能颠覆人类，后者则可能造福人类。

所以，《民法典》虽然通过专条加上法锁，但并不禁止人体基因研究本身。实际上，先进基因技术和实验确实可能将人类带向光明坦途。

根据相关统计，我国每年有 90 万—100 万缺陷患儿出生，约占出生总人口的 5.6%，严重影响人口素质和儿童健康。胚胎基因编辑是治疗严重遗传性疾病最有效、最直接、最根本的治疗策略。使用基因编辑技术对人类胚胎进行基因组精确操作，不仅可以让带有严重遗传性疾病的高危个体摆脱遗传疾病，还可以将纠正后的基因序列传递给后代。2017 年英国《自然·通讯》杂志发布一项实验成果，利用基因编辑技术成功阻止引发失明的潜在遗传缺陷。

怎么才能有效防范基因编辑技术的巨大风险又不至于阻断科技进步？唯一的路径就是将基因编辑技术管理纳入法治化轨道。其中民法乃重中之重，应当成为各类法律规制的元点和坐标。为什么？因为只有充分保障了民事主体的知情同意权、生育选择权以及新生个体的身份权和人格权，才能有效防范基因技术脱轨、失范，也才能赋予新生命以同一性人格权利和身份权利，防范人格缺失和身份歧视。

但还应该看到，单纯的民法只能解决身份权、人格权等问题，刑法也只是事后救济、惩罚。要有效防范风险，还需要行政法、行业习惯法事前预防，未雨绸缪，防患于未然，最终形成合力，助推基因编辑技术为人类除病患、谋福利。

具体而言，未来可以从三个维度统筹规范。

第一，以《民法典》为核心，构建完善、健全、有力的民事权利保障体系。比如，医疗机构必须事前征得实验对象同意并充分告知风险。根据原国家卫生和计划生育委员会 2016 年 12 月 1 日施行的新版《涉及人的生物医学研究伦理审查办法》，凡是涉及人的生物医学研究必须遵守知情同意、控制风险等伦理原则。除保障受试者的知情同意权外，必须将受试者生命权、健康权放在优先地位，其次才能考虑科学和社会利益。

第二，以行政法为主导，对基因编辑研究和实验设置前置条件并制定基本原则,确保基因编辑技术的研发、运用合于安全性、有效性、适当性。比如,胚胎基因编辑,虽然可以治疗严重遗传性疾病,但必须恪守两个前提条件:一是找不到有效治疗方案,也难以找到替代方案;二是仅能针对地中海贫血症、亨廷顿舞蹈症、血友病等对人类健康有重大威胁的疾病,且严厉禁止用于人类生殖目的。

第三,以刑法为底线,保障基因编辑技术的研发、运用合于法治轨道。目前我国刑法的"非法行医罪"根本不可能遏制基因编辑乱象,更无从防范市场利润带来的疯狂越界行为,建议借鉴《芬兰刑法典》,设立"基因技术罪"予以强力规制、惩戒,实现与《民法典》的无缝对接。

基因编辑技术是双刃剑,既可能是人类的福音,也可能是煞星;既能带来天使般的温暖,也能引发魔鬼般的深寒。只有依靠以民法为核心的法权体系,才能校准航向,在法治化轨道上驶向光明,造福未来。

第十一集　人死如灯灭，还有法律权利吗

2006 年以来，关于盗墓题材的系列作品风靡全国，从小说到有声读物，从漫画到影视作品，从游戏软件开发到洛阳铲的销售，全方位开花结果，点击率、票房收入数次登上榜首，洛阳铲甚至还成了网上热销产品。

这是一种很奇特的文化现象。为什么？因为这是一种文化之殇。读者关注的是宝物、僵尸、密道、机关和暗黑的人性、狡诈的伎俩，著者、传播者、开发者看重的是流量、点击率、版税、市场占有量，但各方忽视的是墓葬背后的文化基因和价值诉求。可以说，除了人类，没有任何一个动物种群为同类、为亲人修建墓穴，进行祭拜。

墓葬文化的本质是什么？是"事死如事生"的道德哲学传统，是沟通生者与死者之间的仪式和象征，由此产生两个良性互动：一是生者向死者传达的是感恩、敬畏，二是死者向生者传导的是生命的尊严与可贵。所以，直到今天，我们还有清明节、中元节、春节等传统节日。从这个角度衡量，影视剧中追求的猎奇冒险、掘墓盗宝、毁棺曝尸以及由此而来的一夜暴富、江湖名位，无视、侵害的却是墓葬背后的古老法权：祭祀权。

这就是今天要分享的主题：祭祀权益是否受法律保护？《民法典》没有规定祭祀权，但并不意味着不承认、不保护祭祀权益。

首先申明两点：第一，祭祀权中的祭祀对象是祖先、亲人，不是什么狐仙妖魔。鬼神祭祀可能涉嫌迷信，但祭祀祖先是追思感恩、是慎终追远、是继往开来。第二，祭祀权既是中国的古老传统，也是现代社会的价值共识，从中华儿女的身份认同到对死去亲人的悼念，不仅是个体情感抒发的民俗仪

式，也是贯通家庭、民族的文化桥梁。

传统祭祀权实际上保护的是两类权利：一是死者的安宁权，二是生者的祭祀权。古代民俗、法律信奉"人死为大""入土为安"，死者入葬，禁止任何人侵扰、盗掘，否则，既构成对死者安宁权的侵害，也是对生者祭祀权的侵害和人格侮辱。法律后果很严重：死刑。比如，先秦时代就开启了"盗墓者诛"的刑法传统；汉代加重处罚，盗发墓冢与杀人同罪，磔刑；唐代盗墓，只要开棺见尸骨，如同阳间杀人罪，绞刑；元明清三代，一律死刑。

与传统法律文化刑法强力保护不同，《民法典》虽然没有明文规定祭祀权，但在第994条中明确列举了祭祀权所涉及的各类权利。该条规定，如果死者的姓名、肖像、名誉、荣誉、隐私、遗体等权利受到侵害，死者的配偶、子女、父母或者其他近亲属有权依法请求行为人承担民事责任。这是一大立法亮点，既是对民俗的立法认同，更是一种文化回归。

什么是祭祀权？祭祀权究竟属于一种什么权？祭祀权又有哪些独特功能？我们结合传统法文化和《民法典》的立法思路，从三个方面具体解读。

第一，什么是祭祀权？

祭祀权是有利益关系的生者对死者的哀悼、追思并保有特定利益的权利。

西方法律传统中，对死者的安宁权关注较少，但对生者的权利却高度重视。比如，尸体就属于罗马法中典型的神法物，坟墓属于神法物项下的安魂物，两者都受法律特别保护。要是侮辱尸体，毁坏陵墓雕像，对死者无所谓，但会让活着的亲人名誉扫地，蒙受奇耻大辱，轻则通过侵辱之诉维权，重则刀兵相见、血拼决斗。

中国从先秦到民国都秉承一致立场：除了民俗保护，还通过刑法介入，既保护死者的安宁权，也保护生者的祭祀权。1911年1月，清廷颁布《清朝刑律》，专列"亵渎祀典及发掘坟墓罪"；2006年7月1日生效的《台湾地区新刑法》也单列"亵渎祀典及侵害坟墓尸体罪"专章，对尸体、骨灰、坟墓以及丧礼、祭礼进行全方位保护。①

半个多世纪以来，因为各种原因，我们在民事成文法中难以找到祭祀权的踪迹，即便司法实践援引民俗予以保护，也因为缺乏成文法指引，既难以从法权上精准定位，又难以对民俗全盘认同。于是，司法实践中不可避免地出现同案不同判现象。有的判决貌似合法，但不合情理；有的判决合情合理，但貌似又不合法。

某市出现过一起墓碑署名诉讼，姐姐在父亲墓碑刻上自己的名字，但拒绝弟弟名字上碑。弟弟一气之下与姐姐对簿公堂。初审法院基于民俗和人伦，判令姐姐重做墓碑，添上弟弟的名字。但终审法院却撤销初审判决，驳回当事人的诉讼请求。理由是什么？在老爹墓碑上刻不刻名字，那是民俗礼仪，但不必然构成民法上的权利。所以，这案子不属民法调整范围，也不归法院管辖。

终审判决很荒诞。法官的逻辑是：翻遍民法通则，我找不到你主张的权利，所以，你就没有权利。再直白点，因为无法可依，所以你的权利就不存在。试想，墓碑刻名这种身份权利、人格权利民法都不调整，哪个部门法还能调整？身份权、人格权纠纷无从调解、和解，人民法院不管辖，谁来管辖？要知道，我们是成文法国家，其中最重要的一项规则就是：法官不得以法无明文规定而拒绝审判，否则要成文法和法官干什么？

有的法官亲民、务实，对民间习俗极为审慎。湖南省新田县法院2011年有个判决，和上述案情案由一样，制作墓碑的人在父母墓碑上只刻自己的名字，拒绝其他兄弟姐妹上碑。法官的推理特别人性化：墓碑不仅是逝者安葬地的标志，也是承载亲属哀思的纪念物；墓碑的署名既是特定身份关系的体现，更是人格权的体现。最后判决，当事人侵害了兄弟姐妹祭奠、悼念的

---

① 《台湾地区新刑法》第十八章，辖第246至250五条款，分别规定"侮辱宗教建筑物或纪念场所罪、妨害祭礼罪""侵害尸体罪、侵害遗骨遗发殓物遗灰罪""发掘坟墓罪""发掘坟墓结合罪""侵害直系血亲尊亲属尸体坟墓罪"五种罪名。

权利。①

这判决合情合理，后来入选最高人民法院经典案例。但本案最大的风险就是于法无据，因为成文法上根本就没有所谓"祭奠权""吊唁权""悼念权"之类的表述。

《民法典》的面世可以有效缓解这类困局。结合"总则"部分第 8 条、第 10 条善良风俗条款、授权援引习惯条款，再匹配人格权编第 994 条，此类案件的审判就能步入正常轨道，遏制司法乱象。

第二，祭祀权属于什么权？

祭祀权在大陆成文法中隐匿半个多世纪后再次现身，这是立法的一大进步。但遗憾的是，《民法典》未能明确、公开、系统地承认祭祀权，而是通过人格权、身份权和遗体的保护委婉、隐晦、间接地承认了祭祀权。

为什么会出现这种情形？应该有两个原因：一个是认知差异；一个是定位差异。

先看认知差异，祭祀是不是迷信？这是祭祀权立法中遭遇的最大风险。但我们明确地说，祭祀不是迷信。

首先，从对象上考察，祭祀权祭祀的是有直系血缘的祖先和近亲属，是人，而不是什么"天灵灵地灵灵"之类的神鬼仙魔；祖先从来都不是高高在上的牌位，而是我们的心灵归宿地和价值原发点。其次，从功能上考察，祭祀并不是要寻求心灵解脱，而是寄托哀思。此外，还有一项特别重要的功能，培育后代子孙必备的两种品性：感恩祖先、敬畏生命。再次，从法权角度考察，祭祀是一种民俗信仰，是远古华夏文化传承而来的精神需求和仪式表达。所以，我们今天的公祭还有炎帝、黄帝、孔子，老百姓家的神龛上摆放的也不是玉皇大帝或者邪灵邪神，而是"天地君亲师"。

再看定位差异。司法实务中之所以出现上述困局，除了寻法、适法遭遇困境外，还有个技术难题：不知道将祭祀权定位于何种权利，放置于何等位

---

① 最高人民法院应用法学研究所编：《人民法院案例选·民事卷（分类重排版）》，湖南省新田县人民法院（2011）新法民一初字第 356 号，人民法院出版社 2017 年版。

置。根据《民法典》第 994 条的制度设计，这类问题可以分别适用不同的条款依次解决。

为什么要分别适用？因为传统祭祀权是一种复合型权利，涵括了信仰自由、身份、人格、财产等各项权利。

首先，祭祀权属于身份权。祭祀权是基于血缘伦理而产生的自然权利，所以，一般归位于亲权。这种身份权有对外、对内两种效力：对外具有排他性，非经特别邀请，外人不能参与祭祀，不得对尸体、祭器、遗物等主张权利：对内则表现为知情权、同意权、处分权等权利。目前纠纷最多的是知情权，直接引发了近几年高发的"戴孝权""送葬权"之类的纠纷。

知情权主要用于解决祭祀权人对近亲属送终、祭奠、送葬等信息传输问题。利益关系人无论是基于人伦、道德义务，还是迫于习俗规范，都应以特定的方式及时、有效、充分地履行告知或通知义务。这就是传统祭祀文化中特有的仪式或程序——"报丧"，或亲自登门，遍告亲属圈，或用"讣告"方式公告周知。目的是什么？避免因信息屏蔽、扭曲导致利害关系人无法参与祭祀而引发争端。

这种身份权属于绝对权、专属权，不能以任何方式剥夺、限制。2014年 3 月，南方某市兄弟姐妹四人联合起诉兄长，讨要"戴孝权"。此前，老母亲身患肺癌，全由大哥一人赡养治疗；为发泄不满，大哥要求兄弟姐妹四人签订协议，约明老母亲死后，除了大哥能捧骨灰盒以外，其他弟妹没尽孝，只享有"送葬权"，不能披麻戴孝当"孝子孝女"。该案主审法官认为：这种约定剥夺了没有赡养老人一方的祭祀权，不仅违反善良风俗，还侵害了身份权，显属无效。该判例可谓情、理、法俱到。①

其次，祭祀权本质上属于人格权。作为人格权存在的祭祀权主要体现为对自由、尊严、名誉、隐私、精神安宁的追求。

祭祀权的自由价值表现为信仰自由与行为自由两种。只要该类信仰不涉

---

① 杨媛、谢思黎：《长兄竟不允许弟妹为老母披麻戴孝——协议放弃"祭祀权"无法律效应》，《扬州日报》第 A12 版，2014 年 3 月 26 日。

及公共利益与其他人权利,祭祀行为就不受他人非法干预、限制;所谓尊严、名誉,主要表现为侵害死者的尸体、名誉、隐私、荣誉等权利,以及破坏祭祀现场等行为危及的死者家族成员的人格尊严,对其名誉、荣誉带来的消极影响;所谓隐私方面的权利,主要涉及死者家族基于祭祀行为而产生的不愿为外界所知的内部信息,包括婆媳不和导致公婆自杀身亡等家丑;所谓精神安宁,指祭祀权受到侵害后,受害人焦灼不安、心理失衡、行为失态甚至因之患病、自杀等情形。

再次,祭祀权还可能表现为物权。诚如前述,祭祀权保护的是身份权、人格权,但这两种权利的客体有的是精神、心理层面的,有的是物化状态的,比如骨灰盒、墓地、墓碑、陪葬品等,表现为一种物权。但必须留意的是,此类物权仅仅是祭祀权存在的物化载体,法律保护的并非是物权本身,而是保护这种特定物上的身份权、人格权。

古埃及舍普塞斯卡夫当政时期,出现金融危机,所以出台了一项很奇葩但很有效的规定:准许债务人用父亲的尸体作抵押借款;债主对债务人的全部墓地享有财产法上的留置权。[①]这种担保虽然属于一种财产担保,但因为涉及身份权、人格权,担保效力强大无比,没有任何人敢拿父亲的尸体和祖先的墓地开玩笑,都会如期偿还债务,赎回尸体和墓地,避开人伦风险和法律风险。

第三,祭祀权的功能有哪些?

有朋友可能质疑,都 21 世纪了,还老提祭祀权有意思吗?即便是一种文化,学历史的、搞文化的研究研究就行了,哪还需要《民法典》来专项规范调整?这种质疑实际上涉及三个核心问题:祭祀权有哪些功能?在 21 世纪的今天还有用吗?为什么《民法典》必须做出回应?

总体而论,祭祀权有如下三大功能:

首先,保护基本人伦。在中国,人伦是个体的身份归属、精神寄托,人

---

① 刘文鹏:《古代埃及史》,商务印书馆 2000 年版,第 204 页。

伦维系的家庭更是社会的基本细胞。早期的家族崇拜虽然具有神秘性，但其首要功能都是以特定的仪式崇奉祖先，最终形成三大"合一"：一是政治组织的"家国一体"。祭礼、祭器分配就是早期人类政治共同体形成的最有力手段。二是制度构造的"礼法合一"。祭祀祖先，既是传统礼俗的核心，也是法律保护的重中之重。三是价值传输层面的"忠孝一体"。孔子就曾经说过，求忠臣必于孝子之门。如果一个人对祖先、父母都不感恩，哪还指望他成为忠臣。

其次，注塑共同价值。祭祀权是注塑价值共同体的最基本手段。共同的信仰带来的不仅仅是一种价值认同感，还会产生相应的组织机构和法律制度建构。罗素认为，唯有祭祀权，才能让人摆脱孤独无依状态，和亲属部落组成联合体。[1] 古朗治在《古代城市》中也阐述祭祀权的重要性，认为家族崇拜构成了罗马城邦的基石。[2]

具体而言，古朗治从两方面评价祭祀权对社会进步和城市勃兴的贡献。首先，强大的家族崇拜以祭祀祖先为宗旨，团结族众，共同的身份认同最终推动了社会认同；其次，基于祭祀行为产生的家族共同体和统一的信仰，由此扩散、融合，成为城市产生的支配性力量。所以，早期城市的组织架构和制度创建都是家族的扩张，而聚合力就是神圣的祭祀。[3]

再次，维护社会稳定。祭祀权不仅有效实现了身份和价值的双向认同，增强社会凝聚力，还通过特定的组织和仪式约束族众，维护稳定。不仅节缩了国家治理成本，还实现了社会的长治久安。

虽然祭祀权直到今天都还有强大的价值注塑力和制度形构力，但毕竟已经身处 21 世纪，没有必要也不可能全盘回归传统祭祀权的繁文缛节，对于民间修建生墓、赞助庙观、购买天价墓穴等行为也应当理性引导。但对于近年来的所谓平坟砸棺等异常行为更应当保持警惕，因为坟墓、寿棺不单纯是

---

① 罗素：《西方哲学史》，何兆武、李约瑟译，商务印书馆 1982 年版，第 33 页。

② G.P. 古奇（George Peabody Gooch）：《十九世纪历史学与历史学家》（下册），耿淡如译，商务印书馆 1997 年版，第 789 页。

③ J.W. 汤普森：《历史著作史》（第四分册），孙秉莹、谢德风译，商务印书馆 1992 年版，第 501 页。

遗体的安神地，也是民族精神的集聚地。

公共祭祀层面，我们有黄帝陵、炎帝陵，有孔庙，有中山陵，有人民英雄纪念碑，《民法典》还有第 185 条专门保护英雄烈士的各项人格权。[①] 但我们还应当充分意识到，私权层面的祭祀权才是维护人伦、塑造共同价值观、维护社会稳定的基石和底座。

简言之，全盘恢复祭祀权没必要也不可能，但对传统祭祀权进行价值提纯并传承弘扬则是《民法典》的时代使命。一方面可以有效传承优良文化传统，保有法典的民族性；另一方面，可以有利于发挥祭祀习俗的强大聚合力、调控力，增强民族团结。

这方面日本和韩国都有很好的经验可供借鉴。两个国家基本上完全继承了中国传统祭祀权的理念、程序、仪式。《日本民法典》第 897 条专项规定了"与祭祀相关的权利"，1948 年开始实施的《有关坟墓、埋葬的法律》，1999 年修订的《日本有关坟墓、埋葬法律的实施细则》都明确规定立法、执法宗旨首先满足国民对祭祀的感情需要，其次才考虑所谓公共福利。

但在具体实现方式上两个国家都融入了现代化的绿色、人文理念。比如，韩国国会 2000 年全文修订《葬事等有关法令》，推行葬礼自由原则，国家推荐火葬，但选择权归属于丧主；如选择火化，骨灰可自行选择塔葬、墓葬、撒散等方式。如果采用现代营葬方式，将骨灰撒播公园，地方政府就会为丧主提供免费的祭祀场所和二维码。

按照英国社会人类学家马林诺夫斯基的理论，祭祀权是文化注塑与形塑的结果，是宗教、道德、法律三大调控机制共同孕育而成的一种权利类型，承载着特定的文化功能、组织形式、行为规范。祭祀权的存在既可以以法权形态存在，也可以习惯或风俗形态存在。无论哪一种存在，都是一种历史的选择，也是一种文化的选择。

---

① 《中华人民共和国民法典》第 185 条："侵害英雄烈士等的姓名、肖像、名誉、荣誉，损害社会公共利益的，应当承担民事责任。"

第十二集 我的姓名谁做主

民间常说"行不改名，坐不改姓"，这表达的是什么意思呢？根据不同语境，无非就两层意思，一是报出名号，表明身份，以示"大丈夫顶天立地"，天覆地载、父母生养、堂堂正正。比如关羽、张飞，上阵对垒，都要表明身份，赢得坦荡，死得光荣。二是做事有担当，光明磊落、不推诿、不逃避。武松杀人后，好汉做事好汉当，于是蘸着血水写下"杀人者打虎武松也"。

两层含义都说明了同一个问题，无论是谁，日常生活中的每一个人，都得有自己合法、正当的身份，应当公开、透明，不能遮遮掩掩怕人刨根问底，不能经常"换马甲"逃债诈骗，更不能李鬼装李逵，瞒天过海，嫁祸于人。

这就涉及民法中一项特别重要的权利：姓名权。按照《民法典》第1012 条的规定，自然人享有姓名权，有权依法决定、使用、变更或者许可他人使用自己的姓名。

《民法典》将姓名权置于人格权下，作为一种具体人格权予以规定。实际上，从法文化层面考察，姓名权最初表现为一种身份权，是基于亲缘身份而产生的一种命名权；孩子长大成年，一般会沿用父母长辈"赐"的名字，也有少部分人自己做主换个名字。这时候，我的名字我做主，姓名权才从身份权转换为一种独立人格权。

比如，张家生下男孩，爹妈信奉贱名好养活的习俗，取名张二狗。孩子长大了要上学，家长发现二狗子土气难听，就取个学名叫"张三元"。三元长到 18 岁，读大学了，既不满意"张二狗"，也不喜欢"张三元"，干脆自己做主改个响亮且个性十足的名字："张三丰"。

也就是说，孩子一出生，无论是古代的取名赐字，抑或是现代的出生证明、户籍登记，都是父母或家中尊长做主，这是基于身份而产生的命名权，属于专属性身份权。但子女成年了，就享有独立、排他的人格权，我的名字我做主。

《民法典》为什么会独立规定姓名权？因为姓名伴随人终身，既是一个人托身家族、传于家谱的显性记载，也是一个人融入社会，成为一个社会人的有效节点，还是一个融汇了家族元素、个体属性、文本呈现、命名权利、处理指令各项内核而生成的系统性权利。

也就是说，姓名权绝不是我的姓名我做主那么简单。姓甚名谁不单纯是一种身份表达和个体人格的彰显，还是民族文化的载体。一个个具体姓名的背后还隐藏着各种各样的法权博弈和文化选择。

结合《民法典》制度设计，我们从法文化角度具体探讨四个问题。

第一个问题，跟谁姓？孩子生下来，随父姓还是随母姓？随着二孩政策推行，这一老大难问题又开始凸显，困扰着不少小夫妻，还捎带上爷爷奶奶、姥姥姥爷，甚至太爷爷、太姥姥。

这些问题之所以成为老大难，就是因为涉及礼俗与法律的矛盾。按照传统汉族礼俗，孩子无论男女，都应当随父姓；如果是入赘，也就是民间的倒插门，就应随母姓。但按照法律，中国大陆自 20 世纪 50 年代以来，为实现男女平等，赋予了夫妻共同决定孩子姓名的权利。所以，原来婚姻法规定子女可以随父姓，也可以随母姓。《民法典》第 1015 条为防止姓名权滥用，规定孩子原则上应当随父姓或者母姓。

礼俗和法律矛盾必然转化为现实权利的冲突和博弈。为化解这些矛盾，民间博弈方式可谓争奇斗艳、各领风骚。有的建议利用现代高科技，生对双胞胎，或者生两个，一个随父姓，一个随母姓；有的主张夫妻事先约定好，一切由"老天"安排，生下男孩随父姓，生下女孩随母姓；有的干脆找同姓结婚，李帅和李靓有了孩子跟谁姓都一样。

认真说来，法律是为了确保男女平等原则的实现才介入家庭事务，规定了夫妻的同等决定权。但如此赋权，导致家庭自决权纠纷不断溢出家庭，挤入司法环节，甚至最高人民法院也不得不出面出具"批复"，但批来批去，还是将皮球踢回家庭，这无疑会耗散有限的司法资源，还增大了社会治理成本。

所有的根节都集中在一个问题上：孩子为什么要随父姓？这一问题在今天涉及男女平等，所以敏感尖锐。但在历史上，姓氏的父系继承不仅属于非正式的礼俗，还是一项正式的法权。不仅在中国流行数千年，在西方国家也同样具有深刻的影响力和约束力。历史上之所以形成子随父姓的习俗和法律，真正的原因有如下三个方面：

首先，自然分工。人类社会早期，生存竞争激烈，男性在生存能力和发展空间上都远远大于女性，这种自然禀赋和社会分工让男性赢得主导性地位，成为家庭、族群的顶梁柱、当家人。男性给女性带来安全和食物，女性为男性生儿育女、打理家务。正是这种自然分工引发了各大文明在法权上共同趋向于子女随父姓。传统的兼祧，一个男性兼负两个家庭，其核心目的就是为了香火祭祀、传宗接代。即便是入赘，民间也有入赘男三代后产下的男婴可以归宗的约定和习惯。

其次，身份推定。根据动物行为类型区分和遗传学理论，一般动物种群都属于"交配—离开"型物种，只有人类和极少数鸟类才会建立相对稳定的家庭，夫妻共同营造、付出。所以，在中国传统文化中，我们才有了鸳鸯的隐喻，大雁也成为忠贞不贰的象征。

但有一个问题不可回避：母亲的身份永远恒定，父亲的身份却难以确证。基于自我基因传承需要和本能选择，任何雄性都不愿意抚养不属于自己的后代——因为这不仅意味着艰难的生存付出，还可能为保护后代牺牲生命。所以雄性在稳定配偶关系后还必须对子女的身份进行确证，而姓氏就是除基因外身份认同的最有效方式。

第三，鉴别世系、婚姻。根据近代以来的遗传学理论，男性从父系祖先基因中可以继承一种永恒不变的遗传物质——Y染色体。子随父姓不单纯是亲子关系的证明；还可以用来辨别世系，确立名分、辈分，催生家庭人伦中的行为规则和法律制度层面的身份权利和义务；更可以借此鉴别婚姻，防范乱伦、乱宗，确保家族血统传承的优势竞争力。所以，同姓不婚从周秦以来就是中国法律和人伦的首要原则。家谱中辈分也通过字辈代代流传，走遍天涯海角，报上姓名，就知道是否属于"本家"，行辈如何，从而避开法律和人伦的禁忌。影视作品中的黄飞鸿和十三姨之所以有婚恋障碍，就是怕别人骂不伦、乱伦、逆伦。

特别需要声明的是，虽然子随父姓是中国几千年的传统，也具有合理依据和礼法渊源，但时光轴轮转向21世纪，男女平等便成为当今的价值共识。王小二、刘三妹结婚生子后，孩子到底跟谁姓，可以按照传统随父姓，也可以遵循新风尚随母姓，但都应该夫妻俩共同协商。后来商量好了，随父姓，叫王三喜。但孩子长大了，觉得王三喜这个名字又土又糙，于是自己做主改名叫刘一飞，当爹的再生气也没用，因为这是孩子的独立人格权。

第二个问题，名和字是什么关系？

古人对名和字有不同的区分："名以正体，字以表德。"名代表正规的身份标记，负载着父祖辈的命名权利和未来希望；字是名的一种阐释、深化。

古人所谓"正体"之"体"，有四方面内涵：一是取名属于严格的身份权利，是父祖辈的专属性人身权；在古代，一经取定，哪怕再土气，再难听，子孙都不得擅自改动，否则就是不孝。二是名必须遵循家族世系中的辈分，不能乱辈、有伤人伦。今天的行辈、班辈都来自古代的鸿排诗、字辈谱，后人不得随意改动。否则，三代以后，谁是叔，谁是侄都分不清。这就是民间所谓的"没谱""不靠谱"。三是取名有忌讳，不能僭越。对内不能僭越祖辈的名，对外不能取用为法律所禁止的名。比如宋徽宗、明武宗时期，都禁止用"皇""天""帝""王"之类字眼为子孙命名，即便之前用了很多年，最后也得改。明代正德年间有个参议叫"仇天民"，有个御史叫"刘天和"，只能改名叫"仇民""刘和"。四是名一般具有特定的道德诉求或审美内涵，寄寓了长辈对后辈的殷切期望、美好祝愿。

今天的成语"顾名思义"就来源于长辈为子侄辈取名赐字。曹魏时期的司空王昶，随时教导子侄辈遵循自然之道，不能逆天而行，唯有如此，才能尽到"为子之道"。他在诫勉儿子和侄儿时特别谈到两个观点：一是富贵必以道，毋妄求，毋速成。一夜成名、一夜暴富只能招来无妄之灾。二是富贵必知足，毋贪恋，毋固守。

王昶的思想，第一种属于典型的儒家；第二种属于典型的道家。他专门给两个侄儿取名为"默"，字"处静"——多做事，少说话；"沉"，字"处道"——隐藏不露，低调淡泊。为自己两个儿子分别取名"浑"，字"符冲"——胸襟开阔，返璞归真；"深"，字"道冲"——水深流缓，顺势而行。

名字取完，又专门写下书面戒条，要子侄们随时"顾名思义"，遵循儒家教义，体味道家真谛，明白玄默冲虚的真正含义，只有这样，才能保家保身，永享福禄。名字还真的有心理暗示功能。王昶的教诲成效如何？从他以后，七代子孙都能够冲虚自守，家道兴盛，晋阳王氏，终成世家大族。

像王家这样成功的例子有很多，但也有父祖辈诲之谆谆，子孙辈听之藐藐的失败个案。比如，唐代著名诗人、书法家杜审言，他父亲为他取名"审言"，字"必简"，就是要他少说话，慎口慎言。但杜审言个性张扬、狂妄无边。他公开宣称：以他的聪明才智，吟诗作文，屈原宋玉只配给他当助手；要动笔挥毫，来点书法作品，王羲之就得下跪求饶。这就是历史上有名的经典笑话："衙官屈宋"。

如此性情，自然没有好人缘。杜审言被同辈嫉妒、排挤，由洛阳县丞贬为吉州司户。但杜审言不仅没有吸取教训，收敛个性，又和当地的同僚势同水火。后来被当地官员联手陷害，进了监狱，还找碴儿要他的命。这时候，杜审言的儿子杜并出面了——这个十三岁的小男孩为了救爹，持刀杀死了陷害父亲的地方官，自己也当场被乱刀砍死。

不可否认，他是一个失败的儿子和父亲：狂诞肆傲，动辄以言得咎，算是有违父教；自己不了解世情，更没教诲儿子如何辨察世道人心，一味任性，还搭上了十三岁儿子的生命，有违父道。

第三个问题，艺名、笔名是否受法律保护？

根据《民法典》第1017条规定，具有一定社会知名度的笔名、艺名、网名等，与姓名受同等保护。

前几年，某师父将徒弟逐出师门，还要收回艺名，引发了传统师徒的伦理危机。在师父看来，此名是我取，师徒名分没了，自然就不能再用，否则就是欺世盗名。

这观点不是没有道理。传统演艺行业，艺名就是一种学徒的身份证明，是解决个体存在及其与所在行业社会关系的重要凭证。有朝一日爆红了，艺名不仅代表着本人的成功，更意味着师门的荣耀。同时，艺名还代表了一种归属感，不仅有浓浓的艺术范儿，还内在蕴含了徒弟的学缘、师承关系，显示的是艺人在师门中的身份归属和内部地位。

这些都是古老的行规和习俗，古代没问题，但到了现代社会就可能成为限制徒弟人格权的枷锁。所以《民法典》打破身份强制，彰显个体权利。如果徒弟长期使用艺名，产生了很强的识别性和社会影响，甚至以艺名作为正规的姓名，还办理了身份证、护照、港澳通行证，甚至结婚证、离婚证、银行卡、股东登记等，那就不是师父所能收回的了。

换言之，只要有了独立的身份识别功能并产生了社会影响力，这艺名就具有了独立的法律意义，还会次生特定的人格权利，除非徒弟本人愿意放弃或更改，否则现代社会的师父无权褫夺。

第四个问题，姓名权的自由空间有多大？

我们分析了姓名权属于身份权和人格权，都属于绝对权，还具有排他力。但这是否就意味着我的姓名我做主，想怎么取就怎么取？想怎么改就怎么改？想怎么用就怎么用？不是。

姓名权虽然属于绝对权、专属权，但还必须依法行使。比如姓，你只能在父姓、母姓或其他直系尊亲属的姓中选择，不能脱离血缘亲属团体，损害其可识别性。那样的话，不仅不利于确证个体身份、亲属关系、婚姻关系，国家的户籍管理、人口统计、迁徙移民也会面临问题。

2009 年，济南有个市民生下女儿，诗意大发，给女儿起名"北雁云依"。兴冲冲地到派出所办理户口登记，户籍登记机关认为不符合办理户口登记条件，拒绝登记。该市民认为户籍登记机关侵害了自己女儿的姓名权，提起行政诉讼。这一诉讼从基层法院层层上报，一直到了最高人民法院，最高人民法院又提交全国人大常务委员会。最后认定，"北雁云依"违反了姓名权一般随父姓或母姓的善良风俗，不予保护。2015 年，历时六年的诉讼告一段落，法院驳回了诉讼请求，判决不得以"北雁云依"作为姓名。否则，你生个女儿叫"北雁云依"，别人生个男孩叫"南派三叔"，还有什么"飞天蜈蚣""南海圣母"之类的，如此叫法，整个世界就乱套了。

为此，《民法典》专门将以前的司法解释纳入法典中，规定即便要在父母之外选取姓氏或新创姓氏，也不得违背公序良俗原则。不能给孩子取"张天师""玉皇大帝"之类的，可能危及公共秩序；也不能将孩子取名"李大傻""张天痴"之类的，有损孩子人格。广东一带很多人姓老，就不能取名老祖、老爷、老爹、老子，也不能取名老公、老婆，否则不是你占别人便宜，就是别人占你便宜，有违善良风俗。

此外，还必须留意两点，我的姓名我做主没问题，但如果换了姓名，你就得到户籍登记机关进行变更登记，同时，你以前的作为，比如婚姻关系、签订的合同、欠别人的债务都具有延续性和约束力，不能换个马甲就失去效力。[①]

最后，我们要说，姓氏有文化的底蕴传承，也有法权的对立博弈，既寄寓了父母的殷切期望，也承载着孩子的独立人格。但归根结底，姓名无非就是一个识别符号，有真爱、有担当才能让这种符号充满温情的人性底色，也才是孩子和家庭未来的希望所在。

---

①《中华人民共和国民法典》第 532 条："合同生效后，当事人不得因姓名、名称的变更或者法定代表人、负责人、承办人的变动而不履行合同义务。"

第十三集　配偶权是什么权

东汉光武帝刘秀和湖阳公主刘黄姐弟俩关系很好。老公去世后，新寡的公主空虚寂寞，成天郁郁寡欢。光武帝心疼又心焦，就跟姐姐说，再找一个吧，你自己挑，我来成全。刘黄就直言不讳地说，有个叫宋弘的很不错，长得够帅，还有权、有钱、有品位。但有个麻烦，宋弘已经有家室了。这难不倒光武帝，于是在一次貌似偶然的君臣对话中，他让姐姐躲在屏风后，听他怎么做媒。

光武帝启发、敲打宋弘说，民间有这么一句谚语：升官了换朋友，有钱了换老婆。只要是聪明人，这应该是再正常不过的选择吧。宋弘不仅人帅，智商也足够高，知道皇帝想干什么，立马回复说，臣听到的是另一种说法：贫贱之知不可忘，糟糠之妻不下堂。光武帝无语了，回头向屏风后传话：黄姐，这事搞不定了！[①]

这故事不仅造就了两句著名的成语典故，还造就了宋弘在正史中忠贞不贰的光辉形象。宋弘的忠诚捍卫了糟糠之妻的法律地位，也捍卫了自己的婚姻和家庭。

说到婚姻，悲观的人常说，婚姻是爱情的坟墓；乐观的人可能会说，婚姻是爱情的城堡。坟墓葬送了青春和爱情；城堡却带来了温馨和安宁。

这两个隐喻涉及爱情和婚姻的关系。按照一般标准，婚姻是爱情的结

[①]《后汉书·宋弘传》："时帝姊湖阳公主新寡，帝与共论朝臣，微观其意。主曰：'宋公威容德器，群臣莫及。'帝曰：'方且图之。'后弘被引见，帝令主坐屏风后，因谓弘曰：'谚言贵易交，富易妻，人情乎？'弘曰：'臣闻贫贱之知不可忘，糟糠之妻不下堂。'帝顾谓主曰：'事不谐矣。'"

果，没有爱情便收获不了婚姻。之所以说是一般标准，是因为相对而言，爱情是变量，婚姻是不变量。本来就不能拿同一个标准来衡量。如何把握两者之间的关系，纯粹取决于自我心理需求和满足程度。王小二看别人老婆怎么看怎么顺眼，看别人老公，再怎么看都不顺眼。但别人幸福不幸福，只有他们自己知道，和王小二吃飞醋没任何关系。

但有一点可以肯定，无论有没有爱情，婚姻一旦缔结，两人之间就有了社会化的伦理、道德牵连。无论感情如何，都得遵循同样的行为规则。席恩曾说过："和一个好女人结婚，你就在暴风雨中找到了避风港；和一个坏女人结婚，你就在海港中遭遇了暴风雨。"言外之意，无论是避风港，还是暴风雨，只要你做出选择，都得承受。

黑格尔认为，婚姻实质上是伦理关系，是具有法定意义的伦理性的爱。一旦缔结婚姻契约，形成家庭关系，无论是否还有爱，都不能轻言放弃，背约解约。黑格尔所谓法定伦理，除亲子关系之间的权利构造外，还有一项特别重要的法权：配偶权。

宋弘的忠诚说起来是对家庭的忠诚，但最重要的是对糟糠之妻的忠诚，是贫贱不离、生死不弃。这是配偶权中最重要的伦理元素，也是法权构建的基础。

《民法典》没有明确规定配偶权，但在第 112 条明确规定，自然人因婚姻家庭关系等产生的人身权利受法律保护。第 1001 条也规定，对自然人因婚姻家庭关系等产生的身份权利的保护，如果没有规定的，可以根据其性质参照适用人格权保护的有关规定。也就是说，无论有没有独立的配偶权，基于配偶身份产生的法律权利或权益都受民法保护。

我们结合《民法典》相关条文从文化角度讨论以下几个问题。

第一个问题，什么是配偶权？

所谓配偶权，是指合法夫妻之间互享权利、共担义务的专属性身份权。

首先，配偶权只存在于合法夫妻之间。至于未婚同居、婚外同居的男女之间不产生配偶权。如果上述两类同居关系造成了损害，那么按照深圳、上海等地的司法判决，最多构成对健康权、身体权、名誉权的侵害，因为没有法定的婚姻存在，因此，算不上侵害配偶权。

其次，配偶权是夫妻之间相互对待的权利义务体系。比如，同居权是王小二、刘三妹婚姻存在的必要条件，对王小二是权利，对刘三妹就是义务，反之亦然。没有合理的原因，谁都不得拒绝对方的同居请求权。否则，按照《法国民法典》的规定，就可能构成遗弃和司法别居，甚至最终导致离婚。

再次，配偶权是一种专属性权利，具有独占性、排他性，婚姻关系之外的其他任何人都负有不作为义务。李小三不能告诉刘三妹说，今天看见王小二和小清新喝酒，神情暧昧；也不能告诉王小二说，昨天看见刘三妹和小鲜肉腻腻歪歪，说不清道不明。这在普通法系就是离间夫妻关系、危及配偶权的侵权行为。当然，更不能介入别人婚姻，疯狂爱上已婚大叔大妈，还以捍卫爱情名义插足、捣乱，甚至打上门去，积极上位。

近年来，全国各地离婚率居高不下，接近60%的理由就一个：出轨。2011年，福建某市出现了民间自发的社会公益团体"反小三联盟互助协会"，并爆红网络，引来了很多已婚人士的热切关注和积极支持。刚一成立，8个群瞬间加爆，数万人网上排队等候，还积极筹备在全国设立分会。当然，这名号本身就带有一丝歧视的味道，后来改了个名叫"婚姻保卫联盟"。吹响婚姻保卫战的号角没问题，但如果脱离法治轨道，这种组织极有可能成为"怨妇群"，以辱骂第三者、情妇为宣泄口，暴露隐私和个人信息，最终得不偿失还涉嫌违法侵权。

最后，配偶权属于身份权，是一种基于法律、道德双向认可的婚姻关系而产生的名分和身份，具有内外两种效力。

对内产生相互对待义务，比如，相互扶养。即便王小二、刘三妹约定婚后AA制，当一方因意外、重病无力自己负担时，有能力的配偶都有照顾、帮助、扶养义务，不能坐视不管，更不能歧视，否则，可能构成遗弃甚至虐待，触犯刑律。

对外产生排斥效应。如果李小芳介入王小二、刘三妹家庭，和王小二婚外同居，她可能会得到一些财产，甚至可能生下孩子，但永远得不到名分、身份，反而会遭遇主流社会价值观的排斥、打击。

第二个问题，配偶权的权利内容有哪些？

配偶权的内涵特别丰富，既包括家事决定权、日常事务代理权、代管权，也包括姓名权、贞操权、名誉权、生育权等人格权，还包括兼具身份法、财产法内涵的继承权、监护权，等等。生育权、贞操权我们都有专题涉及，这里我们只探讨最特殊的几项权利。

首先，夫妻姓名权。妻冠夫姓或妻从夫姓是中西文化都长期存在的文化传统。目前在英美法系国家、欧洲、中国台湾地区、中国香港特别行政区都还有大量遗存。比如，《瑞士民法典》第 161 条第一款，妻从夫姓并取得夫的身份权；1947 年《日本民法典》第 750 条、1948 年《日本户籍法》都规定了"夫妻同姓"的原则；我国台湾地区"民法"第 1000 条，夫妻可书面约定冠以配偶之姓，按照传统，除入赘外，一般遵从民俗，妻冠夫姓；《德国民法典》第 1355 条第二款，婚前双方有约定，从其约定，无约定，从夫姓。更多的国家和地区采用的是夫妻共同决定。

我国《民法典》第 1012 条和第 1014 条规定，夫妻都有依法决定、使用、变更自己姓名的权利，任何一方不得非法干预、侵害对方的姓名权，算是彻底赋予了妻子独立的人格权。

冠夫姓或从夫姓的传统是否侵害妻子的姓名权及其他人格权，这个话题有待进一步讨论，但有两点必须申明：第一点，这种姓名权组合的是"姓"而不是"名"。和个体性符号的名不一样，姓是一种社会性符号，古人更多是用来强化配偶权并通过配偶权辨别婚姻，防止乱伦乱宗。第二点，冠夫姓或从夫姓涉嫌歧视妇女，后来男女平等语境出现后才追加了这种文化解读，并非其原初价值定位。

其次，住所决定权。比如，《瑞士民法典》第 160 条第二款规定，住所决定权由丈夫单方行使。英国法律规定，丈夫有义务为妻子提供住所，而妻子则享有在该住所居住的权利。

再次，同居权。《法国民法典》第 214 条第四款规定：如果夫妻一方不履行同居义务时，他方得依民事诉讼法规定的方式迫使其履行，包括申请扣押收入或进行精神损害赔偿。英国法律则规定，配偶一方违反同居义务，他方享有恢复同居的诉讼请求权；虽然恢复同居的判决不得强制执行，但不服从判决则可能被视为遗弃行为，成为司法别居的法定理由之一。根据我国台湾地区判例，夫妻互负同居义务，如无不能同居之正当理由而拒绝同居的，即构成恶意遗弃，由此导致离婚，可一并请求损害赔偿。

最后，贞操权。配偶之间的同居互为权利和义务，但即便法院判决履行同居义务，因为人格权属于绝对权，该判决也不能强制履行。如果配偶强制，则可能对相对方的性自主权构成侵害，甚至构成婚内强奸。这一点我们在贞操权专题具体涉及。

这里所谓的贞操权是指对外的两类特殊情形：一类是妻子刘三妹的贞操权遭遇侵害，作为丈夫的王小二是否有权提起精神损害赔偿？另一类是王小二违背忠实义务，与他人发生性关系甚至同居是否侵害了妻子刘三妹的配偶权？

对于第一类侵权，主要涉及强奸、诱奸等情形，除承担刑事责任外，一般要承担民事赔偿责任。不仅应赔偿受害者刘三妹，丈夫王小二也有权诉请精神损害赔偿。按照《德国民法典》第 826 条规定，凡是以违背善良风俗的方式对他人故意造成损害的人，均负有损害赔偿义务。

对于第二类情形，主要涉及通奸、姘居、婚外情等类型。各个国家立场基本一致，一旦认定侵害配偶权，那么，有过错的配偶及第三方都得承担责任。《法国民法典》第 242 条、第 266 条以及我国香港《婚姻条例》都规定：通奸侵害配偶权，无过错方有权对有过错配偶及第三方主张赔偿。如果导致离婚别居和离婚，还赋予无过错配偶对过错方和第三人主张物质和精神的双重赔偿。① 《瑞士民法典》第 151 条也规定了过错方的财产、精神损害两类赔

---

① 《法国民法典》第 266 条规定，在因一方配偶单方过错而宣告离婚的情况下，该一方对另一方配偶因婚姻解除而受到的物质上与精神上的损失，得受判处负损害赔偿责任。

偿方式。美国判例法确立的原则是，以通奸、离间、引诱等方式侵害配偶权可以主张赔偿。[①]

比较之下，《日本民法典》第709条和第710条的立场最为坚定，无论是出于故意或过失，无论是出于欺骗、诱惑抑或是真心爱慕，只要与有配偶者发生婚外非法性行为，都构成对无过错配偶权利的侵害，该受害人可主张精神损害赔偿。

反观我国立法，如果刘三妹被强奸，刑事诉讼法第99条第一款只认可物质损害赔偿，没有涉及精神损害赔偿。而最高人民法院的司法解释同样排除了刘三妹诉请精神损害赔偿的权利，即便提起附带民事诉讼或单独提起民事诉讼，法院刑庭也不予受理。[②]刘三妹作为直接受害人的人格权尚且不能主张权利，其丈夫王小二的配偶权更无从保障。

《民法典》第1183条有力矫正了这种偏向。该条规定：侵害自然人人身权益造成严重精神损害的，被侵权人有权请求精神损害赔偿。这无疑是明确赋予了刘三妹主张精神损害赔偿的权利；同时，结合第1001条，对于婚姻产生的身份权利和人格权利的侵害，可以参照适用人格权的规定。这两个条款和第112条统合可知，刘三妹的人格权受保护，王小二的配偶权同样受保护。

这是《民法典》在身份立法上的最大亮点之一。

针对婚外情，《民法典》也有了显著进步。首先，根据《民法典》第1091条的规定，如果王小二出轨李小芳甚至婚外同居，显然属于重大过错，

---

① 《瑞士民法典》第151条规定："（一）因离婚，无过错的配偶一方在财产权或期待权方面遭受损害的，有过错的配偶一方应支付合理的赔偿金。（二）因导致离婚的情形，配偶一方的人格遭受重大损害的，法官可判与一定金额的赔偿金作为慰抚。"

② 《中华人民共和国刑事诉讼法》第101条："被害人由于被告人的犯罪行为而遭受物质损失的，在刑事诉讼过程中，有权提起附带民事诉讼。"《最高人民法院关于适用〈中华人民共和国刑事诉讼法〉的解释》（法释〔2012〕21号）第138条第二款规定："因受到犯罪侵犯，提起附带民事诉讼或者单独提起民事诉讼要求赔偿精神损失的，人民法院不予受理。"第163条："人民法院审理附带民事诉讼案件，除刑法、刑事诉讼法以及刑事司法解释已有规定的以外，适用民事法律的有关规定。"

由此导致和配偶刘三妹离婚，无过错的刘三妹有权请求损害赔偿。而其请求权基础逻辑上应当定位为配偶权，这是间接承认了配偶权。其次，通过适用第 1001 条，刘三妹还可以向李小芳主张权利，要么返还不当得利，要么承担精神损害赔偿责任，而其权利基础同样是配偶权。

由此可见，《民法典》一改传统立法和司法立场，对王小二、刘三妹的配偶权进行了同等保护，婚外出轨、偷情的代价陡然上升，可以有效遏制非道德行为，稳固婚姻和家庭。

为什么要通过配偶权保护无辜配偶的权利？美国学者波斯纳在《法律的经济分析》一书中认为：通奸对通奸人的配偶产生了成本，必须禁止并予以制裁。[①] 所谓成本，按照王泽鉴教授的观点，头顶"草原"（绿帽）的王小二会感到悲愤、羞辱、沮丧，而彩旗飘飘的王小二也会让刘三妹痛苦、压抑、焦灼、失眠甚至抑郁。无论是谁出轨，对配偶都可能带来名誉差评和社会歧视，名誉权严重受损，应当赋予其精神慰抚金请求权。[②]

第三个问题，为什么需要独立的配偶权？

虽然《民法典》为配偶权留下了空间，也为配偶权实现预留了通道，但很遗憾，配偶权最终没能作为一种明确、独立的权利进入《民法典》。

为什么配偶权难以独立？原因应该有两个：一个是立法技术的选择、配置问题。因为配偶权本身属于混合型权利，既有身份权的显性标志，又有人格权的隐含内核。但就权利维护而言，身份权仅仅是连接点，保护无过错配偶的人格权才是目的。人格权已经独立成编，如果再规定配偶权，则可能导致立法的重复。另一个原因是对配偶权的法权功能认知不足，无从定位。这属于价值认知的问题。

配偶权到底有哪些不可替代的功能？个人认为，至少包含但不限于以下三点。

第一，强化夫妻之间的道德感和责任感。随着男性主导地位的衰减，妻

---

① 波斯纳：《法律的经济分析》，蒋兆康译，法律出版社 1997 年版，第 228 页。
② 王泽鉴：《民法学说与判例研究》第二集，中国政法大学出版社 1998 年版，第 376 页。

子获得了独立平等的法律地位和权利，这是历史的进步，也是文明的进化。配偶权不仅可以有效强化王小二、刘三妹夫妻间的道德责任，还可以有效推进配偶的自治空间。目前有些夫妻通过婚后"忠诚协议"、财产协议等方式经营婚姻，有效强化责任、防范风险。但衡量这类协议效力的依据是什么？其法权基础就是配偶权。

第二，抵御、惩戒外部侵权，捍卫婚姻，捍卫家庭。我们说过，婚姻既可能是坟墓，也可能是堡垒。如果王小二、刘三妹之间已经没有感情可言，没必要待在"活死人墓"里葬送青春和幸福，双方可以选择离婚，但不能选择出轨的形式。只有确认了独立的配偶权，才能有效借鉴国外经验，对第三人介入、插足他人家庭进行强力规制，通过赋予无过错配偶的赔偿请求权加大第三者插足他人家庭的风险和责任。

举个例子，李小芳插足王小二、刘三妹家庭，从王小二那儿获得了 20 万元的赠予，一旦刘三妹奋起维权，不仅要返还这 20 万元不当得利，还会因侵害刘三妹配偶权承担精神损害赔偿金 10 万元，最后还得搭上自己的青春健康、社会声誉，不仅赚不了，还亏得一塌糊涂。只要李小芳还有一丝理性，她就会谨慎选择，不会冒险介入别人婚姻。

第三，培育优良家风，净化社会风气。出轨、背叛以及由此而来的家暴、揭丑、吵闹，毁灭的不仅仅是一个家庭，还直接危及下一代的精神健康、价值选择和未来的人生走向。有鉴于此，在《民法典》实施过程中，有必要通过立法解释或司法解释整合第 112 条、第 1001 条、第 1091 条、第 1183 条等条款，对配偶权进行明确定性、定位。毕竟，我们不能过度依赖王小二、刘三妹夫妻双方的道德持守，更不能放任众多李小芳的道德冒险。只有法律的他律和道德自律结合起来，才能遏制人性泛滥和道德投机，在培育和谐夫妻关系基础上培育良好的家风、世风。

第十四集　性别可以选择吗

　　男女二分是人类对生理性别的一种社会识别，迄今为止都还是最常见的分类。但从法文化层面考察，这种分类存在四个问题：

　　一是有普遍就有特殊，生物学上确实存在非男非女的"第三性"。明代李时珍的《本草纲目》中就存在"五不男""五不女"的"人傀"。从古到今，正史里还有一些男女自然变性的个案记载，对于男女兼性的记载更是史不绝书，俗称"阴阳人"。

　　二是生物性别和法律性别可能不一致。比如，前几年某导演嫖娼案不仅让其完美"人设"全面崩塌，还让粉丝大跌眼镜。所谓"娼"，只是一个变性人，户口本、身份证上标注的性别都还是"男"。

　　三是生物性别和社会性别可能不一致。福建省南安市曾发生一起案件，受害人没有户籍，基因检测结果虽然是男性，但又兼具女性特征，且受害人长期以女性身份生活、恋爱。该案审理过程中发生了激烈的争论：部分法官认为，应当以生物性别定罪量刑，认定受害人为男性，属于对象不能犯，认定为无罪或最多构成强奸未遂；而另一派法官则认为，虽然受害人基因检测显示为男性，但其具有女性生理特征且以女性身份生活，应当以社会性别认定为女性，属于强奸既遂。法院判决最终采用了社会性别标准，判决强奸既遂。

　　四是生物性别、法律性别、社会性别虽然统一，但本人并不认同现有性别，还产生性别焦虑，希望变性成为另一目标性别。这类人目前有多少，医学统计上口径不一，加上隐私权保护，很难得到公开、统一、真实的数据。

但从个案曝光的概率上看，应当不在少数。

针对上述现象，法律必须直面且不可回避的一个问题：自然人有没有权利进行性别选择？或者说，自然人是否享有性别选择权？

所谓性别选择权，笔者的定义是：行为人因生理差异或性别焦虑原因依法自主变更为另一目标性别的权利。

从比较法层面考察，《魁北克民法典》《土耳其民法典》承认了性别选择权。很多发达国家也通过特别法案认可了性别选择权。比如，英国的《性别识别法案》、德国的《特殊情形下姓名与性别变更法》、日本的《性同一性障碍者性别特例法案》。美国将性别选择权划归隐私权，属于私人事务，按照联邦宪法，国家、政府不得干预、介入，等等。国际层面，1996 年的《性别权利国际法案》指出，个体对自身性别的认知不能受制于生物性别或最初的社会性别，每个人都有权重新确定自己的性别，不论是生物性别还是社会性别。2007 年通过的《日惹原则》更将性倾向和性别认同提升到个人的尊严和人性自主的高度。

反观我国，从未明文禁止变性。公安部治安管理局 2008 年 10 月 23 日向山东省公安厅治安警察总队下发了《公安部治安管理局关于公民手术变性后变更户口登记性别项目有关问题的批复》，明确认可了变性后可以变更户籍登记中的性别；2009 年，原卫生部办公厅发出《关于印发〈变性手术技术管理规范（试行）〉的通知》（卫办医政发〔2009〕185 号，已废止），从医疗行政层面认可了性别选择权。换言之，我国至少从行政管理层面默认了性别选择权的合法性，这是一种对人性、人格的尊重，是对当事人性别自主权的认可。

但随之而来的问题是，如果缺乏统一的立法文本进行有效规制，放任性别选择权的自由行使不仅会带来司法上的困境，还会引发社会治理的困局。前者如南安法院对受害人男女性别的认定争议，后者可能导致男女人口比例统计数据失真。但更大的问题是，权利人的性别选择权一旦处于不确定、难定性、无法归位的悬浮状态，必然导致相对人的民事权利也难以有效保护。

有女性结婚三年才发现老公居然是"女性",是隐瞒了生物性别的变性人,于是奋起维权,要解除婚姻关系,要求精神损害赔偿。但这种婚姻是否成立?效力如何?精神损害赔偿是否有法律依据?

要解决上述疑难问题,有一个前置性条件:性别由什么法律规定、规范?实际上,性别涉及自然人的人格和身份,必须且只能由《民法典》进行规范。遗憾的是,翻检《民法典》,我们没有发现性别选择权。

为什么《民法典》没有规定性别选择权?理由应该有三个:

一是因为有变性诉求的人数量少,且并非典型的社会现象,为了节约立法成本,无须独立、明确规定一种权利。否则,《民法典》就不是1260条,估计12600条都不够,参加司法考试的同学可能哭晕在考场。

二是认知差异大,很难达成共识。立法必须考虑文化的认可度和民众的接受度。传统中国对于男女二分有着天然的文化依赖性,除了特定的角色扮演,如演员需反串女性,一般民众对阴阳人、伪娘、娘炮、女汉子等个体还存在歧视情结。比如,李时珍将"五不男""五不女"称为"人傀",民间称为"人疴",认为是一种病态,不正常,属于典型的人身歧视。即便到了现代社会,对于特殊性别,一般大众的心理认可度也比较低。比利时一位男性和妻子生活了二十年,"伉俪"情深。偶然机会发现妻子是个变性人,为此勃然大怒,认为自己人格受到侮辱,坚决要求离婚。

这实际上是一种歧视心理。法律不能因为这种错误的社会心理而否认少数人的权利,从而进一步恶化性别焦虑者的生存环境,这有违民法的基本价值立场。

三是社会效果难以预测。有学者担心,承认性别选择权既可能对变性人进行人性化的温馨保护,也可能激活潜在的不良因素,混淆社会性别,增大社会管理成本。比如,有些小男生,并非是因为雌雄间性,也不是因为性别焦虑,而是看着那些年轻貌美、清纯无害的女孩嫁了有钱人,坐拥名车与豪宅,于是脑袋一热,毅然变性。如果这类受不良动机牵引的变性人多了,必然会诱坏社会风气,扰乱社会秩序。

这是一种错误连接。性别选择权有着极为严格的主体限定条件和医学、伦理前提，绝不是孙悟空七十二变，想怎么变就怎么变。也就是说，上述三个理由除第一个有道理外，其他两个都不是理由。令人欣慰的是，《民法典》虽然没有明文确证性别选择权是一种具体人格权，但从逻辑上和价值上都对性别选择权进行了全方位规范。

具体来说，《民法典》通过两种路径对性别选择权进行保护：第一种路径，在"人格权编"中通过具体人格权对性别选择权所涉及的身体权、隐私权等权利进行保护；第二种路径，通过第990条第二款，对除前款规定的具体人格权之外，自然人享有基于人身自由、人格尊严产生的其他人格权益进行补充、兜底保护。

换言之，如果王小二要变性为王三妹，这是他的身体权和隐私权；如果王小二变成了王三妹，恋爱、结婚后涉及的身份权、人格权和一般女性、妻子没什么两样；如果收养小孩，她一样会变成母亲。

接下来，我们探讨几个重要问题：性别选择权属于何种权利？怎么对其进行功能定位？行使性别选择权是否有限制条件？

第一个问题，性别选择权属于什么样的权利？

性别选择权是一种复合型权利，既有人格权的显性特征，也有身份权的必然内涵。

作为人格权存在的性别选择权主要包含以下权利：

首先，性别权。法权意义的性别是一种社会角色的强制赋予。如果界定你是男性，你就有了和男性身份相一致的权利、义务体系和行为模式，这就是社会角色。而性别选择权追求的则是自然人基于性别发展、变更所享有的人身利益以及不受歧视的人格权利。不仅挑战着传统的法权，还挑战着政治权力和道德权威。

其次，身体权。所谓身体权，按照《性别权利国际法案》的表述，就是每个人都享有"控制和改变自己身体的权利"。直白点说，王小二渴望变成王三妹，就有权选择整形外科手术，通过组织移植或器官再造将自己变性为王三妹，最终改变生理性别，这是对自己身体的一种支配权利，也应当属于《民法典》第 1003 条的行动自由。

但必须说明，按照《民法典》第 1003 条和《日惹原则》，虽然王小二有变性的需求和愿望，是否进行变性手术应当取决于他本人的自主意志，法律不能强行要求他实施变性手术，以达到法律性别所谓的外观近似。

再次，性别选择权一旦行使，还涉及姓名权、肖像权、隐私权等系列权利。按照《民法典》的规定，王小二变性了，就有权利改名王三妹，对自己变性前后的肖像享有排他性权利，非经本人同意，任何人和任何组织不能侵害他或她的肖像权；同时，王三妹的变性信息、细节、医疗档案都属于个人隐私，任何人不得刺探、收集、泄露。

最后，性别选择权还涉及身份权。身份权是基于特定身份而产生的权利。身份是自然人在社会关系中具有特定性、稳定性、利益性的地位、资格。如果王小二变为王三妹，除原有的亲子关系一般不会发生变化外①，其他社会关系就会发生系列变动。换句话说，爹妈和儿女之间的关系不变，最多也就改下称谓，从原来的"咱小子"改称"咱姑娘"。但如果结婚，她就只能是妻子；收养孩子，她就只能当妈，社会保障中王三妹可以享受妇女的特殊待遇等。

第二个问题，为什么要保护性别选择权？性别选择权的功能到底有哪些？

严格意义上讲，不是任何人想变性就变性，那样世界就乱套了。我们讲的性别选择权仅限于两类人：第一类是因为生理异常或畸形导致的双性人，也就是民间所谓的"双性人""双身观音"，有权按照自己的意愿选择一种目标性别，成为王小二或者王三妹；第二类是因为性别认同障碍，现在更文明

---

① 英国《性别识别法案》（Gender Recognition Act）第 12 条关于亲子关系之条文规定："依据本法变更为获得的性别，不影响自然人作为子女父亲或母亲的地位。"德国《特殊情形下姓名与性别变更法》（TSG）第十一条关于亲子关系规定："认可申请人属于另一性别的决定不改变申请人与其父母子女的法律关系，只要其收养的子女是在决定生效前被收养的。这同样适用于与其子女的子孙后辈的关系。"

的说法叫"性别焦虑"。王小二生下来直到成年，虽是男儿身，但他无论是生理上还是心理上都坚决排斥、抵触、厌恶自己的生物性别，积极要求变性为王三妹，否则他作为人的尊严、自由、幸福就会严重降低甚至产生自轻自贱、厌世抑郁、轻生自杀等后果。

由此而论，性别选择权就是对特殊人群的特别保护，不是人人得而行使的普遍性权利，否则，不仅违背自然规律，还会动摇社会根本。

除对特别权利的人性化保护外，性别选择权在法权功能上还体现在如下方面。

首先，确证主体资格。民法作为"人"法，最重要的功能之一就是界定主体身份和资格，为权利、义务、责任配置提供主体连接点，还为其他法律提供身份判定标准。比如，刑法中以特定性别为犯罪构成的强奸罪、强制猥亵侮辱妇女罪等，劳动法中以女性作为适用对象的产假、解雇和劳动保障制度等，妇女权益保障法和反家庭暴力法等保障女性权益的倾斜性法律，这些法律重点保护的都是王三妹，而不是王小二。

其次，认证身份关系。性别是特定的身份关系认证、识别的前提。以亲属称谓为例，"妈妈""姐姐""妹妹""姑姑""小姨"等女性称谓是塑造家庭、社会关系的基础。如性别模糊或变动不止，一会儿是王小二，一会儿又变王三妹，势必造成识别困难，出现人伦障碍。更典型的是，王三妹是王小二变的，不具备自然生育能力，要结婚、要收养，都必须以女性身份定性定位，是妻子、母亲，不能是丈夫、父亲。否则，不仅影响家庭角色识别，还直接影响被收养孩子的性别认知与情感认知。

再次，婚姻角色定位。婚姻关系是两性的结合，我国目前拒绝承认同性婚姻，只有男性与女性才能缔结婚姻关系。2002 年，民政部办公厅《关于婚姻当事人一方变性后如何解除婚姻关系问题的答复》中承认了婚内变性的权利。由此，夫妻一方如果实施变性行为，其婚姻关系是否仍然存在？如双方协议解除且无子女、财产问题，离婚自协议解除之日发生效力，这没问题。但变性后如果双方当事人仍然愿意维持婚姻关系，怎么办？这就必然导致两难选择：如果承认婚姻继续有效，那就承认了同性婚姻；如果不认可其婚姻效力，又违背了双方当事人的自由意志，道德上还涉嫌对变性人的歧视风险。更严重的问题是，如果以夫妻名义举债借钱，是否构成夫妻共同债务？谁是妻？谁是夫？还有，如果有孩子，这种家庭对孩子是否造成消极影响？

如何破解这些难题？笔者的观点是：名不正则言不顺，如果男女身份已经发生变化，身份法上的权利义务群也必须随之变化。也就是说，王小二和刘三妹原本是夫妻，王小二一经变性，自王小二完成变性手术后或身份变更登记之日起，即便不协议离婚，她和刘三妹的婚姻关系也被视为自动解除。

第四个功能，社会角色识别。人是社会性的动物，主体性别的选择与变更必然外化为与其他主体权利义务关系的转变，继而影响社会角色和公共行为的迁移。

认可性别选择权有助于主体恪守特定的道德义务和社会规范。如公共浴室、卫生间等私密性场所不仅关系到隐私权，还和性别紧密关联。如果王小二是双性人，可以自主选择性别，但不得违反性别行为规范和公共道德。换言之，如果王小二选择了西装领带，就不能进入女浴室；如果穿上了碎花裙子、高跟鞋，就不能闯进男厕所。

认可性别选择权还有助于明晰王小二是否承担特定社会责任。比如，韩国实行普遍义务兵役制，依据韩国兵役法，王小二作为适龄男性公民必须服兵役。但一经变性成王三妹，就可以豁免兵役。

第三个问题，性别选择权有哪些限制条件？

第一层限制，必须是生理异常者或性别焦虑者才能行使，并且必须提供医学或精神心理学的专业鉴定报告。

第二层限制，必须是完全民事行为能力人独立行使，不得代理。我国2009年的《变性手术技术管理规范（试行）》规定，只有20岁以上的具有完全民事行为能力的人才能自主行使变性权利并承担相应的义务与责任。

第三层限制，未结婚或原婚姻不再存续。多数国家立法中对性别变更都规定了无婚姻存续的前置条件。诚如前述，我国允许婚后变性但又不承认同性婚姻，所以必须加上一条：一经变性，原婚姻关系视为自动解除。

第四层限制，性别选择的次数应以一次为宜。性别选择权的现实基础是生理性别与心理认同存在差异的性别焦虑，行使一次即可实现目的。若允许多次变更，无异于主体对自身的多次否定，与性别焦虑的医学和心理学认证也存在矛盾。此外，如允许多次变性还会引发社会秩序混乱、权利义务和身份体系迷乱等问题。

第五层限制，对直系亲属及利害关系人须履行告知义务。性别选择权是隐私权、身体权、身份权，具有绝对的排他性，任何人不得干涉和侵害，其行使也不需要征得他人同意。但性别改变必然涉及直系亲属身份关系的变动，如父子关系转变为父女关系，还涉及家族祭祀、子嗣传承、财产继承等各项事务，所以必须履行告知义务。同时，如果变性后缔结婚姻，为保障配偶的知情权，必须牺牲隐私权，向未来配偶告知变性事项，以防范未来不可知的风险。

第十五集　有没有拒绝当爹的权利

《民法典》第 1073 条规定了一项新权利，就是对亲子关系有异议且有正当理由的，父亲、母亲、孩子都有权向人民法院提起诉讼，请求否认亲子关系。[①]

这就是呼吁多年的婚生子女推定否认权制度。所谓婚生子女推定，是指王小二和刘三妹夫妻婚姻关系存续期间内，法律推定刘三妹生下的孩子王三喜就是丈夫王小二的孩子，两者之间具有亲子关系。但如果王小二有确凿证据证明王三喜不是亲生的，就可以明确否认，拒绝当爹；刘三妹也可以明确告知王小二，孩子不是你的，爱养不养，亲爹是谁，你就甭管了。王三喜到了法定年龄，知道了自己的身世，找到了亲爹，也可以向法院主张否认权，否认和王小二之间的亲子关系，还可以改名换姓，彻底和王小二断掉身份法上的一切关联。

为什么会规定这种制度？原因有两个：一是确证孩子的真实身份；二是确证真实的亲子关系。

近年来，中国的离婚率居高不下。2017 年，某个一线城市离婚率高达 39%。导致离婚的首要原因是什么呢？出轨，比例高达 51% 以上。

出轨的人多了，自然会出现一批被动当爹的人。隔壁老王版本越传越奇；亲子鉴定有增无减；"亲生的"言说表达已经不单是一种身份确证和情

---

① 《中华人民共和国民法典》第 1073 条："对亲子关系有异议且有正当理由的，父或者母可以向人民法院提起诉讼，请求确认或者否认亲子关系。对亲子关系有异议且有正当理由的，成年子女可以向人民法院提起诉讼，请求确认亲子关系。"

感慰藉，还是一种人格维护和尊严保障。

无论是婚前性自由，还是婚内出轨，都可能导致被动当爹的法律后果。在《民法典》问世前，为了合法子嗣和家族延续，为了男人的脸面和尊严，头顶"草原"（绿帽）的王小二准备拿起法律武器，捍卫自己的身份和人格，行使拒绝当爹的权利。但纵目环顾，除了最高人民法院的司法解释，正式法律文本中根本找不到维权的依据。

《民法典》为被动当爹的人铸造了权利平台，打开了维权通道，可谓是合于时代，顺乎民意，是立法亮点之一。第 1073 条更大的亮点还体现在，不仅赋予了被动当爹的王小二的否认权，同时也赋予了妻子刘三妹和孩子王三喜同等的否认权。根据法条规定，刘三妹有权明确行使否认权，主张王小二仅仅是王三喜法律意义上的爹，生物学上的爹另有其人；王三喜长大后，知道自己叫"爹"的并不是亲爹，也可以主张否认法律意义上的爹，寻找生物学意义上的爹，重建父子关系。

民法上所谓的亲子关系，指的是父母与子女之间的关系。这是人伦关系中特别重要的一环，是人类实现单偶婚后组建固定家庭的产物，是社会形成的基础，更是人类摆脱群婚制只知其母不知其父后的一种文明进化。血缘关系是人类最基本的身份关系，也是社会产生的前提。马克思曾判定说："在人类社会初期，血缘家庭就是唯一的社会关系。"

子女的诞生是一个家庭新的起点，也是未来希望的开始。中国古代男称"丁"女称"口"，谁家生了男孩，就要到祠堂举行隆重的"挂灯"仪式，将精心制作的灯挂上祠堂祖公厅的中梁，向列祖列宗报喜报功。"挂灯"又称"添灯""上灯""升灯"，"灯"代表红红火火，绵绵不绝。同时，"灯"也是"丁"的谐音，"添灯"的仪式也就是庆祝"添丁"的意思。为什么在结婚的大喜日子挂上大红灯笼，真正的意思就是添丁进口，多子多福。

这种习俗曾经遍布全国各地，不仅有喜庆的意味，还有法权上的特别意义：一个家庭或家族的男孩只有举行上灯仪式后，才能正式成为家族的一员。换句话说，上灯仪式最重要的功能并不是单纯的庆典，而是家族确证所添男丁身份的真实性、合法性、正当性，是决定他在家族中主体资格、权利义务的显性仪式。

由此看来，亲子关系不仅是一种自然性的情感表达，还是一种社会性的建构行为。但这一切都得有个基本前提：血缘的真实性、正统性。

实际上，在传统法文化中，对于子孙身份的确证，除了上灯仪式外，还有一个更重要的程序：上谱。也就是将直系子孙的名字列入族谱中的世系图，父子之间相连的是一根鲜明的红线，代表血缘的纯正、真实。如果孩子是路边妻、草头妻所生，一般不能上谱。所谓路边妻、草头妻，相当于今天的一夜情、露水夫妻、出轨劈腿、婚外同居中的女性。这些女性生下的孩子，很难证明血缘的纯正，祠堂会严厉拒绝登录记载，即便要上谱，父子之间的线条也不是红线，而是一条刺眼的蓝线。

红线、蓝线不仅代表着孩子身份的差异，也代表了孩子未来的成员资格、亲属关系、继承权利等具有完全不同的法律和习惯效力。从现代法权层面解读，这红线就相当于今天所谓的婚生子女推定，是亲生的；蓝线也是一种推定，但显然属于一种拟制亲缘。所谓婚生子女推定仅仅是一种法律推定，一般没问题。但有一般，就会有例外，逻辑上、法权上的推定不一定具有真实性。

我们这里关注一个主题：婚生子女推定否认权最早、最主要的权利人是法律意义上的爹。当法律推定的亲子关系并不存在，被动当爹的有没有否认权？这种否认权属于什么样的权利？如何行使？有什么限制条件？

第一个问题，为什么被动当爹的享有否认权？

从人类婚姻史和民俗习惯层面考察，被动当爹的都有权利否认亲子关系，这是每一种法律文化都遵循的最基本规则。为什么会出现这种规则？因为合于天理，洽于人情。否认权不单纯是为了排除身份法上的责任和义务，更重要的功能还在于维护血缘正统和辨别婚姻。

养育自己的后代，既是一种自然规律，也是一种人伦法则，无可厚非，而清晰的血缘传承还可以保护子女婚姻和后代子孙的生物安全，防止乱伦、乱宗。

　　纵观历史，婚生子女推定否认权经历了几个阶段。

　　第一个阶段，野蛮的肉体消灭习俗。最典型的就是早期几大文明区，比如，腓尼基人、迦太基人和以色列人都存在过杀首子习俗。夫妻婚后生下的第一个孩子一般不养，而是杀掉，美其名曰是祭天祭神，有利于人丁兴旺。

　　中国古代同样有这种野蛮的习俗。根据《墨子》的记载，先秦时期的越之东、楚之南都存在杀首子习俗。头胎生下后，杀掉煮熟，族人分而食之，据说这样可以多子多福，这种仪式统一叫"宜弟"。① 到了汉代，今天阳朔、横州、合浦一带的乌浒人一直都还保留了所谓的"宜弟"习俗。②

　　但祭神、宜弟都是一种掩蔽性的解释，是为杀首子寻求一种正当性说辞。真正的原因是，人类在群婚制时代，为了繁衍人口，鼓励生育，两性之间交往比较随意，生下孩子就养着，不太在意孩子的生父是谁。但到了单偶制婚姻时代，为了防范妻子未婚先孕，养育别人的孩子，才有了杀首子的习俗。

　　这样说有没有依据？举两个例证：一个是西汉汉成帝时，王凤身居大司马、大将军，领尚书事，权倾天下。为了稳固自己的权力，他把自己小妾的妹妹张美人介绍给汉成帝。说起来也是个政治小算盘。但有一个特别敏感的细节是，这位美人结过婚，进宫时是否怀有身孕，谁都不清楚。这引来了京兆尹王章的极度反感和恐惧。他上书皇帝说，当今之世，连少数民族的羌族、胡人都知道杀掉首子，清正血统。王凤怎么能将已婚妇女引进后宫？

---

　　①《墨子·节葬下》："昔者越之东，有骇沐之国者，其长子生，则解而食之，谓之宜弟。"《墨子·鲁问》："楚之南有啖人之国者桥，其国之长子生则解而食之，谓之宜弟，美则以遗其君，君喜则赏其父。"

　　②《后汉书·南蛮西南夷列传》："其俗男女同川而浴，故曰交阯。其西有噉人国，生首子辄解而食之，谓之宜弟。味旨，则以遗其君。君喜而赏其父。娶妻美，则让其兄。今乌浒人是也。"据宋代《舆地纪胜》卷103：桂北"阳朔县，有夷人，名乌浒，在深山洞内，能织斑布。"

万一生下男孩，算谁的？是龙种还是跳蚤？① 这就间接说明，直到西汉时期，北方和南方的少数民族都还保留了杀首子的习俗，目的就一个：清正血统。

另一个例证，民间传说中元代"摔头胎"习俗。据说元朝入住中原，推行所谓"初夜权"②，汉族丈夫为了自我血统的纯正，妻子生下第一个孩子后，无论男女统统摔死。这种传说虽然难以找到正史印证，但无论是现实存在，抑或是民间想象，保持丈夫血统纯正的理念与历史上的杀首子习俗一脉相承。

第二个阶段，身份排斥。既要维持婚姻的稳定，又要保证血统的纯正，还不能野蛮杀婴，三个目标能不能同时实现？古人的智慧有力地给出了正面的回应。发明人就是孔子，他提出了一种理论，就是男女有别，对男女进行有效的物理区隔。所以，从孔子开始，民间婚俗就多了一种程序叫"分居拜庙"。夫妻新婚，丈夫接回新娘后不是夫妻双双把家还，更不会三拜之后进洞房，而是把新娘送到一个指定的地点静养三个月，不能同居。这三个月实际上就是检验期、考察期，如果新娘没有异响异动，没有怀孕的迹象，新郎就将新娘接出来，先拜祖庙，再拜父母，正式成为相亲相爱一家人。如果新娘有怀孕的迹象怎么办？遣返，解除婚约，排除新娘的主体资格和相应身份，至于生下孩子谁当爹，跟新郎一家没关系。

与杀首子相比，这无疑是一大历史进步。

第三个阶段，身份否认。杀首子太血腥，反人道，男女区隔又有歧视之嫌，还有限制人身自由的风险。随着时代的进步，婚生子女推定否认制度应运而生。

在父权、夫权至上的时代，法律一般只赋予丈夫、父亲否认权，典型的如法国、日本的立法遵循此项规则，而德国和意大利通过不断修订，赋予丈

---

① 《汉书·元后传》："知其小妇弟张美人已尝适人，于礼不宜配御至尊，托以为宜子，内之后宫，苟以私其妻弟。闻张美人未尝任身就馆也。且羌胡尚杀首子以荡肠正世，况于天子而近已出之女也！"

② 详见周作人《谈龙集·〈初夜权〉序言》所载越地俗谚："低叽低叽，新人留歹，安歹过夜，明朝还倍乃。"

夫、妻子、子女独立的否认权，实现了男女在身份法上的绝对平等。

从西方民法典的进化进程中，不难看出两个最大的变化：一是从夫权中心转换为男女平等；二是从父权至上转换为儿童最佳利益优先。本次《民法典》正是继承了这种国际化、人性化理念，将否认权平等赋予父亲、母亲和成年子女。

1997年，德国对《亲子法》作了全面修订，规定子女享有独立提起否认之诉的权利。为什么会赋予子女独立的诉权？这和1989年11月第44届联合国大会通过的《儿童权利公约》有关系。该公约第7条第一款认可了儿童一项最重要的权利：知悉、获取血统来源的权利。如果一个人来人世走一遭，连亲爹是谁都不知道，无论如何，都是一种人伦惨剧。

第二个问题，婚生子女推定否认权属于何种权利？

按照《民法典》的体系安排，应当归属于身份权，因为否认权本身解决的核心就是亲子关系是否真实、是否得以维持的问题。

笔者认为，这种身份法上的否认权同时也属于人格权。为什么？婚姻存续期间内，如果妻子违反忠贞义务与他人偷情、同居并怀孕且通过隐瞒手段不让丈夫知晓，一旦谜底揭开，不仅危及的是丈夫的身份权，还直接危及丈夫的名誉权。儿子白养了，名誉扫地、灰头土脸、郁闷焦虑，都是一般王小二们的正常反应。所以，法律赋予其否认权，合情合理，不仅排除身份法上的亲子关系和法律、道德义务，还能通过赔偿、补偿方式捍卫人格尊严，达到损失填补、精神抚慰两个目的。

第三个问题，否认权如何行使？对于被动当爹的王小二来说，行使否认权排除身份关系，维护尊严和人格，在道德上和法律上都具有正当性，但权利的行使还必须注意几个方面：

首先是偏倚性保护原则。虽然《民法典》赋予了王小二、刘三妹、王三喜三个人平等的权利，但当三者权利发生尖锐冲突，还是要优先保护作为弱者的刘三妹和王三喜。特别是我国属于1989年《儿童权利公约》的签字国，一切都应以保护王三喜最佳利益为原则。

所以，王小二可以请求赔礼道歉，可以对离婚后支付的抚养费主张不当得利返还，甚至可以要求适度补偿，但这一切都以不损害王三喜的利益为前提。

其次，否认权必须通过诉讼方式行使。按照《民法典》的规定，无论是解除婚约关系，还是解除亲子关系，王小二都不能单方宣告解除，只能通过诉讼途径由法院判决形式解除。

为充分保护妇女儿童利益，在诉讼阶段，王小二还必须承担举证责任，提供充分、确凿的证据。影视剧中的滴血认亲桥段，纯粹是古人的附会和编剧的臆想，不具备科学性、确定性。即便今天的亲子鉴定，其准确率也不能达到100%。所以，西方《民法典》对此一般采取客观标准，由丈夫举证证明如下事实存在：夫妻之间没有同居事实；丈夫患有生理疾病，没有生育能力；最后才是遗传基因不相吻合。

前两个方面很好证明。关于遗传基因问题，如果王小二要求做亲子鉴定，但刘三妹不配合怎么办？《民法典》对此没有具体规定，但《最高人民法院关于适用〈中华人民共和国婚姻法〉若干问题的解释（三）》第2条有明确规定，如果刘三妹没有相反证据又拒绝做亲子鉴定，法院可以推定王小二的请求成立。

再次，否认权是否受时效限制？有的国家和地区为了保护儿童，做了明确的规定。我国台湾地区"民法"就规定，当事人知悉一年内必须明确表示是否行使否认权，否则，权利丧失。

但总体而论，我个人认为，这类身份否认权应当比照《民法典》第995条，人格权受到侵害的请求权不适用诉讼时效。理由有三：一是否认权虽然属于身份权，但也具有人格权内涵，可以终身享有，不应受时效的钳制；二是否认权还具有道德性，应当通盘考量夫妻包容、宽恕等因素，但这些心结是终身之痛，王小二今年选择原谅，明年就可能反悔，这些都是人之常情，不应该拿一年时效强行锁定；三是对于婚外情、通奸、被强奸等情形，刘三妹们一般选择隐蔽、掩饰、否认，丈夫很难知悉具体情况，难以在法定时效期间内获取确凿证据。

　　还有两个问题必须说明：一是如果明知孩子非亲生，男性选择了宽宥，自认、默认非婚生子女为婚生子女，这虽是一种道德上的善行，但还是必须对子女身份进行内部识别。古代家谱世系图表中的红线与蓝线，其本意并非是对私生子的歧视，而是为了标识身份，防止近亲婚姻。中国古代民俗中寡妇一年内禁止外嫁，《德国民法典》第 1593 条规定子女于丈夫死亡后 302 天内出生，视为婚生子女，这些民俗和法条都是为了确证血缘，防范逆伦婚姻。

　　二是视为自动放弃否认权。如夫妻约定采用人工辅助手段异质受精怀孕、生产者，应当认定否认权自动消灭。至于异质受精的儿童成年后是否主张否认权，听其自便。

　　最后需要申明的是，无论父母有何过错，无论被动当爹的如何行使权利，都不能危及孩子的权利，不得歧视、遗弃，更不能侮辱、虐待。毕竟，孩子是无辜的，是法律上享有独立人格的生命体，是一个需要种群呵护、养育的弱者。当爹的有权维护血缘伦理，可以否弃身份，可以主张补偿甚至赔偿，但不得违背基本人道。

　　这，就是人类和狮群最明显的分界线。

第十六集　恋爱合同有效吗

近年来，"90后""00后"先后到了恋爱年龄。和前辈的恋爱不同，年轻一代勇于开拓、不断创新，开启了恋爱合同、忠诚协议、AA制恋爱法则等新模式、新旋律。

对于全新的恋爱观念和模式，一般人大都能赞同、理解、支持，认为男女恋爱是孩子自己的事，应当自我独立，自我主张，怎么谈是孩子的自由，也是一代风气。如果通过白纸黑字明确彼此之间的权利、义务、责任，更说明孩子已经有了责任感，懂得了人际交往的基本规则。

但反对的声音依然不少。最主要的理由有三种：

第一种，信任缺失。这种观点认为，爱情是心灵的碰撞和共振，是心有灵犀，眉梢一动，就知道彼此的所思所想；是面朝大海，在沙滩上勾勒牵手一生的沙雕，谱写"我爱你"的誓言；是月光幽微下的悄语呢喃，重复一遍又一遍的爱情表白；还可以向苍天、向大地表达心声，或地老天荒，或海枯石烂。这些内在的激情一旦白纸黑字落在合同上，似乎每一次接吻，每一句情话都被量化、被评估，怎么看怎么别扭，想想都难受。

第二种，经济要素介入，是对爱情的入侵甚至亵渎，拉低了爱情的高度，降低了爱情的纯度。根据最新的行为心理学理论和脑成像实验，心理学家们发现，爱情和金钱作为一种社会支持呈现时，都会有效缓解疼痛。换句话说，进行疼痛实验时，王小二看着恋人刘三妹的照片或者默默念叨恋人刘三妹的名字，都会达到减缓疼痛的神奇效果；同样，王小二中了彩票，有了一千万元，这种对金钱的渴望不仅能缓解疼痛，还能延长忍耐时间。①

　　这实验很有趣。但如果让一个人在爱情和金钱之间做出选择，这就不单纯是一个有趣无趣的科学问题，还是一个涉及信仰、忠诚、信任和责任的道德问题。如果爱情掺杂了金钱，肯定会降低纯度、影响高度，甚至毁灭爱情，追求金钱。道理很简单：金钱可以赢得爱情，但爱情并不一定能收获金钱。

　　第三种，基于信任缺失和金钱渗透，恋爱场景会随时变化，引发尴尬，最终对爱情失望、厌倦。王小二和刘三妹恋爱期间吃烤串，二人你喂我一口，我喂你一口，浓情蜜意，恩爱无边。吃完了，画风陡变。王小二买单后说，说好的 AA 制，一共 99 元，你的 49.5 元通过微信支付转给我就行。这样一算账，所有的浪漫温馨瞬间崩塌。

　　上述两类人的观点都有道理。这不是和稀泥，因为这两类人的观点代表的是两类不同的文化。持赞同观点的人多倾向于西方恋爱观，主张人格独立、地位平等、权责分明，恋爱归恋爱，金钱归金钱，各走各道，互不干扰。所以，男女平等，敢爱敢恨，说爱就爱、说断就断，很少拖泥带水、藕断丝连。

　　反对派的声音实际上代表了古老中国的传统。古代很难出现自由恋爱，都是以扩大亲属联盟和繁衍后代作为婚姻的基础和前提，这就是《礼记·昏义》中对男女婚姻的定位，合二姓之好，上孝敬祖宗、赡养父母，下养育儿孙、传递血脉。② 至于两人之间有没有爱情，那反倒是其次的问题。

　　传统中国的婚姻观直接决定了婚恋文化中男性的主导地位。虽然现代社会年轻一代已经掌握了恋爱的主动权和婚姻自决权，男女平等观念也深入人心，但这种文化惯性仍然弥漫在当今恋爱生活乃至婚姻生活中，男性不仅要主动直接，还要承担更重的责任和义务。

----

　　① 王晓梅、邹枝玲：《爱情和金钱对疼痛忍耐力的影响研究》，《心理学进展》，2018 年第 2 期，第 245-251 页。

　　②《礼记·昏义》："昏礼者，将合二姓之好，上以事宗庙，而下以继后世也。故君子重之。"

比如"60后"的王小二年轻时候喜欢刘三妹，撒开脚丫子一阵猛追，最委婉的方式就是写情诗。要是没这天赋，就抄情诗，用"你是天上的月光，我是地上的蛤蟆"之类的方式表达爱慕。即便失败了，也无所谓，痛苦两天，又活蹦乱跳。比较之下，刘三妹就委婉多了，她会关心王小二的一言一行，还帮他洗衣服、叠床被。如果王小二还无动于衷，不主动表态，刘三妹就会悄悄送他一对鸳鸯锦囊，放入两颗红豆，倒逼王小二开口。如果王小二还不开口，无论是智商不够，还是装傻卖呆，刘三妹都会痛下决心，绝不会主动表白。否则，就是角色颠倒，引发误会和猜疑。

即便到了 21 世纪的今天，男性主动还是占据恋爱风向的主流，主动表白、积极买单、倾力呵护。这不仅是男人作为男人的情义表达，还是一种道义担当。这种认知是传统文化的遗存，也是两性自然禀赋决定的角色差异。所以，如果二人恋爱了，刘三妹家里经济压力不大。王小二除甜蜜之外，还有种苦涩：甜蜜的是爱得如痴如醉，苦涩的是钱包空空如也。王小二父母知道了，不管儿子是否主动申请，一般会给小二每月多打一笔钱，这就是很流行的"恋爱专项经费"。

虽然传统文化惯性十分强大，但我们毕竟身处 21 世纪。男女平等最终催生了恋爱合同。恋爱合同有戏谑的成分，但更多的是双方的理性约定。可以说，剔除恋爱合同中的戏谑内容，通过合同方式规范、约束恋爱中的点点滴滴，无论如何都是一种时代进步，也是一种自由选择。

为什么这样说？因为恋爱合同是双方的理性诉求，彰显了男女双方的平等、自由、独立，不仅有利于确立行为规范，还有利于化解纠纷、深化感情。有人曾经感慨，"签约式爱情"、"契约式婚姻"、婚前财产公证、恋人夫妻 AA 制会无限挤压爱情，剩下的可能就是赤裸裸的金钱利害关系。

这是一种保守的、理想化的婚恋观。实际上，世界上从来不存在完全脱离理性、金钱、社会接纳的婚恋关系；感情也从来不是纯动物式的冲动，还包含有颜值身高、品质职业、家庭背景、未来前景等理性硬核。这不是功利、势利，而是孕育爱情、维系婚姻的必然要素。

按照心理学理论，行为成瘾是恋爱中期的表现，过了热恋期，无论是王小二，还是刘三妹，都会回归平静、安全和平衡的状态。直白点说，当爱情的热潮漫过，每一对恋人都会面对生活日常、杂七杂八、鸡零狗碎，如果没有合同约束，没有承诺信任，小夫妻俩很可能无力面对婚姻生活的柴米油盐、家长里短，届时很可能就是鸡犬不宁，一地鸡毛，丧失的不单纯是爱情，还可能是人生的信念和追求。

我们讲了恋爱合同存在的合理性，接下来一个核心问题是：恋爱合同有效吗？

翻阅《民法典》，我们找不到恋爱合同。但是按照《民法典》"合同法编"第464条第二款的规定，婚姻、收养、监护等有关身份关系的协议，适用有关该身份关系的法律规定；没有规定的，可以根据其性质参照适用本编规定。也就是说，只要不是开玩笑，王小二、刘三妹恋爱期间订立的合同一样可以参照合同法规定进行处理。

在讨论恋爱合同效力之前，首先必须排除三类合同效力：

第一类，"租"女友协议。注意这个"租"要打引号，因为人是不可能、也不能将自己出租的。近年来因为逼婚，催生了大量的租女友协议，但这类协议不是以确立恋爱关系、规范恋爱生活为目的，这种协议属于典型的通谋虚伪——王小二、刘三妹都心知肚明，这是虚情假意，是逗王小二爹妈高兴、堵住大嘴巴邻居闲言碎语的角色扮演。更重要的是，这类约定还涉及刘三妹的人格权，属于绝对无效合同。所以，不仅不能归位到恋爱合同，就连三妹在小二家中接受的见面礼、红包甚至祖传首饰等赠予也构成不当得利，应当返还。当然，2020年疫情凶猛，租来的三妹长期滞留，和小二有了真感情，假戏真做，正式确立了恋爱关系，那又另当别论。

第二类，婚外同居协议。婚外恋、一夜情虽然美其名曰"恋""情"，但并不是真正意义上的恋爱，因为这违反了善良风俗，这类合同不受法律保护。虽然由此可能产生自然之债，比如补偿费、损失费、封口费之类的，但王小二自愿履行，在所不问；如果小二不履行，三妹也不能诉请法院强制执行。

第三类，性交易约定。现实生活中，有人以恋人名义从事性交易，这类行为是以恋爱关系掩盖非法、非道德交易，显属无效。

接下来，我们按照无效、有效、效力待定三个标准对恋爱合同条款进行分类解读。

第一种情形，无效约定。

首先是戏谑条款。在网传恋爱合同范本中，这类条款霸气侧漏、刚毅决绝，以玩笑心态赋予了双方同等享有生气、不接电话、挂电话、互怼、甩头就走的权利。但这类戏谑条款是烘托气氛，王小二自己知道是玩笑，恋人刘三妹也知道是闹着玩，绝不能当真。按照《德国民法典》第118条和我国《民法典》第146条的规定，这是缺乏真意的表意行为，是"虚假意思表示"，属于无效条款。①

其次是危及人格权条款。一般有如下几种：

一是限制人身自由条款。网传范本中有些条款严格限制恋人的人身自由，比如刘三妹要看电影，王小二就不能提出吃烤串；刘三妹要上课，王小二就必须陪上课。这些条款看起来像玩笑，一旦较真，就可能引来不满、不和。实际上，恋爱合同寻找的是一生的情感归属，而不是人身的约束和财产的管制。合同文本也是爱情的表达和誓言的见证，而不应是限制恋人自由的牢笼和陷阱。

二是危及人格尊严条款。范本中有些惩罚性条款，比如恋人有错，除了罚跪键盘，还要自己边掌嘴边道歉，这些有辱人格的约定统统无效。

三是危及生命、健康、隐私、名誉等人格权的约定无效。比如，小二、三妹约定殉情方式和地点，到黄山悬挂情侣锁的地方舍身跳崖，到三亚天涯海角爱情石跳海殉情；比如，让王小二自残身体或者约架、决斗证明爱的深度、强度、烈度，这些都严重危及生命权、健康权，自然无效。

---

① 《中华人民共和国民法典》第146条："行为人与相对人以虚假的意思表示实施的民事法律行为无效。"

至于隐私和名誉，一般情形下，恋爱中除一方主动坦露外，小二、三妹都要本着团结一致向前看的原则，不计较彼此的过去，不直接追问或间接调查对方过去的交友情况。这类条款对个人隐私的保护大有好处，也说明了恋爱男女法律意识已大大增强，但也有约定，如对方必须坦诚、毫无保留地交代过往人生的点点滴滴，一个细节都不能漏掉；不能主动提出分手，否则就将恋人以前的隐私和两人的恋爱细节上传网络；等等。这些约定危及个人隐私权和名誉权，同样无效。

　　最后，违反善良风俗的条款无效。《民法典》第8条规定：民事主体从事民事活动，不得违反法律，不得违背公序良俗。根据法条，至少有三类约定无效：

　　一是逼迫自我诅咒部分无效。有些文本的誓言以古老的诅咒方式出现，很震撼也很感人，但很遗憾，再感人、动人的誓言在法律上都不发生效力。苍天啊、大地啊，这样发个誓没问题，但如果要求恋人自设恶毒邪门的诅咒，除非自愿，不得强求，否则，就侵害恋人的人格权。

　　二是所谓恋人转让条款无效。文本中出现如果刘三妹琵琶别抱，王小二应当尊重三妹决定，但要求三妹督促她的下一任男朋友支付精神损失费、前期投入费、感情维护费等。这类条款逗乐可以，但没有任何效力。

　　三是情侣共享条款。共享经济还带来了诡异的情侣共享观念，严重背离善良风俗和道德原则，属于无效条款。

　　第二种情形，有效约定。

　　首先，特定财产、费用的约定。比如，恋爱中的费用分摊、分手费、损失费等，只要是双方自主、自由约定，一般应认定有效。很多文本都规定了，小二、三妹任何一方花心、变心，有了第三者或者充当第三者，相对方有权解除合同，有过错一方应支付一定数额的精神损害赔偿金。

　　如此约定，不仅可以防范道德投机，还可排除不可知风险。前面说过，爱情在金钱面前，有些时候很脆弱甚至不堪一击；强大的财富欲望可能还会引发非法、非道德行为借助合同名义肆虐横行。比如，清末民初上海的"拆白党"，广州的"捉黄脚鸡"，都是以恋爱、结婚为名白饮白食，进行骗财骗色的"仙人跳"。

其次，特定行为约束。恋爱合同范本中关于双方约会、共同消费、互赠礼物等约定一般有效。比如，小二、三妹双方约定，为了增进感情，一周至少见面三次，互诉衷肠；约会期间的消费，或由有收入的一方独立承担，或实行 AA 制；情人节、春节等节日和对方生日应及时赠送适宜礼物和真切祝福；等等。

更重要的是，爱，特别是男女之爱都有排他性。所以，恋爱合同中都有如下条款：小二、三妹双方未经对方预先允许不得与其他异性单独交往，包括一起吃饭、约会、旅行、购物等。

再次，倡导性条款。翻阅范本中的"精神愉悦"条款，会感到非常有趣。比如，恋爱双方应尽量制造幽默、轻松气氛，小二不把工作学习中的负面情绪带到恋爱中来，更不得把三妹当情绪垃圾桶，任性发泄、肆意辱骂。如果造成了侮辱人格的后果，行为人应当承担一万元以下的精神损害补偿金；当然，如果三妹动不动来点冷暴力，也应赔礼道歉，尽快改正。

此类条款一方面说明新生代年轻人怕恋爱不成反受伤害的怯怯之心，另一方面也表达了理性克制、和谐友爱的良好愿景。但从民法层面考察，应当归位于倡导性条款，除非实际履行，很难产生强制执行力。

最后，保密条款。这类条款的效力没有问题。比如，对恋爱期间发生的不足为外人道、不能为外界知悉的一切信息、事件承担保密义务，不得泄露、传播对方的隐私、照片、视频资料等个人信息。即使分手，王小二也不得以该类隐私骚扰、胁迫刘三妹，干扰其正常生活和交往。

第三类情形，效力待定。比如，加重义务条款，三妹高兴了要送玫瑰庆祝、生气了要发红包安慰。此类条款一般是刘三妹加重王小二的义务，有撒娇开玩笑的成分，但也有感情胁迫的嫌疑。此类条款王小二自愿履行固然有效，但如果王小二不承认、追认，或明确反对、不愿履行，那就归于无效。

特别值得注意的是，当前恋爱合同中，有些女性为寻求安全感、满足感、尊荣感，亦庄亦谐、半开玩笑半当真地发明了"三从""四得""五全"条款。女朋友的话要盲从，出门要跟从，发脾气要服从；女朋友的话要听得，花钱要舍得，打骂要忍得，化妆要等得；女朋友的话全听，每月工资全交，家务活全包，剩饭剩菜全吃，逛街全陪。

这些条款如果属于戏谑，倒无所谓，大可一笑了之。但如果刘三妹较真撒泼，王小二凛遵无违，在催生大量的"公主""本宫"的同时，还会催生大量的"娘炮""伪娘"和奴才，将极大程度改变男性的自然性别特征和角色定位。这就是加拿大英属哥伦比亚大学桑戴斯教授一再担心的女性"雄化"和男性"雌化"现象。果真如此，绝非幸事。

简单总结一下，恋爱的源泉是异性相吸，是心心相印，是发自内心的真诚许诺，是一生持守的青春符命。恋爱合同可以确证利益的合理分配，却拉不住爱情的天荒地老；可以换取权责分明的行为约束，却可能推开忠贞不渝的生死相许。爱是长存于内心的深切依恋，而不是外在的一纸文书。只要有爱，江海可鉴、神人钦服，这才是天地之间最大的心约。

第十七集　婚约有约束力吗

什么是婚约？婚约就是双方未来缔结婚姻契约的约定，民间的称呼叫"婚书"，订立婚书的仪式叫"订婚"，又叫"大定"。按照民间习俗，王小二和刘三妹一旦订婚，就算是有主的人了，非因法定原因并经特定程序，双方都不能违约悔婚。

虽然婚约在民间还特别流行，但放眼一看，《民法典》里面却找不到婚约的规定。由此产生的系列问题是：婚约为什么会存在？《民法典》为什么不明确规定？《民法典》没规定的情况下婚约有效还是无效？婚约到底有哪些功能？

先看第一个问题，婚约为什么会存在？

芬兰著名社会学家、人类学家韦斯特马克在《人类婚姻史》中提出一个观点："婚姻产生于本能，只能用生物学事实才能阐明。"而本能无非就两种：一是性满足；二是生育、保护后代。为证明自己的观点，韦斯特马克系统考察了无脊椎动物、鸟类、爬行类、低级哺乳类动物种群，得出一个反进化论的结论："人类的家庭起源于婚姻，而不是婚姻起源于家庭。"

韦斯特马克的依据是什么呢？有三个：一是鸟类雌雄同栖，有着共同的家庭生活；二是共育幼雏，分工细密；三是忠贞不贰，一旦配对，永不分离，直到死亡。最终，这种婚姻形态催生了家庭结构。

为确证自己的理论命题，韦斯特马克引用了动物行为学家布雷姆一句名言："纯真的婚姻，只存在于鸟类之中。"布雷姆的研究结果正好印证韦斯特马克的观点："除了鹑鸡科和其他少数几种鸟类外，大多数鸟类都能共享幸福，共担苦难，还能从一而终，共同打造模范家庭。"

鸟类和人类婚姻具有高度的相似性，这不容否认，也无须否认。中国传统婚恋文化中雎鸠、鸳鸯、大雁都是人类婚恋生活的象征和隐喻。元好问有感于大雁对配偶的忠贞不渝、愤然殉情，写下了"问世间情为何物，直教人生死相许"的凄婉词句。刘三妹在王小二兜里塞个鸳鸯锦囊，不用经过大脑思考，王小二就会秒懂——刘三妹想和他比翼齐飞、终身相守。

但韦斯特马克和布雷姆的观点明显存在问题。

第一，忽略了婚姻的社会属性。婚姻的本质是什么？在法学领域考察，婚姻就是一种契约，既是浓情蜜意的王小二、刘三妹之间的身心相许，也代入了父母之命的身份关联，还引入了媒妁之言的社会中介。婚约就是人类摆脱蒙昧的一种社会化的仪式和符号，中国、雅典、巴比伦、波斯、印度等文明古国概莫能外。比如，传统婚约的订立，王小二、刘三妹双方是否对上眼固然重要，但关键还得看双方父母是否满意，还必须请媒婆三番五次走动沟通。结婚后，小二、三妹还得提着一对猪蹄子感谢媒婆。

鸟类结合没有身份牵绊和社会强制，不需要父母的同意、接纳，更不需要媒婆的穿银针、牵红线，还省了小费和猪蹄子。

第二，以相似性替代必然性。韦斯特马克的观点仅仅是在人类、鸟类两性结合的相似度上进行现象比较和归纳，但这种相似性并非解释婚姻的唯一标准。或者说，这种现象和标准不能作为规律解释人类婚姻产生的心理基础和社会基础。如果说鸟类和人类婚姻在男女彼此放电、相互认可、真诚许诺方面具有相似性的话，那么有些人类对待婚姻的特殊行为，相似性规律就无法解释。比如，人类有恐婚、厌婚的单身贵族，鸟类有单身的雄性孔雀，但肯定不是恐婚、厌婚的贵族。比如，正常情况下，传统婚姻都有订婚的程序和仪式，不仅要签署婚书、互送珍贵礼物，还要媒婆签押文书，之后当事人宴请亲朋好友作见证。民俗之所以称之为"大定"，也就表明到结婚只有一步之遥。而鸟类除了跳跳舞、掐掐架，貌似没有这样的仪式和程序。

第三，认知和表达误区。从认识论和方法论角度考量，韦斯特马克是以人类的理想化目标和标准解释鸟类行为，看似客观公正，实际上是一种人为比附、添加，是用语言修辞代替价值识别。鸟类雌雄之间的互恋行为肯定存在，东南亚丛林中的雄性鸟类还会用无花果献殷勤求婚，大部分雄性鸟类也会小心翼翼、兢兢业业，与雌性鸟类共同养育后代，属于典型的"好丈夫"，和当甩手掌柜的哺乳类雄性相差甚远。

但这些现象不能拿忠贞、诚信、纯真等人类标准进行解读，更不能以鸟类行为的解读比证人类行为，认为鸟类婚姻比人类更为"纯真"。至于鸟类有没有"婚姻"和"家庭"，这涉及更复杂的语言哲学对婚姻、家庭的界定问题，这里不讨论。我们关注的核心点是：人类与鸟类最大的区别是什么？是契约和仪式，婚约的存在就是最好的证明。

从公元前11世纪的西周到21世纪的今天，婚约一直都是见证、促成人类婚姻的最有效手段和最重要仪式。历经几千年，婚约也经历了几个历史变化。

第一个变化，从身份强制到人身自由。中西早期的婚约都具有身份法上的强制性，一经缔结婚约，就产生身份法上的效力。《汉谟拉比法典》就规定：一经订立婚约，则不得嫁与他人。

中国传统中，婚约订立后，双方都不能悔婚。按照《唐律疏议》《大明律》《大清律例》的立法文本，认定婚约存在的依据有三：一是双方订立的书面婚书。二是私约。男女双方或双方父母有私下约定，或者双方父母自小指腹为婚且有证人，婚约同样成立。更多的情形是私订终身，王小二给刘三妹写下情诗、情书，三妹剪下青丝回赠并送上手绣鸳鸯锦囊，那就代表一个愿娶、一个愿嫁，双方已经达成合意。虽然没有父母之命、媒妁之言，也可以作为有力证据。三是通过行为推定。比如，刘三妹家一旦受让了王小二家的"聘财"，就视为"下定"，即便没有婚书，也视为婚约存在。

婚约订立后，立即产生身份法上的效力。任何一方毁约，先挨六十大板；如果三妹父亲将她另许他人，他爹首先挨一百板子，后来的婚约也归为无效；要是父亲逼着三妹上花轿嫁人，那就不是挨板子的问题，他爹还会面临一年半的徒刑，不仅三妹的婚姻无效，还得追回来嫁给小二，这就叫"追还本夫"。如果小二满眼嫌弃，一脸怨恨，不仅不愿当接盘侠，还要解除婚约，那三妹家就还得双倍返还彩礼。

相比之下，现代的民俗和西方的立法更接近，将婚约视为一种身份契约，但因为涉及人身自由、人格权保护，所以不再具有强制执行力。[①] 小二既不能到三妹家抢亲，强行成婚，也不能诉请法院强制要求三妹嫁给自己。

第二个变化，从必要程序到任选程序。和古代中国一样，西方从古希腊开始，都将婚约视为婚姻的必要程序。雅典城邦法律奉行"无婚约，无婚姻"原则，如果没有正式婚约，则婚姻无效；到了罗马法时代，婚约是成就婚姻的必要条件，无婚约的男女结合只能视为姘居。如违背婚约，女性除返还聘礼外，还得支付聘礼价值1—4倍的罚金。

中国一直到晚清末期和民国早期，根据大理院的司法判例，民事诉讼过程中，凡是涉及婚姻纠纷的，必须包含婚约要件。

今天的订婚习俗，虽然保留了古代的一些仪式，但仅仅就是一种仪式，即便没有订婚仪式，也丝毫不影响两人结婚成家。也就是说，即便刘三妹接了彩礼30万元，王小二还单腿下跪献上了戒指要"套牢"刘三妹，只要双方不到民政部门办理结婚登记并领回两本红色的结婚证书，婚姻就不算成立。

第三个变化，从身份牵连到财产牵连。传统婚约既有身份法上的效力，也有财产法上的效力；到了现代社会，婚约已经丧失了身份法上的效力，未婚夫、未婚妻之间能够产生关联的就是财产问题，比如，一方违约不愿意结婚，彩礼、聘礼是否返还，怎么返还，等等。

我们讲了婚约是人类和鸟类的最大区别，也回顾了婚约的历史演化轨迹。那么，《民法典》为什么不明确规定婚约呢？

---

①《瑞士民法典》第91条："不得依据婚约提起履行婚姻的诉讼。"即便出现违约，也不得请求违反婚约一方给付违约金。中国台湾地区"民法"第975条：婚约不得请求强迫履行。《澳门民法典》第1473条，婚约，既不能请求强迫履行，一般情形下，也不能请求所谓的赔偿金、处罚金、违约金。

据笔者推测——仅限于个人推测,《民法典》不明确规定婚约的理由大概有三个:

第一个理由,担心传统包办、买卖婚姻死灰复燃,导致婚姻道德取向的变异。如果真有这种担心,可以说是杞人忧天、因噎废食,价值上和逻辑上都存在问题。

从价值层面而论,近代以来的婚姻很大程度上已经取消、禁止了父母对子女婚姻的决定权。早在中华人民共和国成立初期的1950年《中央人民政府法制委员会就有关婚姻法实施的若干问题的解答》就明确规定,任何包办、强迫的订婚,一律无效;男女自愿订婚者,听其自便。一方自愿取消订婚者,只需通知对方取消即可。到了未成年人保护法第17条继承了这一精神,规定父母或者其他监护人不得允许或者迫使未成年人结婚,不得为未成年人订立婚约。包办婚姻被遏制,买卖婚姻自然就没了出路。

从逻辑上讲,不能因为现实生活中可能存在包办、买卖婚姻,就回避婚约,这无异于嗓子卡了鱼刺,凡是带刺的鱼就都不吃了。这显然违反逻辑,违背常理。

真实的情况是,凡是成文法公开、明文承认婚约的地区,反而没有包办、买卖婚姻生存的空间,具体原因后面再分析。即便有些国家授权父母可以为未成年人订立婚约,但其效力必须等孩子长大后自主决定或追认后才发生效力。

从20世纪50年代开始,我国对买卖婚姻采取多头管理,行政法上又是没收,又是罚款,外加法庭宣告无效,但不仅没能有效遏制,反倒助长了不良风气。现在农村彩礼动辄就是上万元,加上购房、买车,一般家庭难以承受,最终诱发光棍男和拒嫁女比例不断攀升。

为什么会出现如此乱象?根本原因在于,我们既不能根绝传统的婚约习俗,又没有成文法跟进规范,任由民间自由发挥,使得传统婚约文化中可贵的契约精神与本质内核发生变异,助长了拜金主义。

"婚姻论财,夷虏之道",这是从周秦以来的一致传统。传统缔结婚约输送钱物仅仅是一种表达谢意、敬意和喜庆的手段，各地习俗都有通行的标准数额。如果动不动就狮子大开口索要礼金，不给就悔婚，那就不是嫁女，而是卖女。不仅会招来亲朋邻居的口水，还可能引发官司，丢人又现眼。

第二个理由，婚约不具有身份法效力，规定与不规定都无所谓。

这观点存在两个问题：首先是逻辑混淆。婚约有无法律效力属于价值判断，是否存在是事实判断。不能因为婚约不产生身份法效力就无视其存在。

其次，婚约不单纯解决身份法问题，还解决财产法问题。身份法条款无效并不影响财产法条款的效力。如果不予明确规定，反倒可能为变相以婚姻索取财物打开便利之门，引发民间天价彩礼。

第三个理由，对现存婚约纠纷可以通过对《民法典》其他条款的解释并援引其他程序法进行处理。

首先说明，《民法典》不规定并不代表《民法典》不承认婚约。如前所论，从 20 世纪 50 年代的民事政策到未成年人保护立法，只要不是包办、买卖，婚约都是有效的，只是不产生身份法效力。根据《民法典》第 8 条、第 10 条，只要婚约不违反善良风俗原则，这种习惯都可以认定有效。同时，最高人民法院 2008 年颁布、2011 年修订的《民事案件案由规定》中，虽然没有宣告婚约无效的案由，但却有"婚约财产纠纷"的案由。

换句话说，即便《民法典》不明确规定婚约，因婚约纠纷产生的问题一样可以得到解决。实体法依据是《民法典》第 8 条、第 10 条，程序法依据的是《民事案件案由规定》婚姻家庭纠纷案由第 1 条。

但上述解决方案并不能直接有效、简单明了地解决问题，而是一种迂回、曲折的解决方案，加上民事诉讼法也没有规定宣告婚约无效的特别程序，这会让老百姓无所适从，既无从判定，也难以抉择，只能入乡随俗随大流。即便是受过专业训练的法官，要么茫然无序，要么捉襟见肘。

从这个意义上讲，《民法典》回避婚约确实是一大遗憾。

最后谈谈婚约有什么用。以目前的法律地位而论，婚约只能是一种民俗习惯，是一种渗透了多元社会关系和内涵的两性身份契约，其功能表现为如下几个方面。

第一，身份确证。婚约通过确证王小二、刘三妹的准身份关系，进而确证财产关系。和今天网络时代的一见钟情不同，古人缔结婚约是为了克服信息不对称所带来的不确定性，设计了很多程序。首先是议婚问名。由媒婆将小二、三妹的个人情况进行充分沟通，进而确定是否有意愿交往。其次是纳吉过帖。古人比较迷信，得看看小二、三妹生辰八字是否相合，如果是鸡犬相配，那未来的婚姻可能会鸡犬不宁，所以民间有"鸡配犬，用刀砍""犬遇鸡，必相欺"的顺口溜。如果不冲不犯，才会将写明姓名、籍贯、居住地、祖宗三代名讳等详细信息的吉帖互换。第三步是相亲。古人同样讲眼缘，得眼见为实。为了克服不确定性，为了防范媒婆的欺诈，总会想办法让两人见个面。

对于媒婆的狡猾欺诈，民间有"媒婆的嘴，骗人的鬼"的说法，形容的就是媒婆为成全姻缘，会让瘸腿的王小二骑上马，高大威猛，会让有些斜眼的刘三妹遮把扇，娇羞多姿。等到洞房花烛，谜底揭开，除了笑骂媒婆，也就只能成为一世欢喜冤家。

第二，信息公开。议婚程序之后就是订婚，除了签押书面婚书、交付聘礼外，还有很多仪式向社会公开。有吃面的，代表丝丝相连，患难与共；有喝茶的，茶性清和高雅，王小二家送刘三妹家的聘礼不能谈多少钱，只能说"茶金"多少；[①] 有挂锁的，由长辈为订婚的小二、三妹戴上金锁银锁，一辈子不离不弃。吃面、喝茶、挂锁这些都是正规、公开的仪式，得邀请亲朋好友、媒婆、邻居、头面人物参加。有的地方还增加了一个特别程序：改口。不能再叫叔叔婶婶，得叫"爸妈"或"岳父岳母"，形成特定的身份关联。

这种仪式化场景不单单是传导喜庆的氛围，更是一种信息公开，能够有效防范道德投机。王小二不能因为刘三妹是小家碧玉转身追求大家闺秀；刘三妹也不能因为王小二穷困潦倒而接受高富帅的求婚。

---

① 《见闻录》："通常订婚，以茶为礼，故称乾宅致送坤宅之聘金曰茶金，亦称茶礼，又曰代茶，女家受聘曰受茶。"

第三，行为约束。婚约仪式完成，除非女奸男盗，或者遭遇意外、患上绝症，否则不得解除婚约。如坚持解除婚姻，就会产生如下责任：一是返还彩礼。我们有专题解读，此处从略。二是悔婚一方必须分担筹备婚礼的必要费用。三是刘三妹因悔婚而遭遇严重的人身和精神损害，王小二不仅不能请求返还彩礼，按照《瑞士民法典》和中国传统习惯，还得支付一定数额的抚慰金。①

简单总结一下，婚约不单纯是一种身份契约，还是一种文化积淀。大陆法系、普通法系国家承认婚约，是对合同自由的尊重。但婚约在中国却有着更为独特的文化内涵和规范功能，属于一种有益的文化滋养和法权建构，比如，以诚信原则解决财产纠纷；比如，强调婚姻是感情的链接而不是财产的炫示；比如，未婚男女之间有帮扶、救助义务；等等。

从这个意义上讲，婚约既能够传承优秀的传统文化，也能够承载现代文明的时代重托。

①《瑞士民法典》第93条："因被告一方过错违反婚约，造成无过错的原告一方严重的人身或精神损害时，法院可应其请求，判给原告一定数额的抚慰金。"

第十八集　贞操权受保护吗

2014 年，北京和上海两地法院同时面临"骗色索赔案"，两案案情完全一致：男主王小二隐瞒结婚事实，以恋爱、结婚为名诱骗女主刘三妹同居。后来真相暴露，刘三妹认为侵害了自己的贞操权，奋起维权，要求王小二精神损害赔偿。

同类案由，同类事实，两地法院的判决却截然相反：北京地区法院直接驳回当事人诉讼请求。理由：北京刘三妹已经成年，是完全行为能力人，出于自愿与北京王小二同居，理应自行承担一切后果。也就是说，刘三妹的自主决策和自动承诺构成王小二违法的阻却事由，不能视为侵权。而上海地区法院则认为，上海王小二谎称未婚，以恋爱、结婚为由骗取感情并同居，侵害了上海刘三妹以性自由、性安全、性纯洁为特定内容的人格权，判令王小二书面赔礼道歉并赔偿精神抚慰金 3 万元。[①]

这是同年发生的同案不同判现象。为什么两地法院的判决会大相径庭？真正的原因应当是，两地法院对贞操权的认知出现了严重对立。

北京地区法院并不承认贞操权，只是将同居作为一个客观事实，而该事实的发生是基于刘三妹的自主决策、自动实施，所以不存在侵权，自然也就不存在损害赔偿。而上海地区法院却认定贞操权是一种人格权，王小二以隐瞒、欺骗手段导致刘三妹产生错误判断、决策，最终身心受损，自然有权诉请精神损害赔偿。因为 50 万元赔偿金要求过高，法院酌情减为 3 万元。

---

① 富心振：《上海首例侵犯贞操权案原告获赔 3 万》，《人民法院报》2014 年 9 月 18 日。

表面上看，两地法院的分歧在于受害人承诺是否构成违法阻却事由，但根本症结还是在于是否承认贞操权。

早在 2001 年，绝大多数法院都还不太清楚贞操权是什么的时候，深圳市罗湖区人民法院就敲响法槌，判出国内贞操权第一案。在一起强奸案中，虽然刑事法庭已经判处深圳王小二强奸罪，但受害人刘三妹又单独提起民事诉讼，主张精神损害赔偿。法院审理后认为，强奸在刑法上属于犯罪行为，在民法上属于侵权行为，侵害对象是受害人的贞操权、健康权，由此给刘三妹造成精神痛苦、社会评价降低等后果，一审判决王小二赔偿刘三妹 8 万元。[1]

同案不同判不仅导致当事人权利保护出现天壤之别，还严重危及成文法的统一性和权威性。实际上，是否承认贞操权不仅关系到当事人的权利保护、司法的统一和成文法的权威，还涉及一个时代的社会稳定和道德风气。

我们从以下几个方面解读贞操权。

第一个问题，《民法典》对贞操权持什么立场？能否解决司法判决中的分歧和对立？

结论并不乐观，当然也不悲观，因为《民法典》采取的是中立立场。说不容乐观，是因为《民法典》虽然实现了人格权独立成编，但并没有明确将贞操权作为具体人格权加以列举。说不悲观，是因为第 990 条第一款规定的身体权、健康权、名誉权之后还有一个"等"字，这就意味着《民法典》在实施过程中，如果有需要，可以通过立法解释对"等"后面的具体权利类型进行拓展、扩充。同时，该条第二款特别规定了基于人身自由、人格尊严产生的其他人格权益，即便贞操权难以纳入第一款实现独立，但也属于人格权益，同样受《民法典》保护。

《民法典》为什么不明确列示贞操权？原因至少有三个：

---

[1] 2012 年《最高人民法院关于适用〈中华人民共和国刑事诉讼法〉的解释》对女主的请求，法院采取的立场是不予受理。该解释第 138 条第二款规定："因受到犯罪侵犯，提起附带民事诉讼或者单独提起民事诉讼要求赔偿精神损失的，人民法院不予受理。"

第一个原因，认知差异。在贞操问题上，一直存在两类不同的价值认知：一类观点认为，贞操和所谓贞节牌坊一样，是封建礼教的阴魂，是对妇女的非人道歧视和压迫；另一类观点认为，贞操作为一种道德诉求和法权构造，有利于矫正偏失，维护婚姻的纯洁和家庭的稳定。

这是基于不同语境和标准引发的争论。第一类语境关注的是男女平等的时代诉求，认为传统的贞操义务具有单向性，是对妇女的一种加重义务，是一种男权社会的差别对待和思想奴役。王小二自己在外边彩旗飘飘，一会东宫、西宫，一会东风、西风，但要求刘三妹恪守女德、女诫，大门不出二门不迈。第二类语境承认男女平等，认为追求、维护贞操具有道德、法律的双重正当性，主张王小二、刘三妹都得讲贞操。我们讲的贞操权，显然属于第二类语境，现代社会，无论王小二，还是刘三妹，只要有了特定的身份关系，都享有平等的贞操权。

从西方传统来看，罗马法后期，和贞操权有关的三大历史性变革已经拉开了男女平权的序幕。

第一大变革，妇女失贞的诉讼，从公诉案件变成私诉案件，城邦官员的道德监督和父系宗族的伦理监督力量都大为减弱，婚后失贞带给女性不再是残酷的死刑、流放、禁锢，而是离婚和经济赔偿。

第二大变革，妇女有条件地享有了离婚自由。虽然通奸男女同罪异罚还是主流，妻子通奸构成丈夫休妻的法定事由。但如果丈夫将第三者带回家中且经其本人、岳父劝阻后仍不悔改者，妻子同样拥有休夫的权利。

第三大变革，强力保护妇女贞操权。《罗马民法大全》严厉禁止"逼良为娼"。凡是要求妇女卖身保证的合同统归无效。如强迫妇女卖身，处罚金高达十磅黄金，由行省官员收取并交付受害人，让她从此以后过上体面的生活。如果官员疏忽或拒绝收取，就得官员自己掏腰包支付罚款。还有，一旦奴隶主强迫女奴隶卖身，该女奴隶立即获得解放，成为自由人。到了罗马法晚期，凡是以强奸为目的而绑架妇女者，主犯、共犯、辅助人，一律死刑。

贞操带是贞操权的历史见证和文化隐喻。很多人认为，贞操带上的小锁是男权专制的象征，贞操带是对女性的人格歧视、身体禁锢、健康摧残。早期可能确实如此，但随着道德进化，有两个有趣的细节值得关注：一个细节是，最晚在16世纪，贞操带已经成为装饰品甚至奢侈品；另一个细节是，男性一样有贞操带。夫妻之间相互掌管着对方的钥匙，这就是贞操权作为身份权存在的最形象见证。直到今天，男性贞操带在欧洲个别地区还悄然流行。

第二个原因，替代功能。《民法典》出台前，不少学者包括法官、律师都认为，依照民法总则、侵权责任法和相关司法解释，再加上刑法、行政法的强力保护，贞操权所涉及的各类问题都有了替代解决方案，没有必要承认独立的贞操权。

但如本集开篇讲到的两个案例，如果法律不明确规定贞操权，不仅难以有效解决纠纷，还可能出现截然相反的判决。

首先，以何种权利替代？贞操权理论分歧过大，难以形成统一而权威的观点，很容易导致对相同法条的立法宗旨、规范功能、文本语义的解读差异，进而导致司法裁判适用法律的差异。

比如，贞操权属于什么权？有学者认为归属于身体权，侵害贞操权就是侵害身体权。因为性器官本质上就是身体的有效组成部分，未经有效同意或有瑕疵同意而触犯其身体，是对身体权的侵害。[①] 而反对者认为，不能将贞操权视为身体权，否则我的身体我做主，性自由甚至性交易势必会成为对自我身体的一种绝对自由处分权利。

有学者认为贞操权应当归属于名誉权。对身体权的侵害仅仅是一种直接的侵害，但对受害人的次生影响才是最大的危害，这就是精神的恐惧、焦灼、愧疚、自责，以及社会形象的改变、社会评价的降低。但反对者又认为，单纯的名誉权保护不了贞操权，因为名誉之外，贞操权还广泛涉及身体权、健康权、配偶权等内涵。比如，刘三妹被强奸或与他人通奸，是否对老

① 孙也龙：《上海首例侵犯贞操权案之评析》，《重庆第二师范学院学报》2015年第6期，第15页。

公王小二的配偶权构成侵害？王小二有没有权利请求精神损害赔偿？

其次，如何比对、匹配？贞操权定性、定位的困难不仅让法官难以进行相似权利的匹配，还可能让法官滑向另一端，认定不构成具体人格权侵害，侵害的仅仅是人格权益。比如，湖北、福建相关地方法院采取的就是这一立场，这无形间降低了贞操权的权利位阶和保护力度。最终贞操权权利属性五花八门，权利体系杂乱无章，权利基础也无所适从，最后的结果就是法官裁判的各行其是。

第三个原因，保护路径。我国刑法、行政法对强奸、猥亵、侮辱等行为的惩治都有明确规定，但这是公法思维和公法路径。比如，刑法、行政法的立法宗旨并不以保护贞操权为目的，不会保护男性的贞操权，也不会关注刘三妹的精神损害赔偿，更不会支持刘三妹配偶王小二提起侵权损害之诉。假如"小鲜肉"王小二被富婆刘三妹强暴，如果王小二报警、起诉，那么外人都会笑着挥手让他离开，别得了便宜还卖乖，矫情得很！

第二个问题，什么是贞操权？贞操权有哪些特征？

贞操是什么？就是性纯洁的保有和持守状态。什么是贞操权？我的定义是：自然人维护性纯洁并得请求特定对象保有同等义务的权利。如此定义，目的是想说明贞操权既是一种复合性人格权，也是一种排他性身份权。

先看复合性人格权。贞操权涵摄了《民法典》第990条的身体、健康、名誉、自由、尊严等多项人格权利和人格权益。无论是第一款中的任何一类具体人格权，还是第二款中的人格权益都难以有效涵盖贞操权的全部内核，即便综合比对、认真匹配，也很难精准定性、准确定位，无法实现对贞操权的全方位、深层次保护，还可能出现畸轻畸重的判决结果。

和其他人格权相比，贞操权的权利构造具体表现为性安全权、性自主权、性自卫权三种权利，任何强制、胁迫的性侵害所涉及的权利都可呈线性逻辑展开：首先侵害的是人格尊严和自由，其次是身体自主权，再次是身体健康权和精神健康权，最终危及的是名誉权和身份权。

特别值得留意的是，性侵害的直接后果就是失贞，除身体、精神受到伤害外，还可能导致歧视、嘲讽，被污蔑、被另类化、标签化、污名化。按流行的说法，就是"人设"崩塌。同时，失贞后还会遭遇无人求婚、订婚后被退婚、结婚后被动离婚等身份利益的消减甚至丧失。

也就是说，除了身体权、健康权，贞操权还涉及很多独立的权利内涵。如果法律不能精准确权、有效保护，那么刘三妹在被迫失贞后采取的最佳策略就只能是保持沉默、忍气吞声。

再看排他性身份权。不可否认，早期的贞操主要针对女性。女孩在未结婚之前，贞操的监护权属于父亲。在罗马法无夫权婚姻中，即便女儿已经出嫁，但其人格、财产并不归属于丈夫，而是归于父亲。所以，如果女儿失贞，侵害的不是其本人和丈夫的权利，而是父亲家族的权利。在罗马帝政后期的无夫权婚姻中，如果妻子与他人通奸，丈夫可以通过公诉途径解决，妻子可能被判重刑。但罪名很奇葩，杀父之罪——因为女儿的失贞让父亲名誉扫地，终身蒙羞，无异于犯下弑父重罪。君士坦丁时期最常见的处罚就是水火之刑，失贞妇女被淹死或被烧死。奥古斯都的女儿茉莉娅贵为公主，生活放荡，不便处死，但也惨遭流放。优士丁尼时期才稍稍人道一些，失贞妇女被强制送修道院禁锢。

而在有夫权婚姻中，当父亲牵着女儿的手将她交付给新郎后，女儿就与父亲家族脱离关系，归顺夫权。妻子的人格、财产权利都依附于丈夫，如果妻子与他人通奸，丈夫可以当场杀死"奸夫淫妇"，但丈夫的通奸行为一般只受道德谴责。后来，无夫权婚姻盛行，女性逐步从财产到人格两方面都获得了极大自由。近现代以来，男女平等在很多国家已成价值共识，贞操权也演化为夫妻之间相互对待的一种权利义务体系。

换言之，19世纪男女平权以来，丈夫和妻子都有权利要求配偶保持贞洁。由此，贞操权在人格权之外还具有排他性身份权的属性。

但必须留意两点：第一点，这种排他性是身份性排他，是对妻或夫之外的任何人的排他。按照大陆法系一些国家的规定，如果介入他人婚姻，与已婚者姘居、通奸或者实施性侵害，不仅侵害了受害人本人的人格权，还侵害了其配偶的身份权。如果是强奸，受害人刘三妹的丈夫王小二有权提起损害赔偿之诉；如果是通奸，王小二在诉请离婚的同时，还可以对刘三妹和李小三的共同侵权行为主张赔偿。

正是这种立法，捍卫了婚姻和家庭，也遏制了隔壁老王的疯狂与猖獗。关于此点，我国台湾地区的立法和司法值得借鉴。对于夫妻之间，贞操权的表述是"忠实请求权"；对于隔壁老王或李小三，最早认定为"以悖于善良风俗的方法加损害于他人"，后来认定为"侵害他人家室不受干扰的自由"，到最后，直接认定为"侵害他方配偶之权利"。也就是说，隔壁老王或李小三的劈腿、偷情侵害了别人夫妻共同生活的圆满、安全和幸福，还侵害了别人丈夫的配偶权，理应承担赔偿责任。①

第二点，身份排他不能针对配偶。同居是夫妻生活的核心义务，也是一种对待义务，除非有合理原因，任何一方不能以性自主权排除配偶的同居权。所谓合理原因，一般情形有几类：离家短暂分居，生理期间无法正常履行，被限制人身自由无法履行，等等。

简单总结一下，贞操权具有人格权的复合性和身份权的排他性，无论是基于权利保护，还是为了避免司法乱象，都有必要将其明确为一种独立的人格权。具体办法如前所述，就是通过立法解释对《民法典》第990条第一款做扩张性解释。至于身份权部分，也没任何障碍。按照《民法典》第1001条，贞操权涉及的身份权部分，可以直接参照人格权的有关规定予以保护。如此，既不影响《民法典》内在体系的逻辑，也不会影响人格权的价值统一。

---

① 关于此点，我国台湾地区判例经历了三次变化。1952年，我国台湾"最高法院"台上字第278号判例否认夫权概念，认为与有配偶者通奸，不构成侵害他方配偶的夫权，但依社会观念，如明知为有夫之妇而与之通奸，系以悖于善良风俗的方法加损害于他人，应依"民法"第184条第一项后段就非财产上损害负赔偿责任。1971年台上字第86号判例否认与有配偶者通奸系构成侵害他方配偶的名誉，但肯定其系侵害他人家室不受干扰的自由，亦构成侵权行为。随后，我国台湾"最高法院"判例肯定通奸系侵害他方配偶之权利（夫妻共同生活圆满安全及幸福之权利），但仍以"民法"第184条作为请求非财产损害金钱赔偿的依据。

第三个问题，贞操权捍卫的到底是什么？

按照萨维尼的观点，法律从来都不是法学家、立法者的"发明"，而是"发现"。

目前离婚率有多高，人们可以搜索一下具体数据。"80后"的离婚潮尚未消退，"90后"已经后浪推前浪，汹涌而至，西安市长安区甚至不得不推出离婚登记限号措施。

婚姻杀手中，最可怕、最常见、伤害最深的就是出轨。为什么出轨难以遏制？夫妻责任感持续走低，这是事实。但道德已经无力扶持婚姻，法律制度供给不足，违法成本太低，这才是问题的关键所在。空虚无聊，出轨；虚荣攀比，劈腿；丈夫敢飞彩旗，妻子立马还一顶绿帽；生个孩子像前任；玩够了找个老实人成家……这类现象和诉求充斥网络，绝非个案。

最后，我想说的是，贞操权不是思想奴役，不是遮羞布、假道学，而是一种人类区别于兽类的高级心理需求，是基于契约和信任产生的人际互动。它捍卫的不单纯是性的纯洁、自由，还捍卫着婚姻和家庭的荣誉、安宁。当"过渡钥匙"或"万能钥匙"打开贞操之锁，释放的情欲不仅粉碎了爱情，也毁灭了家庭。

从这个意义上讲，贞操权不仅是爱的停泊区，也是子女的安全港；不仅是道德的升华，也是灵魂的皈依。

第十九集　什么是生育权

现在很多大龄美女发抖音、刷微信，埋怨父母逼婚、逼生，逼完一胎，还逼二胎。

古人同样逼儿女，用的是更高的招数：孝道。孟子有句话很有名："不孝有三，无后为大。"对这句话解读的版本太多，分歧太大。后来有人解读为刘三妹嫁给王小二，因为不能生儿子，就要被王小二休掉或者被迫离婚。这是一种拉仇恨的解读，一下子就把孟老爷子定格为男权典范、封建代表。

实际上，"不孝有三，无后为大"是孝道文化的产物，丝毫没有贬低妇女的意思。孟老爷子的意思是，儿子长大了就得娶妻生子，上继香火、下传血脉。不要当什么单身贵族，搞什么丁克家庭，让祖先断了香火。汉代赵歧的注释说得再清楚不过："不娶无子，绝先祖祀。"——如果王小二不娶妻、不生子，让祖先祭祀断绝，这就是大不孝。

人们可能会提出质疑，这样一来，儿女不就成了生殖工具？其实，在农耕社会和冷兵器时代，人口增加，特别是男性人口的增加是进行农业生产、军事对抗的必要条件，并没有什么不妥。我们不能拿今天的人权标准、自由精神去错位衡量。

美国学者罗斯托夫采夫在分析罗马帝国为什么灭亡时，有个观点，罗马人不是被日耳曼人打败的，而是自断后路，自取灭亡。为什么？因为罗马帝国晚期，从元老院的元老，到骑士阶层，特别流行一种风尚：单身。再高大上的人，只要一结婚，"人设"就崩塌；要是还生下个孩子，那就俗不可耐，很快被朋友圈拉黑，搞个派对都没人捧场。这就是单身贵族、丁克家庭的最早来源。不到一百年，这些精英阶层死光了，国家要找治国的能人找不到，要找带兵打仗的将军，更是难乎其难。

罗斯托夫采夫把这种现象称为罗马精英的集体自杀。相反，被视为野蛮民族的日耳曼人，敞开肚皮、饿着肚子生孩子，后来成了欧洲命运的主宰。由此看来，生孩子，不仅是组建家庭的最基本动力机制，也是家族发达、民族昌盛的前提。

所以，孟子把生孩子拔高到孝道的高度，并没有什么错。古人为了维持这种孝道，在法律上也进行了很精巧的制度设计。比如一户人家三代单传，独生子犯罪当诛。杀还是不杀？法不容情，杀人偿命，这是法律的基本原则；但如果杀掉，这个家族就会断子绝孙，又显得残刻寡恩。怎么办呢？从北魏时期开始就有了"存留养亲"制度，只要不是十恶大罪，可以酌情免去独生子的死刑。到了清代雍正一朝，对这类罪犯的处罚是："枷号两月，责四十板释放。"——戴枷示众两个月，打四十大板，然后放还回家，奉养双亲，传宗接代。

这种制度推行的基础看似人道，实际上维护的是孝道。这种孝道在中国推行了两千多年，但在 20 世纪初期遭遇了严峻挑战，男女平等后，生不生孩子，生几个孩子，怎么生孩子，和谁生孩子，男人说了不算，话语权、选择权都集中到了女性手中。那么，作为男人，作为丈夫，到底有没有生育权？答案似乎很明确，但也很模糊。

说明确，是因为人口与计划生育法第 17 条第一款肯定了男女享有平等的生育权。[①]《民法典》第 112 条也规定，自然人因婚姻家庭关系等产生的人身权利受法律保护。

说模糊，证据有二：第一个证据，根据妇女权益保障法第 51 条，妇女有生育子女的权利，也有不生育的自由。该条文没有涉及男性的生育权。

---

① 《中华人民共和国人口与计划生育法》（2015 年修正）第 17 条："公民有生育的权利，也有依法实行计划生育的义务，夫妻双方在实行计划生育中负有共同的责任。"

第二个证据，也是最重要的，《民法典》当中没有独立、明确规定生育权，第 112 条仅仅是一个概括性条款，是否必然包含生育权，还需要进一步的立法解释或司法解释确认。同时，《民法典》在第 1001 条又规定：自然人因婚姻家庭关系等产生的身份权利的保护，可以参照适用人格权保护的有关规定。也就是说，《民法典》立场有两个：第一，不明示列出生育权，回避了男女生育权是否平等的问题；第二，如果王小二、刘三妹两口子出现生育权的争端、纠纷，可以比照人格权的规定处理。

如此一来，是否生育子女就成为夫妻之间人格权的博弈，而人格权属于绝对权，丝毫不能强制，更不能剥夺。根据自然法则，妻子刘三妹的人格权绝对占上风。只要她愿意生，丈夫王小二拼死反对也没用；如果她不愿意生，王小二怒火攻心，一蹦上天，还是没用。

实际上，所谓生育权，就是自然人生育后代的权利。这是一种自然权利，法律规定还是不规定，生育权都永恒存在。男性和女性一样享有同等的生育权，这既是一种自然规律，也是一种人道法则。所有的症结无非就是两个问题：谁掌握更多的主动权，谁付出更多。

我们从生育权的历史演进中去探寻今天立法的真正原因。

生育权历经数千年，有三个大的变化。

第一大变化，从男性主导到男女平权。考察"不孝有三，无后为大"文化语境，本意是强化作为男性身份的义务，娶妻成家，生儿育女，不能断绝祖先血嗣，不能灭绝祠堂香火。虽然不存在歧视妇女的故意，但确实没有尊重妇女的主导地位。再后来，没有子女或无法生育成为"七出"中休妻的法定理由，自然就有人对"不孝有三，无后为大"进行了另类解读，妇女被定义为生殖工具。

所以，近代以来，男女平等思潮兴起，妇女翻身做主，生育权就成了一种自主行使的权利，也成为对抗不合理男权的终极武器。

美国阿肯色州议会曾出台法案，支持一位丈夫为捍卫生育权起诉实施堕胎手术的医生。法案一出，医生、医院还没什么反应，一大批女性却涌上街头，游行示威抗议：女性不是生殖工具，法案侵犯了女性身体自主选择权。

第二大变化，从身份义务到人格权利。在女性获得自主生育权的同时，男性也从"不孝有三、无后为大"的身份义务中解脱出来。即便父母再怎么催生、许诺甚至哭闹、谩骂，王小二都可以坚强挺住，坚决不生。但这种权利一旦遭遇妻子刘三妹的生育权就显得捉襟见肘甚至无能为力——因为法律已经坚强地站在了刘三妹的立场，实施了偏倚性保护。

我们看两个案例。云南一位江湖歌手，我们姑且叫他王小二吧。唱歌没出名，因为一场诉讼出名了，爆红网络。因为婚后有了李小芳插足，王小二的配偶刘三妹将怀胎6个月的孩子堕胎，并将"胎儿"的照片发布于网络，大骂王小二是"贱男"，不值得为他生育后代。王小二拿妻子没办法，就将实施堕胎的医院告上法庭，认为没有经过他本人签字就实施堕胎手术，既侵害了自己的生育权，也侵害了胎儿的生命权，要求医院赔礼道歉并赔偿精神损害抚慰金5万元。

法院经过审理，首先以胎儿未出生不享有法律人格排除了胎儿的权利，其次认为王小二享有生育权，但他的生育权的行使必须以尊重刘三妹的生育权为前提。刘三妹不生，王小二就休想当爹。同时，按照母婴保健法和医疗惯例，如果刘三妹突然不想生了，医疗机构只需征得她本人同意并签名确认，医院就可以进行手术，无须征得其丈夫王小二的书面同意。也就是说，歌手王小二不仅爹当不成，连维权的资格都没有。

当然，冤有头债有主，王小二可以起诉妻子刘三妹。但很遗憾，根据《最高人民法院关于适用〈中华人民共和国婚姻法〉若干问题的解释（三）》第9条，丈夫以妻子擅自中止妊娠侵犯其生育权为由请求损害赔偿的，人民法院不予支持。

另一个案例来自美国。2005年，25岁的杜拜妻子怀孕了，但小伙子只想当老公，不想当老爹，坚决不同意妻子生育。后来闹上法庭，杜拜以男女生育权平等提出了自己的主张：女性可以行使生育权当母亲，也可以堕胎摆脱当妈的责任。那么，按照男女平等原则，强迫男性被动当爹，承担各种压力，绝对不公平。

这道理杠杠的、直直的、妥妥的，很多人的目光盯上法庭，连美国著名的《菲尔博士脱口秀》都唠叨不休，认为法官可能作出划世纪的判决。最后，法槌敲响，杜拜败诉。因为是判例法国家，法官的理由就是法律。

法官的意思很明确：你老婆生不生孩子，法庭管不了，但你敢做不敢当，确实不够男人！法律权利没得到维护，杜拜还遭遇了法官的冷幽默。这是妻子要当妈，丈夫不愿当爸。法庭的态度，按照绅士风度和骑士精神，你得敢做敢当，尊重女性选择。

第三大变化，从自然生育到合意生育。近代以前，妇女是否生育，纯粹处于被动地位，取决于丈夫的意志和自然规律，怀上了就生养，有几个就生几个。但随着男女平权，这种自然生育的状态进化到更高的程度，是否生育，生养几个，都取决于夫妻之间的自主权。不仅受内国法保护，还受到国际社会的充分关注。比如，1968年国际人权会议通过的《德黑兰宣言》、1974年在布加勒斯特召开的第一次关于人口问题全球政府间会议上发布的《世界人口行动计划》，都规定了男女享有平等的生育权。只要郎有情妾有意，不管结婚不结婚，任何自然人都享有生育后代的权利。

说起来，生育权面前男女平等，但男性真要行使权利，还得首先看看夫人的脸色，尊重夫人的选择。因为怀不怀、生不生最终都取决于夫人的意志。

再看两个案例。一位妻子怀孕3个多月后，其丈夫不幸因车祸意外去世。公公婆婆为了保住一丝血脉，和儿媳友好协商，签订了一份"香火协议"：儿媳保证生下孩子，如违约就支付10万元违约金并丧失对丈夫财产的继承权。可惜，老两口没高兴多久，儿媳就违约堕胎。痛苦、气愤之余，老两口诉请法院为"孙子"讨个公道。不用说，这香火协议限缩了儿媳的生育权，显然属于无效合同。所以，法院经审理驳回了两位老人的诉讼请求。

这判决，根据现行法律，合法肯定是合法，但在冰冷的法条外，显然少了人性的温度和道德的高度，既不合情，又不合理。实际上，同意怀孕足以推定该妇女已经和丈夫达成了生育合意。老两口的哀求、许诺也得到了儿媳的同情和同意，为了自己未来的幸福终结孩子的生命、断掉丈夫的血脉，毫不顾惜老人的心态，在道德上、伦理上无论如何都会引发议论，也会留下终生的愧疚。

比较之下，我国香港的规定似乎在情、理、法三者之间找到了更好的平衡点。香港《已婚者地位条例》规定："夫妇任何一方均不得以无理要求剥夺配偶生育下一代的权利。"这是达成合意，但是否履行承诺完全取决于女性的生育自主权和选择权。

另一个案例同样令人心塞。王小二、刘三妹两口子因环境条件和身体原因无法正常怀孕，后来到美国进行试管婴儿手术。通过人工授精，一共存活了6个胚胎，双方委托美国医院保管，由王小二负责缴纳相关费用。后来夫妻闹离婚，小二停止续费，医院将胚胎全部销毁。三妹知道后，不但不同意离婚，还将丈夫王小二告上法庭。法院最终判决：王小二侵害妻子刘三妹的身体权、健康权和生育知情权，酌情判决丈夫支付妻子抚慰金3万元。

为什么要对妇女进行偏倚性保护？这是一个很宏大的话题。从法权角度分析，笔者认为有三个理由：

第一个理由，矫枉过正。对歧视妇女的法权传统进行强力矫正，矫其枉而过其正，只能通过偏倚性保护才能彻底落实女性的各项权利。关于女性生育权的性质目前有的认为属于隐私权，外力、外人无权介入、干预；有的认为属于身体自主权，是否生育是女性对自己身体的一种自由权利。无论何种权利，都属于绝对权，即便是丈夫，也不能强制、侵害、侵犯。

第二个理由，公平正义。基于自然禀赋，在生育权实现的过程中，刘三妹比王小二承受了更大更多的生理负担、心理压力甚至会有生命危险。为什么赋予女性比男性更为优越的法权保护？因为女性承受着远比男性更重、更危险的角色负担。简而言之，按照自然规律，怀孕、生产、哺乳这些功能男性无法替代，子女生下后，女性在照顾、抚育子女方面也承担了更为繁重的义务。法律对女性进行偏倚性保护，既是一种人道关怀，也是法律公平正义的体现。

第三个理由，对弱势群体的保护。虽然妇女地位有了极大的提高，但社会地位、就业机会、薪酬收入、付出成本等方面和男性还有不小的差距，男女的实质平等为时尚远，只有通过偏倚性保护，将是否生育子女的主动权、决定权交由妇女自身衡量、裁断才可能最大程度保护妇女和未来子女权利。

当然，在对刘三妹权利进行偏倚性保护的同时，也不能忽略王小二的生育权。按照学界归纳，目前危及男性生育权的风险主要有如下四类：

第一类风险，刘三妹明知自己没有或者丧失生育能力，婚前未尽告知义务、婚后一直隐瞒，侵害丈夫王小二的生育权。这类风险可以通过人工辅助技术填补。

第二类风险，刘三妹通过隐蔽方式长期避孕，侵害丈夫生育权。此类风险可以通过充分协商解决，问题也不大。

第三类风险，刘三妹怀孕后未经同意甚至不告知丈夫，擅自终止妊娠。此类情形虽然男性无法从法律上寻求帮助，但肯定会影响夫妻感情和信任。赔礼道歉、说明情况，重新达成共识可以有效缓解。

第四类风险，以非法手段损害男性生理健康导致生育权丧失。此类属于严重侵权，只能诉诸法律才能有效解决。

如果上述方案都行不通，王小二的生育权是否就没法保护了？不是。他还有一个终极武器：选择离婚。

当生育子女并不危及生命安全，仅仅是因为刘三妹觉得没玩够、怕麻烦、负担重、影响身材等原因拒绝生养，王小二可以根据《最高人民法院关于适用〈中华人民共和国婚姻法〉若干问题的解释（三）》第9条积极维权：夫妻双方因是否生育发生纠纷，致使感情确已破裂，一方请求离婚的，人民法院经调解无效，应准予离婚。

虽然《民法典》没有明确引用这一司法解释，但在第1079条所列的准予离婚的情形中，因生育权纠纷导致感情破裂显然属于第五种的"其他情形"。由此看来，生不生孩子确实是女方的自由，但可能面临的风险就是感情破裂、婚姻解体、家庭瓦解。

　　最后需要说明的是，婚姻可能只涉及夫妻之间的事，但孩子却是家庭、国家、民族的未来和希望。法律的规定体现了对妇女可贵的偏倚保护，难以撼动，但为了防范离婚等极端后果出现，还应当从司法上、道德上倡导积极生娃，利国利家；同时，还必须通过完善的社会保障措施消除女性生育的后顾之忧。唯有如此，男性生育权的保护范围和力度才能有效拓展和提升，实现真正的男女平等。

第二十集　父母有没有管教权

《民法典》第 1043 条规定，家庭应当树立优良家风，弘扬家庭美德，重视家庭文明建设。

这个条款很容易引起争议，为什么呢？原因有三：

第一，虽然立法用语用的是"应当"，但这显然不是一个强制性规范条款，既没有强制性具体义务内容，也没有对应的法律责任承担，属于一种立法倡导。通俗点说，这不是什么硬性条款，而是一个倡导性条款，是"软法"，一般不会产生实质性调控力。

第二，优良家风、家庭美德、家庭文明之类一般属于道德建设问题，属于道德调整范畴，法律无从亦无须深度介入；

第三，更重要的是，家庭如何建设，是一个家庭的内部自决权，国家不宜干预过多。

从立法技术角度分析，上述观点不是没有道理。但从立法的目的和法律的适用层面考察，这一条款刚好彰显了《民法典》的民族性和时代性，属于可贵的亮点。

从法律调控层面而论，虽然是一个倡导性条款，但法官可以援引此条作为家庭自治的原则性规范，对当事人的行为进行定性、定位，最终转接其他规范性条款作出实体性判决。比如，遗弃、虐待老人显然有违家庭美德，可能导致继承权丧失，等等。

从法律与道德的关系层面而论，良好家风、家庭美德、文明家庭从来都不单纯是道德自觉的产物，而是法德兼治的产物。换言之，和谐美满的家庭不仅仅需要依靠道德的滋养，还必须依靠法律进行矫正、牵引。

从国家与家庭的关系层面而论，中国几千年来形成的都是"家国一体"的治理结构，家是小小国，国是千万家。家国之间在治理目标、治理方式上一直都是互通互动的关系。

以上解读均说明了优良家风入法的必然性和必要性。那么优良家风从何而来？《民法典》又是如何推动优良家风建设的？

这就是我们今天要分享的话题：父母的管教权。

父母和家庭是孩子人生教育的原发点和主阵地。优良家风、家庭美德主要来自父母的管教，来自行之有效的家法、家规，这就是所谓的"家教"。如果熊孩子王小二一身戾气、满脸骄容、抬头怨天、低头骂娘，那就是"没家教"。人见人嫌、鬼见鬼愁，最后成为孤独的另类。

传统家教最重要的目标定位就是培养孩子的"三格"：健全的性格、健康的人格、优良的品格，这既是一种道德品行，也是一种求生保家的技巧，更体现了一种人生智慧。

清同治五年（1866），曾国藩在给弟弟曾国潢的一封信中提到了一个观点：祖先遗产中，最重要的不是家里有矿，有金玉珠宝，也不是什么爵位荣誉，而是家规。凡是家道兴隆、世泽绵远的人家，凭借的都不是一时的官位、爵位、财富，而是依托长远的家规；不是依靠一两个人的暴发，而是靠家规凝聚人心，共同维持。[1]

曾国藩站位高远，见解通透。如果父母放任宠溺，子孙失于教育，就会放浪心性，为所欲为。不仅德行有亏，还会败坏家产，伤人害己。只有通过特定的规则约束人性、人心，子孙才能归于正道，才能有效约束泛滥的人性和无边的欲望，家族也才能打破魔咒，实现财产的有序积累和有效传承。

从法文化层面考察，家法、家规既是人类文明高于其他动物种群的伟大发明，

---

[1]《曾国藩家书》："凡家道所以可久者，不恃一时之官爵，而恃长远之家规；不恃一二人之骤发，而恃大众之维持。"

也是中华文明长盛不衰的隐形密码，更是一个个家族良性嬗递的最强大动力。

如果家族子弟性情乖张、品行有亏，自己丢脸不说，父母全家都会蒙羞。所以，曾国藩在功成名就之后，更加关注家教，认为一户人家的后代是否贤能，百分之六十源于天性，百分之四十源于家教。[1]

家教的源头和动力都在父母，那么传统父母的管教权和今天的管教权有什么历史性变化？《民法典》对此又持什么样的立场？我们从如下角度展开讨论。

第一个问题，父母管教权从何而来。

管教权属于身份权，是传统亲权的有效组成部分。这既是一种自然法上的天然权利，也是法律明确认可并规范的权利。

在成文法上，我国现代的父母管教权有两个来源，一个是《民法典》第26条、第1058条中规定的父母、夫妻对未成年子女享有教育权利，承担教育义务。同时又通过"禁止家庭暴力、禁止家庭成员间的虐待和遗弃"条款对未成年人利益进行保护。另一个来源是未成年人保护法第10条，要求父母或者监护人应当以"适当的教育方法教育未成年人"。只要不构成该法第52条的虐待行为，都应当视为"适当的教育方法"。

这种立法体现了《民法典》的两大时代进步。一是从传统的父权中心过渡到夫妻双方都平等享有管教子女的权利；二是从传统的单向保护家长权威过渡到儿童最佳利益保护为中心。

无论是中国古代的家长权，还是罗马法上的家父权，父权都是最权威的管教权来源。罗马法中，妇女、家子都没有市民法上的人格，属于丈夫、父亲的财产。父亲对待自己孩子享有绝对的支配权，可以打骂、侮辱、抛弃，甚至将孩子卖掉、杀掉。

相比之下，中国古代的父权显然多了一丝温馨，也多了一重硬性约束："父慈子孝"是一种伦理因果，当父亲的要求儿子孝顺没问题，但父亲首先

---

[1]《曾国藩家书·与弟书》："子弟之贤否，六分本天生，四分由于家教。"

得慈爱。要是任性杀掉子孙，不仅要承担道德上的差评，还要承受故杀、擅杀的刑事责任。

第二个问题，父母管教权到底有哪些权利。管教权说起来是权利，但本质上还是权利义务的联合体。就核心层面而论，父母管教权有如下三大类：

首先是管理权。既包括对子女财产的管理，比如，保管子女压岁钱；也包括各项事务管理，比如，充当子女的法定代理人代为处理各类事务。最重要的是对子女的行为进行管理，比如，生活习惯的养成。曾国藩认为，为子女规定固定的作息时间是家教、家规中特别重要的一环。孩子只要不睡懒觉，就会少两样恶习：懒散、傲慢，同时会培养两种很好的品行：勤奋、有礼。

至于孩子读什么书，父母一定得随时关注，因为读什么书，孩子以后可能就会成为什么样的人。郑板桥对韩非子、商鞅、晁错的文章和褚遂良、欧阳询的书法，还有孟郊、贾岛的诗歌评价都很高，但从不让儿子接触学习。有人就问了，你自己喜欢，为什么不让儿子沾边？郑板桥的结论是：论文艺当求公道，论师承就得讲"私"情。韩非子等人的文章刻削，褚遂良、欧阳询的书法孤峭，孟、贾两个人的诗歌寒瘦，孩子学多了，不是孤僻自闭，就是孤傲尖刻，不利于修身养性。

即便孩子大了，父母对交什么样的朋友、缔结什么样的婚姻都还得管。传统家法中，很多家庭禁止孩子和屠夫交朋友，这是不是职业歧视？不是。真正的原因在于，作为特种行业，屠夫身上有两种气：一是杀气，二是狠气，对孩子心性可能会造成严重的负面影响。曾国藩大儿子曾纪泽到了男大当婚的年龄，有钱有势的常家来提亲。但曾国藩认为，常家的儿子经常仗势欺人，家风不正。有这样的哥哥，妹妹也好不到哪里去，于是委婉推辞。

其次是教育权。古代家教中有很重要的一个细节值得我们今天借鉴：教育孩子管理好自己，做力所能及的家务。比如，浦江郑氏极盛时期，族众多达数千人，根据《家范》，早上敲钟，四声钟响，各房子孙都得洗漱完毕，穿戴整齐，向父母问安后，再赶到指定地方。到达后要先签到，然后按照辈分端坐，听家训、背族谱，完事后到指定地点吃早餐。到了家庭大扫除的日子，各有分工，年纪小的抹灰扫地，年纪大的擦拭祭器。这就是"洒扫之礼"，它的目的不在于考察孩子做清洁是否到位，而是为了培育孩子的归属感、责任感，让他知道作为一个家庭成员应该做什么。更重要的效果还在于，孩子从小做家务，还可以涤荡心灵、修养身心、力戒懒惰傲慢。步入社会，自然就会温和有礼、有担当、负责任。

再次是惩戒权。孩子是家的未来，也是国的希望。但孩子就是孩子，一不留神，就变成熊孩子，惩戒权自然也成为管教权的应有之义。

如果孩子不服管教，说破嘴皮都不管用，那就只能通过惩戒矫性正心。传统家教中惩戒有很多种，常见的有叱责、训诲、发誓、记过等，严重的就是限制人身自由，最极端的还可能剥夺生命。

限制人身自由和美国的"计时隔离"教育方式很接近，限制人身自由时间很长，不是美国的几分钟，有的可能长达几个月。宋代大儒胡安国，年少时桀骜不驯、无从矫治，父亲一气之下将他锁进空屋，责令自省。屋子里除了几百个小木块，别无他物。胡安国闲来无聊，就用小刀将小木块雕成各式各样的小木人，一来二去，心气收敛。父亲又将一万卷图书放进去，胡安国很快全部看完，然后折节改志、努力勤学，最后成为一代宗师。①

这种短暂的自由限制不仅能让孩子体会到违背规则的代价，从而积极自我反省，还可以静心澄虑，反思人生的价值和意义。

值得说明的是，古代的管教权伴随父母终身。即便父亲去世，母亲一样享有惩戒权，哪怕孩子已经成人，甚至官居高位或成为亿万富翁。北宋时期的阆中人陈尧咨是文武全才，论文可以中状元，论武射箭百发百中。后来一路高歌，仕途平顺，担任荆南知府，位高权重。但在任的时候，老是炫耀自己的箭术，引来无数点赞。哪知道，回家跟老太太一说，老太太立马让他跪

_____

① 此事不见于正史。出自清人汪辉祖《双节堂庸训》："子弟才质，断难一致。当就其可造，委曲诲成；责以所难，必致偾事。昔宋胡安国，少时桀骜不可制，其父锁之空室，先有小木数百段，安国尽取刻为人形。父乃置书万卷其中，卒为大儒。大宋细桷，大匠苦心，父兄之教子弟亦然。"

下，拿着家法就是一顿猛揍：你爹教育你当官勤政爱民，你成天拿着个破弓炫耀显摆。要是你喜欢杀猪，几年市长当下来，要杀多少猪？对老百姓有什么好处？①

第三个问题，父母管教权与孩子的权利如何平衡。主要涉及以下几对关系：

第一对关系，父母管教权与孩子的生命健康权。按照西方的民法或私法逻辑，孩子具有独立的人格，管教权可以行使，但不得涉嫌虐待。比如，美国有 14 个州承认父母管教、惩戒时的身体强制，但不得出现脱臼、烧伤、骨折等虐待行为。美国侵权法第二次重述中也统一承认了适当体罚的必要性：只要家长认为可以达到管教、训练、教育孩子的目的，就可以采取适当、合理的体罚。但若涉嫌虐待，父母一巴掌扇下去，就可能会扇掉自己的监护权，还可能把自己扇进监狱，更有可能扇出巨额的罚单。

这一点与传统中国有很大的不同。传统惩戒权中多有体罚，常见的是"家法伺候"，罚跪、打手心、掌嘴、杖责、枷锁。唐代李恕《戒子拾遗》中还明确立下规矩：子孙中凡不守家法，外出赌博者，统统砍掉一根手指头！更严重的是，对于作奸犯科、严重危及家族声誉、地方安全的行为，很多家族会采取极端措施，要么让子孙自裁，要么当众敲死，要么活埋，要么浸猪笼淹死。相对人道的叫"丢开"——就是将对犯下抢劫、杀人、绑架、强奸、殴杀父母等重罪的不肖子孙固定在木板上，抛掷江河，随波逐流，生死由天。

这些极端行为与现代法治理念格格不入，严重危及子孙的生命健康权，还危及国家法律的权威性，理应作为糟粕剔除。

第二对关系，父母管教权与孩子的人格尊严。传统惩戒权中有专门羞辱、

---

① 王辟之：《渑水燕谈录·杂录》："陈尧咨善射，百发百中，世以为神，常自号曰小由基。及守荆南回，其母冯夫人问：'汝典郡有何异政'尧咨云：'荆南当要冲，日有宴集，尧咨每以弓矢为乐，坐客罔不叹服。'母曰：'汝父教汝以忠孝辅国家，今汝不务行仁化而专一夫之伎，岂汝先人志邪'杖之，碎其金鱼。"

贬损人格的惩罚措施。如请罪、自贬、押游、共攻、标志、剥落衣妆、去巾等措施。押游是指被押赴游行；共攻是族众代表当面公开谴责、训斥；标志就是在身体某部位烙刻印迹，以别他人；剥落衣妆并非是裸体示惩，而是剥去代表特定身份的冠服。比如，将秀才冠服换成一般的童生服装，以示羞辱。这和今天极个别地方让孩子戴绿领巾很相似，会严重危及孩子的人格尊严，也应当废止。

第三对关系，父母管教权与孩子的人身自由。比如，今天有些"小神兽"喜欢文身、染指甲、戴耳环，喜欢在牛仔裤上挖洞、拉须，认为这是一种独特的审美，是时尚风潮。开放型父母觉得这是孩子的审美自由和行为自由，不会拦阻；但保守型的父母就会认为这是臭美、胡来、乱搞，坚决反对。实际上，只要不伤及身体，不伤风败俗，孩子追求时髦没什么错，没必要大加谴责，严厉禁止。

第四对关系，父母的管教权与孩子的隐私权。小学生王三喜父母王小二、刘三妹翻看孩子的日记、聊天记录、微信对话等，会遭到王三喜的严重抗议，认为侵害了自己的隐私权。实际上，父母如果是出于教育目的而了解孩子心理状况和交友状况，这是父母的知情权和管教权，可以对抗孩子的隐私权。但如果父母拿这些隐私要挟、侮辱、讽刺、打击、控制，在美国就可能构成虐待。

日本在子女教育上最接近传统中国，父母在必要范围内有权自行惩戒子女。但为了更好保护儿童权益，落实联合国《儿童权利公约》，日本在2000年制定了《儿童虐待防止法》，禁止父母凭借孩子隐私实施行为暴力和语言暴力。2019年6月，日本通过了新修改后的《儿童虐待防止法》，新法中加入了禁止父母体罚子女等内容。

第四个问题，国家有必要介入家庭教育吗？中国是联合国《儿童权利公约》的签字国，以主权国家身份承诺对儿童权利进行最大、最优保护。这就直接决定了国家可能会介入并干预父母的管教权。

从文化传承角度考察，传统中国父母管教权从来就没脱离过国家权力的最终保障和监督。古代家族为了避免伤及亲情人伦，也为了防范伤及无辜，一般会将极端处罚权力移转官府，但父母、家族保有送惩权与建议权。

从秦代、汉代以来一直到晚清，父母都享有依法将不肖子孙送交官府处罚的权力，地方官经核实确系亲生且确有不法行为，可依法满足父母的请求；[①] 中古以后，如父母请求官府对子孙施以极刑，官府有权依法允准并执行死刑，这就是所谓"请杀"。现代法治社会，父母送惩权还有所保留，但"请杀"之类的早已被扫入历史深处。

同时，我们还应该看到，传统家族自治体系中，对于子孙的惩戒，特别是涉及严重的逆伦、犯罪，都必须经过家族公议，都有公开、公正的程序限制，绝对不是家长的为所欲为，否则，必然引来官府的强力介入。

这种家国互动的治理模式在我国台湾地区"民法"中还有所体现。该法第1085条赋予了家长对未成年子女的惩戒权，但必须于"必要范围内"行使。同时，该法第1090条规定：如滥用惩戒权，最近亲属及亲属会议应当纠正；纠正无效，可请求法院对未成年人进行紧急安置、寄养等措施，并部分或全部剥夺亲权。由此不难看出，家国互动中，家庭作为自治单元，仍然是主导性力量，国家介入、干预仅仅是一种监督、矫正、补充。

简单总结一下，在中国，父母的管教和孩子接受管教，从来都是一种互动的、双向的身心修炼，只有目标正当、措施合理的管教，才能让孩子成为一个大写的人、真正的人。

所以，古人说，这种"蒙养"，实际上就是"圣功"。

---

① 睡虎地秦简《封诊式》曾有两个案例：一个是父母状告儿子不孝，要求断足后发配蜀郡，永久不得返回；第二例是父母状告儿子不孝，直接要求官府处死。汉代如张家山汉简《二年律令·贼律》："子牧杀父母，殴詈泰父母、父母叚（假）大母、主母、后母，及父母告子不孝，皆弃市。其子有罪当城旦舂、鬼薪白粲以上，及为人奴婢者，父母告不孝，勿听。年七十以上告子不孝，必三环之。三环之各不同日而尚告，乃听之。"

第二十一集 《民法典》如何对待自卫权

《民法典》"人格权编"规定了三个条款，分别是第 1002 条自然人的生命安全和生命尊严、第 1003 条的身体完整和行动自由、第 1004 条的身心健康。[①] 第三次审议稿中，三个条款用的都是"有权维护"。这种立法思路和总则第 181 条正当防卫条款统合后，在民法领域整合出了一种新的权利：自我防卫权，简称"自卫权"。

这是《民法典》的一大亮点，但也是一个争议点。草案公布征求意见过程中，这三个条款引来了个别学者的强烈反对。[②] 核心理由有三：第一，民法上的正当防卫仅仅是一种免责事由，不是民事权利；第二，民法上规定自卫权倡导的是个人暴力，削弱了国家的最终调控力；第三，自卫权不仅会彻底颠覆刑事裁判实践，还会危及国家安全。

上述观点在逻辑上、价值观上都很难站住脚。虽然还不到危言耸听的程度，但混淆视听已绰绰有余。最后，"有权维护"的表述在《民法典》表决稿中被迫转换成了自然人的生命权、身体权、健康权"受法律保护"。

《民法典》应不应当规定自卫权？我们一一回应上述论点，说明自卫权

---

① 《中华人民共和国民法典》草案第三稿三个条文分别表述如下：第 1002 条："自然人享有生命权，有权维护自己的生命安全和生命尊严。任何组织或者个人不得侵害他人的生命权。"第 1003 条："自然人享有身体权，有权维护自己的身体完整和行动自由。任何组织或者个人不得侵害他人的身体权。"第 1004 条："自然人享有健康权，有权维护自己的身心健康。任何组织或者个人不得侵害他人的健康权。"第 1005 条："自然人的生命权、身体权、健康权受到侵害或者处于其他危难情形的，负有法定救助义务的组织或者个人应当及时施救。"

② 梁慧星：《关于民法典分则编纂中的重大分歧》，深圳《歌乐山大讲堂》第 50 期，北大法律信息网，http://article.chinalawinfo.com/ArticleFullText.aspx?ArticleId=110643，2019 年 12 月 20 日。

的必然性和必要性。

第一，自卫权首先是一种自然权利，然后才是一种法律权利；首先是受民法保护的权利，然后才是受刑法保护的权利。

以生命权为例。生命权有三大内涵：生命的维持、自由的保障、尊严的维护。单纯就生命而言，生命具有唯一性、不可逆转性、不可复制性和绝对同质性。由此催生了两大道德原则：每个人的生命绝对平等；任何人无权剥夺他人的生命。进而又催生了相应的行为规则：当自我生命遭遇非法侵害可以采取一切措施进行防卫。

这既是生命哲学，也是道德哲学，两者共同构成了自卫权的正当性内核。举两个例子说明。

第一个例子，如果你遭遇精神病人的疯狂砍杀，怎么办？他有病，你没病，你得先逃、先躲。但如果无从躲避，又不想成为刀下冤魂，唯一的选择是什么？正当防卫。不可能因为他不具备正常理性判断能力就牺牲自己的生命。

第二个例子，如果你遭遇的是正常人的非法侵害，怎么办？一般的行为模式有三种：一是逃跑躲避，尽快脱离危险空间。如果能逃之夭夭，当然万事大吉。但在紧急情况下、有限空间内，你被堵在家里、车里、洞穴，结局不用说，逃无可逃、躲无可躲，只能成为猎物或牺牲品，任人宰割。二是妥协、求饶、配合，事后报警。但这并不能百分之百地保障自我安全，即便可以保住小命，牺牲的可能就是人格和尊严，噩梦、屈辱会相伴终身。三是自卫反击，以命搏命、以暴制暴。这彰显的是自我保护本能和斗争的勇气，也是一种最有效、最直接的自救策略。

比如，昆山反杀案。李小三提着刀威胁要杀王小二，为了阻却违法、为了自保，王小二夺刀杀了李小三。杀人偿命，天经地义。但王小二是正当防卫且无过当情节，所以被免去了刑事责任。

这就提醒我们注意，正当防卫确实是免责事由。但问题的关键是，免责的原因是什么？是正当的自我防卫权。如果不承认自我防卫权，何来正当防卫？还有，正当防卫的正当性基础又是什么？如果缺乏法权基础，"防"什么？"卫"什么？正是因为法权隐含并承认了自我防卫权，才能实现防侵害、卫权利的免责后果。

进一步说，即便法律上不明确规定生命权、身体权、健康权，这些权利在自然法上一样存在；规定了，是向全民宣示，这些权利是民事主体都平等享有的权利。如果民法保护不足，还可以通过行政法辅助，通过刑法兜底，以此增强行为预期，让更多的人面临不法侵害时能勇敢地为自己的权利而斗争。

所以，我的结论是，先有了自卫权，才有了防卫的免责事由；而不是免责事由催生了自卫权，更不能说自卫只能是免责事由，而不是权利。否则，要么逻辑混淆，因果颠倒；要么就是釜底抽薪，毁掉刑法、民法正当防卫的法权基座。

第二，自卫权不是私刑，更不是暴力，而是针对暴力的反击行为，不仅与公权力不冲突，还具有目的的一致性和价值的耦合性。

公法、私法对正当防卫制度设计的基础可能不同，但其本质具有一致性：通过保护私权维护公共安全、社会秩序。在民法看来，自我保护就是最终目的，但客观上可以震慑犯罪；在刑法看来，无数国民私权保护的集合就是公共安全和社会秩序。

不可否认，在公权力暂时缺位的紧急情形下，公法没有也无权剥夺、限缩任何国民自保、自卫的权利。基于治理成本和信息不对称的情况，任何国家都不可能为国民提供持续不间断、有效且有力的保护，国民只能通过自卫权来填补这种短暂缺位所导致的空隙、漏洞，最大限度地避免灾难和不幸，在抵御暴力侵害的同时，以一己之力实现公平正义。这就是民法自卫权行使的必然，也是刑法正当防卫产生的基石。

第三，民法的自卫权不可能危及国家安全。除了目的、价值的一致性外，《民法典》语境下的私人防卫权仅仅针对的是一般自然人的不法侵害，而不是针对国家机关或公务执法人员。同时，中国严格禁止私人持有、拥有枪支弹药或杀伤性武器，所有的自卫都是在紧急情况下的随机防卫，是临时起意，不是蓄意通谋；是个体化维权，而不是集聚性对抗；是小木棍，而不是火箭筒，不可能对国家安全造成任何影响。

此外，自卫权也不可能冲击现有刑事司法体系。以暴制暴只是语言表述，自卫权的本质并非私人暴力，而是遭遇暴力时的防卫与反击。刑事审判就是托举正义的天平，正当防卫无非是刑法出罪要件的认定和适用，是一种选择权重后的理性衡量。

简言之，公权力对于自卫权行使后果的有罪、无罪判断具有终极性和主导性，《民法典》肯定自卫权，传递的话语立场无非是：面对不法侵害，正义之剑从来都有两面锋刃，一面是公权力的适时保护或事后救济；一面是受害者的即时对抗反击，阻却违法、抗击暴力。当法律的天平进行最后衡量时，必须充分考量私权之刃的必然性和必要性。

在西方，关于自卫权有两种理论来源，殊途同归。一种理论叫"自主性理论"。你非法闯入我家，要拿刀砍人，我夺刀反杀，这是捍卫自我和家人的绝对权利。美国的城堡法和不退让法就是典型。所谓"城堡"指的公民的私人空间，包括家里、车里、地下室、工作场所。在这些特定空间里，可以采取一切手段维护自己和家人的生命安全和财产安全。所谓"不退让法"，目前美国有超过一半的州通过了此类法律，指的是当一个人遭遇非法攻击时，没有义务撤退，有权选择就地还击。

另一种理论叫社会—法律秩序理论。不法侵害他人的行为本身就是一种非正义，不仅伤及无辜，还动摇社会法律秩序。所以，自卫权在捍卫自己的同时，也捍卫了法律的正义和既定的社会秩序。

正是基于上述两种认知，西方国家即便没有在《民法典》中规定自卫权，但在刑法中却公开承认国民自卫的权利，刑法最后裁决的不是自卫权有无的问题，而是行使自卫权是否过当的问题。比如，《德国刑法典》就明确规定：正当防卫不违法。1920 年，几个年轻人进入苹果园偷苹果，遭到主人枪击，一人重伤。后来德国最高法院判决苹果园主人无罪，理由就是"正确永远不准向错误让步"。① 这判决涉及防卫是否过当的认定问题，还遭遇了伦理危机，但法官的判决在学界获得了大量的点赞支持，其基本立场就是：正义永远不能屈从于非正义。按照这种标准，不管你侵害别人的利益有多微小，但遭受他人的反制、反击就是咎由自取、罪有应得。

在传统中国，理、情、法三合一是处理一切案件的最高宗旨。其中，天理—人情—国法的逻辑排列就说明，法律不得违背天理，也不得违背人情，否则就是恶法。

从《周礼》时代到《汉律》《唐律》《宋刑统》《大明律》《大清律例》都一脉相承地规定了自卫的权利和法律后果，基本原则就一个：格杀勿论！比如，《周礼》规定，非法闯入住宅抢劫，杀之无罪；《汉律》规定，非法闯入他人住宅、车船，牵引、挟持百姓，格杀无罪；《唐律》规定更明确：夜间无辜闯入人家，非奸即盗，杀之勿论；《大清律例》规定，劫持他人父母妻儿者，可当场殴杀击毙，不承担刑事责任。②

比较中西方正当防卫制度的源流，不难看出，无论民法是否明文规定自卫权，自卫权都受刑法的终极保护。更重要的是，自卫权不仅保护自己，还保护自己的亲人，比如丈夫对妻子的保护、父亲对女儿的保护、成年儿子对母亲的保护。

有读者朋友可能会说，刑法不是有正当防卫吗，哪需要民法重复规定？这实际上涉及两个问题：其一，民法上的权利是根本、是目的，刑法对民法权利的保护是手段、是工具；其二，刑法的正当防卫条款如何实施，并非取决于刑法本身，而是民法如何确证权利。民事权利是因，刑法保护是果。

---

① 转引自蔡宏伟：《正当防卫理论中的国家和个人》，《法制与社会发展》，2017 年第 6 期。

②《周礼·秋官》："凡盗贼军乡邑及家人，杀之无罪。"《汉律》："无故入人室宅庐舍，上人车船，牵引欲犯法者，其时格杀之，无罪。"《唐律疏议》卷十八《贼盗·凡九条》："诸夜无故入人家者，笞四十。主人登时杀者，勿论。若知非侵犯而杀伤者，减斗杀伤二等。"《宋刑统》："无故入室者，有行凶意，急杀之无罪。诸贵夜潜入人家被殴伤而死者勿论"。《大元通制》："凡夜无故入人家，杖八十。主家登时杀死者，勿论。"《大明律》："夜闯入户者，主人亟杀之，不论。"《大清律例》："有犯盗掳人父母妻儿者，立杀之，无罪。"

比如，有学者认为我国刑法第 20 条第三款，也就是正当防卫条款是"冰美人条款"，好看但不怎么好用。为什么？根本原因就在于民法上没有自卫权，而刑法又无从界定民事权利。最终，因为基础权利缺位，刑事司法就只能在"正当"两个字上做文章。做的结果，极有可能就是抽象的正义和理论学说代替实质的正义、个案的正义。

根据中国新闻网报道，温州一男子目睹妻子被强暴，情急之下拿菜刀当场砍死施暴者，法院判定这位丈夫非法剥夺他人生命致人死亡，其行为已构成故意杀人，鉴于强暴者的过错和这位丈夫的自首情节，从轻处罚，判处无期徒刑；再看山东辱母案，儿子为保护母亲免受极度凌辱，杀死、杀伤施暴者，一审被判无期徒刑，剥夺政治权利终身，附带民事赔偿。后来在强大的舆论压力下，终于认定施暴者严重违法，亵渎人伦，于欢被改判有期徒刑 5 年。

同样的案情发生在美国，结局怎么样？弗吉尼亚州一位成年男子情绪失控，将同居女友打翻在地，该女子 15 岁的儿子当场击毙施暴男子。一审法院判处小男孩二级谋杀，招来一片谴责。二审中，陪审团一致认为，儿子都不保护身处危险中的母亲，还指望谁来保护？最终推翻原判决，裁决小男孩属正当防卫，判决无罪并当庭释放。

法律不应当高估好人的所谓理性，更不应该放纵人渣的恶毒罪行。在妻儿面临险境，父母遭遇凌辱，报警太晚，求助无门，只有奋起还击，哪怕同归于尽，也是迫不得已的选择。这是血性，也是公道，不仅在维护人伦，同样是在维护正义！——这就是自卫权产生的必然。

但自卫权作为正义的锋刃，其行使必须恪守法定的尺度和边界，一旦滥用，就可能真的转化为暴力。

按照一般理论和司法裁判经验，实施自卫权应当同时满足如下要件。

第一个要件，只能针对不法侵害行为。有三个要点，一是不能针对合法行为，抗拒合法的行为强制不是自卫权。如果警察按照法定条件和程序要求你放下武器，举起双手，你还有拔枪、攻击等危险行为，极有可能招来的是警方的正当防卫。二是要注意自卫权一般是被动实施，而不是防卫挑拨，主动挑衅，更不是一言不合，拔刀相对的斗殴。三是要区分不法侵害类型。比如摘你两颗桃子，或者辱骂、训斥，一般防卫权足够，不能像德国果园主人那样为了几个苹果射杀人命。但如果面临的是我国刑法规定的抗击行凶、杀人、抢劫、强奸、绑架以及其他严重危及人身安全的暴力犯罪，就可以行使自卫权。

遗憾的是，刑法第20条第三款有些词义表达不明，可能直接影响民法自卫权的行使。比如，什么叫"行凶"？云南一"90后"女子路遇醉酒男子，被拦车、辱骂并发生扭打。该醉酒男子紧随其后锁定住所，当天晚上又手持菜刀打上门来。女子带着水果刀出门查看，再次打斗过程中，女子挥舞水果刀，刺伤入侵者，致其失血过多，抢救无效死亡。后来公诉方指控涉嫌触犯"故意伤害罪"，引起广泛争议。如果媒体报道属实，根据第三款，醉酒男子肯定已经构成行凶；根据《民法典》第1002条，该女性的人身安全已经遭遇严重侵害，即便穿越回西周，判定其正当防卫，也合情合理合法。但公诉方对"行凶"进行僵化解读，直接导致认定偏失。

对于这类案件，笔者主张，一定要设身处地、感同身受，不能咬文嚼字、谈天雕龙。这不是忽略法律的理性，而是要感知理性背后可贵的温度和高度。试想，如果受害人是公诉人的姐妹、母亲，结果又当如何？

第二个要件，对象限定，仅能针对现实的不法侵害。目前学界一般将此条解释为两点：一是不法侵害必须现实存在，不是受害人的想象、揣测。要是一个屠夫手提屠刀走过来，你以为他会攻击你，主动发起攻击，这属于假想防卫。二是自卫权的时间限定，必须针对正在发生的不法行为，一旦不法行为停止、中止，受害人就不得再来个事后防卫。

一般情形下，这种解读没问题。中国古代规定的登时、即时、当场也是遵循这种思路。但最大的问题是，不法侵害可能具有持续性，暂时停下了并不意味着不再发生。有鉴于此，国外刑法一般采用"现实危险说"：如果受害人不及时采取行动排除进一步侵害，就可能导致侵害继续或加重。比如，强奸行为结束，并不意味着受害者就安全了，如果不适时自卫，反而可能被再度摧残、凌辱甚至被杀人灭口。有鉴于此，德、法、日、意等国家的立场很明确：受害者或在场其他任何人杀伤强暴犯，都属于无过当防卫，不负刑事责任。①

换句话说，只要现实危险继续存在，受害者都有权实施防卫。

第三个要件，不能超过适当的强度、限度。关于这一点，学说上有法益均衡说、必要限度说、有效制止说等各种理论，虽然角度不同，但其要旨都归为一点：不过分、不过度。

这标准说起来很明确，实际上很模糊，三种学说都是以适度理性或损害后果作为判断受害人自卫行为是否过当的基础。这观点看似没错，但问题在于：适度理性的适度标准又是什么？当生命遭遇危机能不能拿理性标准衡量受害人行为？

在讨论一起正当防卫案中，美国大法官霍尔姆斯曾说过："在举起的刀子面前，不能强迫要求超然冷静的思考。"实际上，自卫权基本上是在刺激—反应链条中发生，一般国家虽然没有放弃理性判断标准，但更注重的是受害人的心理承受底线及其行为反射。比如，英美法系一般采用正常人的合理、理性标准，如三更半夜有人突然翻窗进入你的卧室，你受到恐吓、惊吓，本能地进行防卫，杀死、捅伤入侵者，这是正常的，也是正义的。大陆法系国家如德国、日本、韩国都有类似的规定：当受害人的生命、身体、贞操面临现实危险，因为恐惧、惊慌、激愤、兴奋、狼狈等心理做出应急反应

---

①《意大利刑法典》第52条规定："为了维护自己或他人的权利免遭非法侵害的现实危险而被迫实施行为的，只要其防卫行为与侵害行为相对称，不受处罚。"《日本刑法典》第52条规定："面对非法侵害的现实危险，为保护自己或他人权利免受侵害而被迫实施行为的人，在防卫与侵害相对称的情况下，不应受到处罚。"

而造成伤害，不承担刑事责任。[1]

按照这一标准，无论是昆山反杀案，还是山东辱母案，抑或温州杀死强奸犯案、丽江女子自卫案，都应当归位于行使自卫权，属于正当防卫。

不管《民法典》怎么表述自卫权，捍卫生命、自由、尊严，都是人的本能需求和自然权利。认可自卫权，不仅能有效捍卫国民的权利，也能有效阻却违法犯罪，最终实现自然正义和法律正义。

---

①《德国刑法典》第33条："防卫人由于惶惑、害怕、惊吓而防卫过当的，不负刑事责任。"日本《盗犯等防止和处分法》第1条第二款规定：在第一款规定的盗犯场合，"虽然不是对自己或他人的生命、身体或贞操有现在危险，但是，由于行为人恐怖、惊愕、兴奋或狼狈至于当场杀伤犯人时，不处罚。"日本《改正刑法草案》第14条第三项："（防卫行为超越其程度时）其行为系因恐怖、惊愕、兴奋或惊慌失措所致，而不能非难行为人时，不处罚。"《瑞士刑法》第33条第二项："因过于激愤或惊慌失措者，不处罚。"《韩国刑法》第21条第三项："如其行为系在夜间或其他不安状况下，由于恐怖、惊愕、兴奋、或慌张而引起者，亦不处罚。"

第二十二集　揭"丑"有底线吗

　　今天我们讨论的话题是：揭"丑"有没有底线？题目中的"丑"我们打了引号，为什么？因为揭"丑"既包含人类探寻真相的本能冲动，也是寻求正义的社会能量。但这种冲动和能量就是一柄双刃剑，既可以刺破黑幕、铲除奸恶，也可能伤及无辜、祸害平民。

　　从民法层面而论，揭丑必然涉及人格权和个人信息权保护与社会正义维护的对立和博弈。按照《民法典》的制度设计，自然人的个人信息和隐私、名誉等权利受法律保护，任何组织和个人不得侵害。但揭丑就意味着揭示、公开、批判，必然会冲击到个人权利。

　　两者之间如何协调？为有效解决私权保护和社会监督的矛盾，《民法典》第 999 条规定：为公共利益实施新闻报道、舆论监督等行为的，可以合理使用民事主体的姓名、名称、肖像、个人信息等；使用不合理侵害民事主体人格权的，应当依法承担民事责任。

　　这个条文实际上划定了私权保护和社会监督的互动边界和原则：私权保护不得排除社会监督，以个体人格权对抗主流社会的道德批判；但社会监督也不得超越边界，危及个体隐私权及其他人格权。

　　为什么如此规定？因为社会监督范围太广、手段多元、影响力巨大，稍不留意就会越界、越轨，对个人造成不可逆转的损害。特别是当今时代，除传统媒体外，微博、微信、抖音、快手、Vlog（视频博客）已经组成了强大的社会化媒体矩阵。任何敏感、热门信息一经发布，都会以闪电般的速度传播并产生共情效应，引发热点追踪、"人肉搜索"、多元评论。稍不留意，像"故宫奔驰女"那样炫一炫车、像某小伙那样拼一拼爹、像某女士那样晒一晒包，都会引发舆论井喷，甚至形成舆情，伤人伤己，害了亲爹还搭上干爹。

我们以北宋王安石为例，看看揭"丑"引发的舆情有多大的威力。

王安石锐意改革，勇力前行。但改革就是一种资源的再分配，必然触动原有的利益格局。于是王安石遭遇了前所未有的阻力和障碍，连皇帝都畏首畏尾，没有信心。关键时刻，王安石拿出了"墙角数枝梅，凌寒独自开"的勇气和毅力，劝勉皇帝绝不妥协。他果决地提出了"三不足"给皇帝打气加压：天变不足畏，祖宗不足法，人言不足恤。即老天冬日打雷、春花秋天开放，那就是气候反常，不足畏惧；祖宗的法只能解决祖宗的问题，不可能解决现实的问题，变一变是与时俱进、咸与维新，不能守着老规矩还指望新格局；任何改革都会触动利益，公说公有理，婆说婆有理，鸡一嘴鸭一嘴，谁都有讲不完的道理，最好的办法就是：不管公母，不管鸡鸭，统统不理不怕。

纵观中国历史，主导改革的人一般没好下场，比如，王安石之前的商鞅被车裂；之后的张居正被抄家，还差点被扒坟掘墓。但王安石除了被罢官，基本没受到其他什么打击。为什么呢？因为他人品还是过硬的，属于典型的"三不"好男人：不爱钱、不爱官、不爱色。

但品格高未必就代表性格好，王安石的执拗、偏激、一意孤行同样出名，所以官居宰相的时候得了个绰号"拗相公"；另外，改革的动机好也未必就代表结果好。王安石的改革是要富国强兵，结果自然就会从老百姓口中夺食，还得派定兵役，赶印钞票。这就不太得人心了，必不可避免地遭遇来自民间、官场的两面夹击。他的政见政策、学术观点，甚至饮食偏好、行为举止、衣着打扮、家庭隐私被全方位地以揭"丑"的方式公之于众。

比如，他的《字说》爆红一时，成为天下读书人人手一本的必读书。但《字说》理论一如王安石的性格，执拗、偏激，很难自圆其说，有的还荒诞无比。比如，他解释"波"，非说是"水之皮"，看似挺有创意和诗意。但大才子苏东坡就调侃道："按相公的理论，那'滑'肯定就是'水之骨'了！"他解释"鲵"，一口咬定就是大鱼产下的小鱼崽子。苏东坡一听，就戏弄他说："如此说来，请教相公，斑鸠的'鸠'该做何解？"王安石迟疑半天，难以决断。苏东坡说，按照相公的词汇学理论，也好解释，《诗经》有云："尸鸠在桑，其子七兮。"——一对斑鸠生七个，加上爷娘老子两个，不就九只鸟了吗？王宰相当场老脸暗红，气结心塞。

到了民间话语场，就没有了苏东坡的和缓、幽默。各种流言、谣言、谎言、寓言次第传播，通过扭曲、添加、放大、想象、影射的方式曝家丑、揭老底。王宰相明明不贪色，还给老婆明确表态：一个壶一个盖，这辈子就咱俩了。但江湖谣传，非说他老牛吃嫩草，娶个貌美如花、芳龄十八的小老婆。而这小老婆还和手下仆人不清不白，绿了宰相大人一头"草原"。王宰相只能打掉血牙肚里吞，只好暗中成全这对小年轻，成了"宰相肚里能撑船"典故的男主。明里说他度量大、胸襟宽，暗地里射冷箭、泼污水，讽刺污蔑他雄风不振、家风不正。

到了后来，富国贫民的改革定位和强势的业绩考核不仅让官员处于水深火热之中，也搞得百姓叫苦连天、哭爹叫娘，王宰相迎来了严重的舆情危机。民间、官场联手打造舆论平台，王安石不仅被标签化，得了个"拗相公"的绰号，还被民间污名化。小老婆红杏出墙的段子，成为老太太、小媳妇屋前房后、炕上灯下娓娓而谈的笑料；传说中百姓还将自己家里养的鸡、猪都叫"拗相公"，不仅要宰杀，还要烹而食之。

号称"人言不足恤"的王安石在强大的舆论面前节节败退，后来上书辞官，不得不向皇帝哀叹：人言可畏。

王安石身居高位、性情执拗，从"人言不足恤"的惊天豪气到"人言可畏"的垂头悲叹说明了什么？说明了舆情的强大杀伤力。王安石的失败，归根结底不是因为政敌的排斥，而是因为舆情的推动、传播产生了强大的挤压力，迫使其退避三舍、隐居半山。

也就是说，不管你的位置多高贵、理想多高远、性情多高傲，面对铺天盖地的舆情，"三高"都可能变成一摊狗血、一地鸡毛，无从收拾。

王安石的个案还说明了另一个问题：舆情可能以揭"丑"的方式嵌入每一个人的生活，刺破"家丑不可外扬"的隐私空间，突破"打人不打脸、骂人不揭短"的道德边界。既可以像苏东坡那样以讽刺、嘲谑的委婉方式矫正偏失、劝勉改过；也可能通过想象附会、胡编乱造贬损人格、误导民意。

所以，我们题目中揭丑的"丑"字我打了引号。因为所谓"丑"既可能是事实，也可能是想象。比如，"宰相肚里能撑船"纯粹就是民间的想象，文彦博、富弼、吕蒙正、韩琦都曾经被演绎进这种文本，当了男主，这既可能是善意的嘲谑，也可能是恶意的攻击。比如，苏东坡轻风细雨的反讽代表了善意，而"拗相公"被动物化就是恶意，这既可能是道德上可谴责的假丑恶，也可能是被扭曲的真善美。比如，王安石"三不贪"的真相后来被民间掩蔽，代之而起的就是栽赃、诬陷、诽谤，以想象的文本建构标签，将王宰相变形为"萎人"。

从追寻社会正义层面而论，揭丑是必需的。20 世纪 30 年代初期《纽约先驱论坛报》的主编斯坦利·沃尔克曾经将新闻定义为 3 个"W"：Women（女人）、Wampum（金钱）和 Wrong-doing（丑闻）。这三点确实是吸引眼球、驾驭好奇心的热点问题，也是斩绝丑恶的锋利宝剑，后来掀起了轰轰烈烈的"扒粪"运动，推动了美国民主与法治进程。

普利策接办《世界报》以后，宣告以真实诚恳的态度为人民的利益而奋斗，揭露一切诡计和无耻，抨击一切社会罪恶和弊端。

按照普利策的观点，揭丑的功能体现在如下几方面：

第一，表达自由意志。任何人对不法、非道德行为都可以路见不平一声吼，这是社会正义实现的有效途径，也是民众表达自我主张的快捷方式。

第二，保护公众知情权，凝聚社会责任感。"故宫奔驰女"为什么引发网怒？浅薄的炫富心态大众都还能容忍，大不了喷喷口水、嗤之以鼻，但挑战规则、炫耀特权不仅暴露了自身素质的严重低下，还涉及公共管理部门的漏洞缺失，更挑战了故宫作为历史文化古迹背后隐藏的民族情结。照片流出，必然刺激网民的敏感神经，舆情的线性流程瞬间被激活，经过意见整合，形成利益关联，倒逼管理部门积极响应，维护公信力，提高透明度。

第三，伸张社会正义，化解社会危机。食品安全一直是难以根治的社会问题，媒体方阵勇敢揭丑，地沟油、毒奶粉、苏丹红鸭蛋、荧光粉蘑菇、敌敌畏韭菜、双氧水泡菜最终撤离老百姓餐桌，不仅伸张了正义，化解了信任危机，还为国民的健康之路垫上了法律基石。

简单归结起来，无论是正规媒体，还是自媒体，都是通过舆论平台揭开黑幕、展示丑恶，形成了暴露—批判—矫正的良性循环，以此推进公平正义。

但在追求社会正义的同时，我们还必须注意到，揭丑必须涉及具体的人物、事件、过程、利益关联点等信息，一经曝光，就可能上升为公共事件，成为万众瞩目的焦点、热点，可能会对民事权利产生冲击力甚至毁灭力。所以，从民法角度来看，揭丑是必需的，但得有个前提：注意边界，不能因为揭丑而危及自然人的隐私权、名誉权。

前面说过，在揭丑的问题上，社会正义和个体权利会发生尖锐冲突，要实现利益平衡，就必须处理好法律与道德、表达自由与人格权保护、公共利益与私人利益三对关系，而这三对关系延伸出来的就是揭丑必须恪守的五大原则。

第一个原则，目的的正当性。主要指两点：一是揭丑必须确保公益目的；二是揭丑不存在主观恶意。揭丑必须是为了捍卫公认的道德准则和法律正义，是为了揭示真相、暴露丑恶，而不是因为鸡零狗碎的个人恩怨或基于非道德目的妄行披露隐私，肆意攻击人格。

除了公共媒体和自媒体，文学作品一样可以揭丑，基于文本的特殊性和表达的自由度，文学作品可以通过影射、暗讽、隐喻等手法更好地达到揭示丑恶、弘扬正气的目的。比如，清末的谴责小说、鲁迅的讽刺小说，很多情节都是根据真人、真事勾勒而出，若有心查证，很容易对应出所批判的对象是谁。有人对曾朴的《孽海花》做过统计，影射的近代名人极多。但正如鲁迅评价《儒林外史》所说，这些作品都是"秉持公心，指谪时弊"，是对士林官场不良习气的针砭和揭露，自然谈不上侵权。

第二个原则，"丑闻"的真实性。这也涉及两个方面：一是所披露的必须属于丑闻；二是披露的事实必须客观真实。如果将别人的隐私当丑闻，还添油加醋、合理怀疑、自我推定，那就不是揭丑，而是嘴贱找抽，侵害别人隐私权、名誉权，不仅要承担民事责任，还可能承担刑事责任。1986年，有人在公开出版发行的文学期刊发表小说《太姥山妖氛》，用真实人名和地名，虚构的情节和故事，对死者进行人身攻击，后来，该作者被法院定性为诽谤罪，判处有期徒刑一年。

也就是说，文学作品可以畅想、可以虚构、可以影射、可以反讽，但不能坐实指明；否则，文学的"诗性正义"就可能遭遇法律正义的阻却和限制。

第三个原则，对象的可容忍度。揭丑一般针对的是公众人物或知名人物，作为社会精英，这一群体有义务率先垂范、净化风气、自律自爱，实现对公众的正向引领。如果今天和女明星劈腿，明天和女下属开房，后天还胡吃海喝、聚众豪赌，一旦被曝光、被"人肉搜索"、被查处，这就是咎由自取。

换言之，社会监督更多的属于道德监督，本身就意味着克减特定公众人物的隐私权、名誉权，以保证官员的廉洁公正。1964年发生的"《纽约时报》诉沙利文案"，美国联邦最高法院确立了一项规则：除非政府官员能够"明白无误地和令人信服地"证明有关陈述带有恶意，否则，就算媒体上发表了有关该政府官员行为有关的诽谤性谎言，该官员也不能因此得到补偿。

第四个原则，适度，揭丑不能超越法定限度。按照《民法典》第999条的条文表达，媒体在曝光相关事件的时候，可以使用所涉人员的姓名、肖像、个人信息，但其前提是"合理使用"，不能滥用，更不能危及隐私权、名誉权等人格权。某地执法人员将卖淫嫖娼者强制押行游街，还理直气壮地说："反正死不要脸，就让你彻底不要脸。"这种逻辑不仅导致越权执法，还对自然人的名誉权和人格尊严造成难以弥补的损害。2020年新冠疫情期间，相关执法人员对违规群众捆绑示众、扇耳光、迫使打麻将的无聊人员抬麻将桌游街十公里，执法人员还手拿话筒一路"声讨"，显然是过度执法，严重侵害这些人的健康权、隐私权、名誉权。

第五个原则，妥当性。所谓妥当性不仅包括合法性，还包括道德上的正当性。从合法性层面考察，如果获取丑闻证据涉嫌侵权，比如，通过跟踪盯梢、黑人电脑系统、监听手机通话等非法手段获取，虽然不影响在媒体上的表达自由，但如果遭遇诉讼，则很难成为呈堂证供，最终会被判侵权。

从道德正当性层面考量，揭丑固然是为了揭示真相、宣示罪恶、讨伐不公，但不能突破道德底线。比如，不得株连无辜，这不仅是揭丑的法律底线，更是揭丑的道德持守。如果采访丑闻事主未成年子女并曝光姓名、所在幼儿园地址、班级，甚至暗示事主子女并非亲生，而是替"隔壁老王"背锅顶缸等，不仅违法，而且缺德，不是揭丑，而是网暴。如此施为，激活的不是正义感、道德感，而是可怕的窥私欲、暴露狂。

上述五大原则可以有效调适社会正义的实现和个人权利保护可能出现的冲突，将揭丑行为控制在法律的边界内，最大限度地保护自然人的人格权。

一句话总结：揭丑势在必行，抹黑断不可为。

最后，需要特别说明的是，揭丑绝不是曝光他人隐私。和西方近代以来个体主义哲学倡导的斗争性人格不同，传统中国注重的是团体主义，倡导的是参与性人格。强调的不是酸爽辛辣、一针见血、一剑封喉、一撸到底，而是以"仁""和""忍""恕"为根本，宽容宽恕、隐过包荒，培育的是一种推己及人的公共理性和私人道德。对于他人隐私，父祖辈都会教导子孙八个字："耳可得闻，口不得宣"——耳朵听没问题，但要管住嘴，不得泄露宣扬。这不仅是一种涵养，更是一种智慧。

第二十三集　家丑真的不可外扬吗

2020 年新冠疫情期间，有位武汉老人被治愈后由社区工作人员送回家中。出人意料的是，老人的儿子、儿媳不仅没有感谢感恩，反而拒绝接纳老人归家。视频流出，引发网络热议和责骂讨伐。当儿子的受不了，认为这是自己的家务事，其他人没有权利干预，更没权利曝光，否则，就是侵害隐私权。

这确实是家事，但也是家丑。"家丑不可外扬"是中国古老的伦理传统和道德法则。近代以来，个人自由兴起，家长权衰落，家族联盟断链，个别人的极端行为已经明显超越道德边界，也引发了道德舆论的广泛、深度介入。

家丑构不构成隐私？社会公众有没有权利进行道德批判？《民法典》持何种立场？有没有具体法条予以规制？这就是我们今天要讨论的主题。

《民法典》第 1043 条将"树立优良家风，弘扬家庭美德，重视家庭文明建设"写入法典，所以又被称为"家风条款"。这个条款是《民法典》的一大亮点，也是一大热点。

为什么说是亮点？因为本条款积极回应了现实需求。现代家庭生活中，有些家庭家丑不断，傍老、啃老还觉得天经地义，辱骂父母、家暴妻儿认为理所当然，婚内出轨还说是追求爱情和自由，不以为耻，反以为荣。这些社会现象的根本症结就在于家庭内部治理出了问题，家教不严、家风不正。

为什么本条会成为热点？因为本条涉及三对关系，直接决定了这一条款的实效性、可操作性。

第一对关系，倡导性规范与强制性规范。按照语义学解释，立法用语中的"应当"有两种解读：一种属于倡导性规范的"最好如此""理当如此"，也就是德国学者所谓的"应该的规定"；一种属于强制性规范，属于"必须如此""务必如此"的规定。①

本条显然属于倡导性规范。随之而来的问题就是倡导性规范并非裁判规范，不能作为法官据以分配权利义务和责任的依据，也不受国家强制力保障，还不具备可诉性。上述案件中，儿子、儿媳拒绝老人归家，肯定违反了上述条款，但能不能直接用本条起诉？显然不行。因为倡导性条款不具备强制执行力。同样，本条第二款规定，良好家风的首要规范就是夫妻之间互相忠实，一样属于倡导性规范。忠贞义务直接援引了原婚姻法第 4 条，仅仅是一种软性的原则性规定，而不是刚性的行为约束。只能依靠当事人道德感、自制力自觉履行，无法要求强制履行。所以，王小二出轨，妻子刘三妹诉请法院强制要求王小二赔礼道歉、改邪归正、回归家庭，法院该怎么办？没法办。按照《最高人民法院关于适用〈中华人民共和国婚姻法〉若干问题的解释（一）》第 3 条规定，当事人仅以婚姻法第 4 条为依据提起诉讼的，人民法院不予受理；已经受理的，裁定驳回起诉。

简言之，这类倡导性法条不仅没有执行力，还没有可诉性。

所以有人说，家风条款中看不中用。就像当年把"常回家看看"写进老年人权益保障法，立法动机很好，但王小二就不回家探望老爹，当爹的怎么办？无非就是瞪眼、吹胡子、甩拐杖。

第二对关系，道德义务与法律义务。为什么这类倡导性条款没有执行力，也没有可诉性？因为家风建设本质上属于道德义务，《民法典》将其提升为法律义务。想当年，"常回家看看"上升为法律义务，有人就吐槽说，立法的良苦用心固然可感可嘉，但这些软法入法，不仅没用，还会冲击"有法必依、执法必严"的法治精神。

---

① 参见王轶：《论倡导性规范——以合同法为背景的分析》，《清华法学》2007 年第 1 期，第 74 页注释 31。

这实际上是一种误读。怎么处理家事、家丑，确实属于家庭自决权，也构成家庭隐私，一般只能通过道德教化、家规约束、伦理惩罚等方式处理。但当家丑严重到危及基本人伦，甚至涉嫌遗弃、虐待、家暴时，不仅社会舆论有权介入，法律还会介入，从而进行兜底保护。

法律介入有两种路径，一种是民法。这个时候，《民法典》的家风条款就会正式发挥作用。法官可以引证这一行为规范，转接第 1042 条的禁止性条款：禁止家庭成员间的虐待和遗弃。最后判定其行为违法，如拒不道歉、死不悔改，就可能引发适用第 1125 条，因遗弃父母被剥夺继承权。[①]

另一种是刑法。按照目前情形，武汉老人的儿子、儿媳已经构成遗弃，涉嫌犯罪，按照刑法第 261 条，一旦老人自诉，儿子、儿媳就可能面临 5 年以下有期徒刑、拘役或者管制。[②]

也就是说，所谓家丑一般是因为违反伦理义务引发的家庭内部纠纷，家风条款的作用是价值引领和行为示范。首先是进行道德的正向引导，相当于指路牌、风向标；其次是提示、督促，要求当事人自觉合理履行道德义务；最后就是法条转接、统合，结合其他强制性条款进行强力规制。

由此看来，家风条款不是摆设，不是装饰，而是一种价值牵引。如果自觉遵守，自然和平无事；如果拒绝履行，就会引发倡导性规范与强制性规范的有效互动，最终产生实体法的规范功能。

这种软性条款最大限度地缓和了法律义务和道德义务的紧张关系，防范法律，特别是公法对家庭事务的过度介入和强力干预，为家庭自治提供更大空间。简而言之，家风条款有利于正向引导家庭治理，将家丑置于家庭内部，由当事人自我调适、矫正。唯有如此，才能最大限度地维护人伦、保护家庭。否则，老人一开始就以遗弃罪提起诉讼，儿子、儿媳肯定会受到法律

---

① 《中华人民共和国民法典》第 1125 条："遗弃被继承人，或者虐待被继承人情节严重的，丧失继承权。"

② 《刑法》第 261 条："对于年老、年幼、患病或者其他没有独立生活能力的人，负有扶养义务而拒绝扶养，情节恶劣的，处五年以下有期徒刑、拘役或者管制。"

的严惩，但随之而来的后果更严重，那就是父子感情破裂、人伦崩溃。

这就是传统"家丑不可外扬""清官难断家务事"的原因所在，也是家风条款的价值所在。

第三对关系，传统文化与现代文明。在传统家族治理中，如果家风不正、家教不严引发家丑，首先遭遇羞辱的是家长、族长，不仅自己名誉扫地，还会遭受官方的训斥甚至处罚。所以，各大家族都会在家法家规中对子孙行为进行正向引导、强力矫正，防范非道德、损名誉事件的发生。比如，民俗中很多家族对于逆伦、忤逆、作奸犯科的子孙都享有初级审判权，将殴打父母、强奸杀人、放火抢劫的族人当众杖毙或者责令其自杀谢罪。

民俗那强大的道德力量和矫正机制催生了良好家风和家庭文明，维护了传统家族的稳定。家风条款继承的正是这种道德习俗。有朋友可能会质疑，都 21 世纪了，都依法治国了，道德、伦理还有什么用？

前面我们说过，对于家庭事务，徒法不足以自行，甚至法律都是后位的补充，走在最前列的永远都是伦理和道德催生的习俗。只要家庭还存在，良好家风就是一个家庭、家族生存和发展的最强大推力和动力，无论是过去，还是未来，概莫能外。

举个例子。珠三角的金猪是一道炫丽的美食，是一种喜庆的象征，但也是揭露家丑的民俗表达。按照习俗，新娘子过门后，三天后回门。过门是新郎迎娶新娘到夫家，回门是新娘先回娘家，新郎带领亲朋好友后面跟随，感谢岳父、岳母、大舅子、小舅子。

回门仪式有一样东西必不可少：烤猪。烤好后还要贴上金箔，拴上红绸，所以又叫"金猪"。这是新娘家翘首盼望的礼物。为什么呢？如果回门礼物中少了金猪，新娘家就会无地自容：有金猪，就代表新郎迎娶的是黄花闺女；如果没有，就代表新娘结婚前不守妇道，这无疑是一种公开的羞辱。更可怕的揭丑，是虽然有猪，但是被扒了皮，还砍掉了猪尾巴，这是对新娘不守贞操的最严厉谴责，是奇耻大辱。除了离婚，别无选择。

当然，更多的是喜气洋洋，丈母娘会留下猪头，将猪尾交给女婿带回家，隐喻"有头有尾"——我家姑娘清清白白，你也得一辈子坦坦荡荡，两口子恩恩爱爱过上一辈子。

这种习俗的仪式表达既可以是对守贞的赞美，也可以是对失贞的谴责。其作用很明显：倒逼养女儿的家庭重视家风、家声，否则，家丑外泄，不仅关系到一家的名誉，还关系到女儿的终身幸福。

什么是家丑？哪些家丑不能外扬？揭露家丑在道德上、法律上有哪些限制性条件？

所谓家丑，概括而论，就是指家庭内部发生的、不愿为外界所知悉的负面、私密事件。

可能危及到家风、家声的主要有如下三类：

第一类，亲子关系之间。比如，王三喜叛逆期偷家里的钱买游戏卡，打赏网红主播，这类行为说出去可能就是家丑，是因为父母王小二、刘三妹管教不严，所以儿子不学好。但小二、三妹很理性，不会张扬，自我反省后，会进行有效沟通，正向引导，让三喜意识到错误并且改正。

第二类，夫妻关系之间。这是最隐秘的角落，除非当事人自愿曝光或报警，其他人，包括警方都不能主动介入。

前两年，某明星在微博上自曝"家丑"，宣布妻子出轨并决定起诉离婚。其妻子也不甘示弱，起诉丈夫泼污水，侵害了自己的名誉权。不到两个月，妻子出轨、明星离婚成为热门新闻，阅读量累计达到 116 亿，参与讨论的人数达到 349 万。有个帖子大骂奸夫淫妇，请求点赞，于是，成千上万的点赞瞬间蜂拥而至、汹涌而来。

这是典型的家丑外扬。在男主看来，头顶"草原"（绿帽）带来的屈辱和痛苦迫使他发泄、宣泄，以寻求道德支援，寻求法律公正裁决，这情有可原，也无可厚非。但客观而论，自曝家丑，从来不会有赢家：夫妻感情破裂势在必然；父母双亲被别人指指点点；带给未成年儿女的身心伤害和对未来成长产生的消极后果难以估量。

男主的冲动事出有因，但整个事件中最值得留意的是社会舆论的介入热情和力度。不可否认，绝大多数评论者是通过道德谴责维护夫妻婚姻的纯洁性，这属于正常的道德评价。但绝不能忽略另外一种情形，上亿人的关注中有一批人的动机是可疑的。他们的参与可能与匡扶正义、维护道德没什么关联，纯粹是为了猎奇心理甚至满足窥私欲，折射的刚好是对婚姻和道德的群体性焦虑。

　　这种舆论狂欢最终可能裹挟当事人，让其无法自拔、无力脱身，还会引发对其本人和家庭的次生灾害。这就是"家丑不可外扬"的内在原因，不仅仅是为了保住脸面，还是为了避开更大的风险。

　　所以，笔者主张，对于这类家丑，最好还是不外扬为妙，低调离婚、淡定离场。毕竟，你泼别人一身猪血，别人也会咬下一嘴狗毛，伤人、伤己、伤父母，还连累孩子，实在不值得。

　　但另一类发生在夫妻之间的家丑是否能够外扬，就显得更为复杂。这就是所谓婚内强奸。按民间说法，夫妻之间床头打架床尾和，夫妻没有隔夜仇，但夫妻之间的性暴力确实存在。传统女性一般考虑的是道德和伦理，选择隐忍和原谅。理由很简单：第一，这是家丑，绝不能外传；第二，好歹一家人，还得在一起过日子。但新时代女性不同了，更多考虑的是拿起法律武器，捍卫自己的性自主权。

　　但法律对这类家丑是否就有求必应？未必。《最高人民法院关于适用〈中华人民共和国婚姻法〉若干问题的解释（一）》将这种行为定性为"家庭暴力"，即便到了刑法领域，一般也是以故意伤害罪、虐待罪论处，不会涉及婚内强奸。

　　零点调查集团2000年就婚内强奸主题对京、沪、穗三地939名18—35岁的城市女青年进行调查，两组数据很有趣：第一组数据是近70%的受访者承认有"婚内强奸"现象存在；同样有70%的年轻女性赞同通过法律手段遏制"婚内强奸"。第二组数据，当真正遭遇婚内性暴力，采取报警求助的比例是多少呢？4%！

之所以说这数据有趣，是因为年轻女性的观念和行为反差太大：观念特别先进，行为特别保守。

为什么会出现这种情形，是不是法律无法提供救济？应当不是。虽然《民法典》和此前法律并没有单独规定婚内强奸，但民法对人格权的保护相当明确、具体，刑法对强奸的要件也规定得清清楚楚。同时，司法案例中早就有婚内强奸的个案，山西省长治市壶关法院、上海浦东新区法院十多年前都有此类判决。

唯一的解释应当是，现代女性和传统女性都秉承了同样的道德、伦理立场，一是认为家丑不能外扬，二是为了保全婚姻。这也是目前国内法院即便承认并判决婚内强奸，也是慎之又慎，最多也是判缓刑的真正原因。

但如果王小二、刘三妹感情确已破裂，无法弥补，且刘三妹已经提出离婚，不管法院判决是否离婚，离婚判决是否生效，王小二都不能实施性暴力；否则，面临的就不是故意伤害或虐待，而是真正的强奸。这也不再是单纯的家丑，而是严重的刑事犯罪。

第三类，亲属关系之间。《民法典》起草期间，有一个问题在学术界和实务界引发了激烈的辩论：直系姻亲之间能否结婚？

所谓直系姻亲，是指以婚姻关系为中介而产生的亲属关系。大致范围有三种，分别指血亲的配偶、配偶的血亲、配偶血亲的配偶。目前争议最大的直系姻亲结婚有两种：公公娶儿媳，女婿娶丈母娘。

纵观全世界的法律，除苏格兰允许直系姻亲结婚，2013年欧洲人权法院裁决英格兰、威尔士地区禁止姻亲结婚违法外，其他国家和地区一般认定这不仅是家丑，还有伤风化，都坚守同一个立场：禁止结婚或有限禁婚。

我国台湾、香港、澳门三个地区都严厉禁止直系姻亲结婚。① 其中台湾地区"民法"不仅规定直系姻亲、五等亲内不同辈分旁系姻亲不能结婚，还特别规定，即便亲属关系终结，也不能结婚。

我国此前的婚姻法和《民法典》第1048条都不禁止直系姻亲结婚。于是近年来公公娶儿媳、丈母娘嫁女婿的怪象渐渐出头，婚姻登记机关如不登记，还可能被告上法庭。有部分学者认为，基于法不禁止皆自由原则和婚姻自由原则，应当允许其结婚。

但更多的人选择直系姻亲应当禁婚，笔者赞同这一观点。为什么？

第一，直系姻亲结婚违背伦理法则，不是喜事，而是丑闻。不仅乱伦乱辈分，还严重影响利害关系人的精神安宁，危及其名誉权。单纯就辈分、名分而论，王小二和刘三妹结婚后生有一子，取名王三喜；后来离婚，儿媳嫁给公公，生下一子叫王一大，请问王一大和王三喜之间是什么关系？

---

① 我国台湾地区"民法"第983条规定以下亲属为禁婚范围：（1）直系血亲及直系姻亲。（2）系血亲在六亲等以内者，但因收养而成立之四亲等及六亲等旁系血亲，辈分相同者，不在此限。（3）旁系姻亲在五亲等以内，辈分不相同者。关于直系姻亲结婚之限制，于姻亲关系消灭后，仍然适用。关于直系血亲及直系姻亲结婚之限制，在因收养而成立的直系亲属间，于收养关系终止后，仍然适用。

香港1970年《婚姻条例》第27条中规定：凡婚姻有血亲关系或姻亲关系的，其婚姻无效。具体而言，结婚的男女双方不得为二亲等以内直系血亲、一亲等以内的拟制直系血亲、三亲等以内的旁系血亲以及二亲等以内的直系姻亲。男方禁婚亲属为：母亲、女儿、祖母、外祖母、孙女、外孙女、姐妹、岳母、继女、继母、儿媳、继祖母、继外祖母、岳父之母亲、岳父之母亲、继子之女儿、继女之女儿、孙媳、外孙媳、姑母、姨母、侄女、外甥女。但如下亲属为男方非禁婚亲属：已故妻子之姐妹、已故兄弟之妻、已故妻子之侄女、已故妻子之外甥女、已故叔父伯父之妻、已故舅父之妻、已故妻子之姨、已故妻子之姑、已故侄子之妻、已故外甥之妻。女方禁婚亲属为：父亲、儿子、祖父、外祖父、孙子、外孙子、兄弟、公公、继子、继父、女婿、继祖父、继外祖父、丈夫之祖父、丈夫之外祖父、丈夫前妻之孙、丈夫前妻之外孙、孙女婿、外孙女婿、伯父、叔父、舅父、侄子、外甥。但如下亲属为女方非禁婚亲属：已故姐妹之丈夫、已故丈夫之兄弟、已故姑母之丈夫、已故姨母之丈夫、已故丈夫之侄子、已故丈夫之外甥、已故侄女之丈夫、已故外甥女之丈夫、已故丈夫之叔伯父、已故丈夫之舅父。

《澳门民法典》第1483条规定：监护、保佐或法定财产管理关系的存在，导致未成年人、禁治产人或准禁治产人在其无行为能力期间及无行为能力终止后1年内，以及在有关监护、保佐或法定财产管理报告尚未核准之期间，不能与监护人、保佐人或管理人结婚，亦不能与这些人的直系血亲或直系姻亲、兄弟姊妹、兄弟姊妹之配偶、配偶之兄弟姊妹或侄甥结婚。

第二，违背社会法则，不是自由，而是任性。赞同直系姻亲结婚的人关注的只是一点：生物遗传学没问题。但这种观点却无视了基本的道德与伦理。一旦生物学意义上的人战胜了社会学意义上的人，人际交往不仅扑朔迷离，法权关系还会混乱无比。比如，王一大和王三喜之间的继承关系就是一团乱麻。

第三，违背自然法则，不是爱情，而是利益。从已有案例考察，直系姻亲结婚之所以敢冒乱伦、逆伦的风险，很难说是出于爱情，都是和特定的利益挂钩。有的是为了拆迁补偿，有的是为了申请购房，有的是为了子女落户，还有的更直接，是为了逃避税收。

英国社会学家齐格蒙特·鲍曼曾经说过：羞耻是文明神话最有效的防护罩。而直系姻亲的结婚，不仅会破除文明的神话，还会毒害当下，遗患未来。

"家丑不可外扬"是中国古老的道德传统，也是一种生存智慧。如果选择了宽容、饶恕，最好就地消化，轻轻盖住；如果选择决裂，也尽可能不要自曝家丑，成为笑柄；即便通过法律途径解决，法院也会进行不公开审理。说起来是为了保护家庭隐私和未成年人的利益，实际上保全的还是一个家庭应有的名誉和难能可贵的人伦亲情。

这才是《民法典》家风条款的应有之义。

第二十四集 "同命同价"有问题吗

2005 年年底，某地发生了一起交通事故，导致 3 名女大学生死亡。在后来的侵权损害赔偿中，出现了两个不同的结果：有两个女孩家属获得的死亡赔偿金接近 21 万元，而另一位女孩的父母拿到的是多少呢？ 9 万多元。两者相差一倍多。

同样是如花生命的陨落，同样是父亲的"小棉袄"，还是同一起侵权行为导致的死亡后果，为什么死亡赔偿金会有如此大的差异？依据又是什么？

实际上，依照当时的标准，这个赔偿额度没问题。依据是什么呢？是 2004 年 5 月 1 日开始实施的《最高人民法院关于审理人身损害赔偿案件适用法律若干问题的解释》。按照该解释第 25 条和第 29 条的规定，对于人身损害所产生的残疾赔偿金和死亡赔偿金按照受诉法院所在地上一年度城镇居民人均可支配收入或者农村居民人均纯收入标准进行计算。[①]

也就是说，城镇户口的两个女孩按当地城镇居民人均可支配收入标准计算死亡赔偿金，所以可达到 21 万元；而农村户口的女孩按农村居民人均纯收入标准计算，所以只有区区 9 万多元。因为居民的城镇可支配收入标准显然高于农民的人均纯收入。

案件一出，引发了很大争议。随着后续案例的增加，城乡居民残疾赔偿金、死亡赔偿金差距引发了更大范围的争议，认为是"同命不同价"，是对

[①]《最高人民法院关于审理人身损害赔偿案件适用法律若干问题的解释》第 29 条规定："死亡赔偿金按照受诉法院所在地上一年度城镇居民人均可支配收入或者农村居民人均纯收入标准，按二十年计算。但六十周岁以上的，年龄每增加一岁减少一年；七十五周岁以上的，按五年计算。"

农民的"人格歧视"，违反了宪法和民法的平等原则。

"同命同价"的呼吁声一浪高过一浪，从民间到学界，从道德评判到法学研究，从打工阶层到人大代表，不少人参与了捍卫同等生命价值的热潮。这种呼吁很快得到了立法回应。2009 年的侵权责任法第 17 条明确规定："因同一侵权行为造成多人死亡的，可以以相同数额确定死亡赔偿金。"

这是一大历史进步，貌似从此以后，城乡居民可以获得同等的死亡赔偿金。但仔细考量，当时城乡区隔仍然很严重，户籍改革尚未全面启动，所以，第 17 条未能也不可能否认死亡赔偿金的城乡二元区分标准，只是很灵动地授权各级人民法院"可以"适用同等标准。

按照当时媒体的报道，看起来"同命同价"时代已经到来。但实际情形并不乐观。最大的两个问题是：第一，"可以"的立法用语表达代表的仅仅是一种授权，法官可以采纳，也可以不采纳；第二，逻辑上，同等标准既可能采纳死亡赔偿金相对较高的城市标准，也可能采纳相对较低的农村标准。

换句话说，虽然有了侵权责任法第 17 条的规定，这一问题还是难以解决。为什么呢？因为城乡交错的现象特别普遍。比如同一交通事故，车上有城镇居民 5 人，有农村居民 2 人，还有常年在城镇打工的农村居民 6 人，按什么标准确定死亡赔偿金？这让基层法院的法官左右为难，无所适从。

有鉴于此，2011 年《全国民事审判工作会议纪要》（法办〔2011〕442 号第 37 条）提出了解决方案：审理人身损害赔偿案件时，应根据案件的实际情况，受害人的残疾赔偿金或死亡赔偿金的计算要结合受害人住所地、经常居住地、主要收入来源等因素综合考量，确定到底适用哪一个标准。

问题看起来可以解决，但结果还是不理想。因为纪要并没有摆脱以城乡划界的赔偿标准，侵权责任法第 17 条规定也无从打破这种城乡区隔。按不同标准判，会遭遇道德危机和社会反感；顺乎民意，就高不就低，侵权人又会激烈反对。由此必然引发执行难，一纸判决形同虚文。

2019 年 4 月 15 日，《中共中央国务院关于建立健全城乡融合发展体制机制和政策体系的意见》明确提出，"改革人身损害赔偿制度，统一城乡居民赔偿标准"。9月2日，最高人民法院下发《关于授权开展人身损害赔偿标准城乡统一试点的通知》，授权并要求各高级人民法院在辖区内开展人身损害赔偿纠纷案件统一城乡居民赔偿标准试点工作。

很快，陕西、湖南、安徽等地高级人民法院先后出台方案，明确在同一人身损害赔偿纠纷案件中，不区分城乡户口，统一按照城镇居民赔偿标准计算死亡赔偿金、残疾赔偿金。

与中共中央、国务院的意见和最高人民法院的通知同步，《民法典》也积极回应民间同命同价的呼声，将原侵权责任法第17条整合进《民法典》，为解决所谓同命不同价问题提供了终极推动力。这就是《民法典》第1180条。

细心的朋友可能发现，《民法典》的条文和侵权责任法的条文完全一致，一个字都没变，这能叫积极回应、终极推动？

实际上，侵权责任法通过的时候，户籍改革还没有完全铺开，立法既要顺应民情，又要避免不必要的纷争，只能策略性地采用"相同数额"的表达，回避了城乡户籍差别可能带来的道德风险。但随着户籍改革的推进，城乡一体化目标的逐步实现，《民法典》第1180条的规定使这种相同的表达有了与侵权责任法不同的立法意义：无论就高还是就低，在死亡赔偿金问题上，法官有权按照统一、同一的标准进行裁决。考察最高人民法院各地的试点，目前都是以城镇居民可支配收入标准进行赔偿。

为什么同命同价问题会引发如此大的社会反响？为什么十多年来立法和司法部门的回应都难以有效解决此问题？

说起来，同命同价问题难以解决，最大的障碍有两个：一个是城乡二元分割带来的社会不平等，这是体制决定的；另一个则是同命同价背后隐含的逻辑和价值存在误区或误差。前一个问题可以通过体制改革解决，但后一个问题却很难解决，不仅是中国难题，也是世界性难题。即便彻底实现城乡平等，同命同价还是一个永恒的难题。

为什么这么说？因为同命同价本身就是一个相当复杂而敏感的命题，法律制度设计和司法解决方案不仅要承受道德的考评，还得进行精巧的利益平衡，稍不留意，就会被拖入道德的泥潭，承受批判，诱发社会风险。

最高人民法院为什么先要"试点"而不直接推行？为什么只授权在各高院辖区内统一标准而不在全国范围内统一标准？为什么原侵权责任法和《民法典》要用"可以"的授权性立法表达而不用"应当""必须"？所有的疑问都指向一个问题：民法领域的同命同价具体适用语境，仅仅针对人身损害赔偿案件时确立赔偿、补偿标准时适用。正确的打开方式应该是：同一地区范围内的死亡赔偿金应当一视同仁，不能因户籍差异有所不同。

除此之外，不能做其他任何解读。为什么？因为生命无价。对于活着的人，只存在人格地位平等与不平等的问题，不存在同价与不同价的问题；对于死去的人，人格已经消灭，不存在平等与不平等的问题，只存在生命丧失后利益损失的高低和赔偿问题。

这是完全不同的两种逻辑。

为什么生命无价？我们从两方面解读。一方面，从价值层面而论，生命本无价，不可复制、不可逆转、不可计值。如果说生命有价，那就会出现价格、价位、价差，人格最终会沦落为可计价、可议价、可讨价还价的商品，最终导致人格矮化、异化，人最终沦为金钱的奴隶。

古罗马的《十二铜表法》第八表第4条规定，如果对人施行其他强暴行为的，处25阿斯罚金。立法之初，这还算是一笔不小的罚款，但到后来货币贬值，法条的处罚标准还是没变。于是，就有个无赖公然挑战法律，他让奴隶背着钱袋，走到大街上见人就送一耳光，然后马上让奴隶奉上赔偿金，打得手顺溜，心欢畅，还特别感慨：一个耳光才赔25阿斯罚金，谁能穷到连打人耳光都不敢的程度。①

为什么这无赖可以挑衅法律权威？因为法律对代表人格尊严的脸面进行

---

① Noctes Atticae, Lib. XX, 1, 12-13. See Aulus Gellius, The Attic Nights, Translated by J. C. Rolfe, Harvard University Press, 1978, P. 411-412. 周枏：《罗马法原论》(下)，商务印书馆2016年版，第876页。

了计价，无赖可以充分计算自己的违法成本，而不再考虑扇耳光对一个人的人格损害有多严重。这是对法律的反讽，也是对人格权商品化的嘲弄！

另一方面，从逻辑上讲，一旦生命、身体、健康等人格自由、尊严被商品化，就会出现悖论：一边，在法权上我们一再宣称人格权的神圣性、绝对性；另一边，人格权却又可以充分估值估价，具有世俗性、可替代性。举个例子，百万富翁对乞丐说，叫我一声爸，给你100元；卸你一条腿，赔你20万元；甚至还可能出现极端情形，给你80万元，买你一只肾。两者对垒，人格权的神圣性、绝对性必然轰然崩塌，必不可免地陷入世俗化语境，不仅可以计算价格，还可以替代。

为防范这种价值上和逻辑上的双重风险，《民法典》第992条明确规定：人格权不得放弃、转让、继承。这也是近代以来各个国家的基本立场。

所以，笔者的观点是，生命无价，不是忽视生命，而是尊崇生命。

生命本无价，但生命因意外或伤害突然终止，必然带来损害，如果不予还击和填补，不仅天地不容，还可能导致对生命的践踏。所以，从法文化层面考察，全世界人身损害赔偿都经历了一个巨大的历史性变化：从"同态复仇"到损害赔偿，也就是从抵偿到赔偿，从抵命到赔命。

从远古时期到近代，一旦亲属遭遇非法侵害而死亡，利害关系人或基于利益或为了荣誉，都会采取"以牙还牙、以眼还眼、以血还血"等方式进行终极对抗，杀掉凶手，偿命、抵命，这就是流行于世界各大文明的"同态复仇"和血亲复仇。

如此一来，冤冤相报何时了，每一个人的死亡就会引发连锁反应，导致部落争斗甚至种族屠杀。为解开这一死结，世界各地出现了"赔命价"的习惯法，对杀人者进行惩罚性赔偿，对死者近亲属进行损害填补。比如，伊斯兰习俗中，最早倡导的是"基萨斯"，也就是"同态复仇"，到了《古兰经》时代，渐渐被"迪叶"替代。所谓迪叶，就是"血金"，相当于中国藏区和少数民族地区长期存在的"赔命价"，是施害人对受害人直系血亲的一种赎罪金，以此换取宽恕与和平。

为充分有效地填补损失、弥补损害，化解冤仇、世仇，很多民族对"赔命价"都有特定的程序和仪式。比如景颇族习惯法：杀人本来是恶行，再杀死活人看似快意恩仇，但于事无补。所以，凶手不想死，就得赔偿若干头牛来偿命。此外，还要象征性地进行同态赔偿，伤了脑袋就赔一个葫芦，伤了眼睛要赔两颗宝石，打掉牙齿得赔一把斧头。在古老的日耳曼习惯法中，不仅要像景颇族那样支付一定数额的赔偿金，因为杀人已经对"王室和平"造成了破坏，还必须向维护和平的国王支付一定的罚金。

简单总结一下，历史影像中和现实图景中的死亡赔偿金虽然在民间被称为"命价""血金"，但我们可以毫无疑问地得出三个结论：

第一个结论，死亡赔偿金到底赔偿的是什么？不是生命本身，而是生命继续存在可能产生的等值利益。景颇族的赔偿虽然留下有同态赔偿的痕迹，但只具有象征性、仪式性，真正赔的是牛。

从唐代流传至今的"赔命价"习俗也充分说明了这一点。所谓"命价"分三个步骤或三笔赔偿金，每一步骤都和死者没有直接关联。第一笔为"调头费"，杀人者认罪并表示愿意赔偿，让被害人家属从复仇情感边缘调头，放弃复仇，进入协商阶段；第二笔是所谓"命价"正额，通过充分协商，按千年以来的传统，死亡赔偿金被区分为上、中、下三等以供对照；第三笔叫"煞尾费"，这笔钱一旦支付，就意味着双方冤仇从此了结，永不反悔。

特别有意思的是"命价"部分，虽然分为几等，但其分等定级依据主要还是死者的家族身份、男女性别、家族地位、社会影响、本籍外籍、僧人俗人、经济状况等，然后计算总额赔付其亲属。换言之，说起来叫"命价"，实际上赔偿的是死者生命可能存续期间的社会价值或经济利益，由此摆脱报复性反杀。

一直到20世纪，各国对死亡赔偿金的立法都坚持金钱赔偿或财产赔偿原则，其依据并非是对过往生命的赔偿，而是从以下两种理论中择一而从：一是继承丧失理论，二是抚养丧失理论。

继承丧失说，指的是如果王小二不死，按照正常、预期寿命能够为家庭带来持续、不间断收入，最后可以转换为他的妻子刘三妹和儿子王三喜的遗产并归其继承，赔偿义务人需赔偿的就是这一笔可得利益。目前大部分国家采用这一理论并确定了特定的赔偿标准。

抚养丧失说，指的是王小二生命丧失导致其法定或实际被抚养人刘三妹、王三喜的利益受损，应当就该种损失进行赔偿。德国、英国、美国大多数州，以及俄罗斯联邦都采用这种理论并确立了特定赔偿标准。英国 1976 年《致命事故法案》和美国一些州的《不当死亡法》都将"幸存者的损失"作为赔偿依据和标准。有的完全固定，比如，英国定为 7500 英镑；有的不固定，按通用标准计算。

比较之下，继承丧失说的赔付金额比抚养丧失说的赔付金额高，所以，此前的侵权责任法和刚刚通过的《民法典》放弃了民法通则时代的抚养丧失说标准，采用继承丧失标准，并将死亡赔偿金的赔偿年限从原来的 10 年改为 20 年，以期最大程度保护利害关系人。

第二个结论，谁有权提出赔偿？按照民法理论，人一旦死亡，其人格即告消灭，不能提出损害赔偿请求，能够行使请求权的只能是活着的利害关系人。我国一般定位于近亲属。但根据欧洲理事会 1975 年通过的《身体损害或者死亡情形下的损害赔偿》第 75-7 号决议规定，死亡赔偿金的请求权人除了我国司法解释中所列的近亲属外，还包括关系密切的未婚妻（夫）和同居者等，并且排除了近亲属中关系较为疏远者的请求权。[①] 这点在《民法典》实施过程中可以通过对"近亲属"的扩大解释或限缩解释中予以考量。

第三个结论，死亡赔偿金既然赔的不是命，而是生命价值的损失，那就只能是相对平等，不可能绝对平等。所以，宋江的头价值三千贯，李逵的呢？不好意思，只值一千贯。只有结合当时、当地的具体生活标准及死者未来可得利益的总和进行相对合理的补偿，才是达成公平正义最有效的路径。所以，从日耳曼远古习惯法到中国各地民俗，都是按照死者的家庭贡献度、

---

① 张新宝：《死亡赔偿研究》，《法学研究》，2008 年第 4 期注释 16。

社会影响力、长期固定的收入状况等标准进行赔偿；即便在私权发达的日本，最高裁判所在20世纪宁愿冒巨大的道德风险，也通过判决形式认定病弱、滥酒、没有就业意愿又不能维持自身最低生活的被害人没有任何可得利益。①

最后总结一下，生命无价，是因为生命最可宝贵，是绝对同质同等的；但生命价值有价，以金钱、财物形式进行死亡赔偿不是对生命的估价，更不是亵渎生命的尊严，而是对活着的利害关系人损失的填补和心灵的抚慰。这是两个价值标准和逻辑标准，不能混淆。实际上，如何在捍卫生命尊严的同时有效填补利害关系人的可得利益损失，抚慰痛苦的心灵，从来都是一个混杂了宗教、道德、法律、习俗各种不同诉求的艰难选择。

严格意义上讲，死亡赔偿金从来都不是单纯的法律问题，同命同价也不是一种法律正义的表达，而是一种文化和习俗的道德关切，法律不可能完全屈从道德和习俗，但又不能无视、背离道德法则和习俗惯性。只能游弋其间，拿捏分寸、平衡利益，寻求最为妥适的解决方案。

这就是我国为什么多年来难以达成同命同价的文化原因。

---

① 最判昭和44年12月23日判决（判时584－69）。转引自孙鹏：《"生命的价值"——日本死亡损害赔偿的判例与学说》，《甘肃政法学院学报》，2005年第4期。

第二十五集　无人机有没有法律"航道"

中国民间向来有争风水的习俗。王小二修房，总想高屋建瓴，高人一头，哪怕高出邻家几厘米都行；但在邻家李小三看来，你凭什么要"压"我的风水？最多只能齐平。否则，不是抓扯厮打，就是打官司。

为什么会有这种习俗？除民俗信仰外，最重要的原因还和人格尊严和隐私权有关系。

按照空间哲学理论，空间从来都不是一种单纯的物理结构，空间的人为布局、填充就是一种权力博弈和资源分配。围墙、栅栏、屏风、隔断、门窗有什么用？都是个人权利存在的物理象征和保护边界。王小二站在高楼往下看，这是一种俯视，是一种居高临下、高高在上的优越感；但在邻居李小三看来，王家的俯视不仅让他家隐私一览无余，还得让他仰视，相互之间就不再是友邻，而是高贵与卑微、控制与服从的对立。

换句话说，在传统文化中，空间高度不仅决定了隐私的保护程度，还决定了人的自我心理感知程度。这就是传统争风水、抢高位的真正原因。可惜这种传统在高科技面前很快沦陷，因为我们遭遇了无人机。

无人机的高度智能化、人性化，不仅带来了科技的巨大进步，也带来了日常生活的急剧变革。紧急文件可以瞬间送达；九十九朵玫瑰有了更浪漫的激情表达；蓝天翱翔，解除"飞手"（无人机操控员）的心理压力也成为新的时尚。2020年疫情严峻，大家都宅在家里，但女婿仍然可以用无人机向丈母娘呈上红包送祝福。

2015年被行内人士称为"无人机元年"，当年无人机融资平台的增量达到 400%，高达 20 亿元，由此不难判断无人机的产量何其巨大。除了工业无人机，消费性无人机的市场日渐扩张，成为众多"飞手"的旧爱新欢。

为什么消费性无人机市场会如此火爆？笔者认为，为了猎奇，为了娱乐。飞临茫茫草原看看土拨鼠的呆萌，飞跃广西的十万大山看看山顶的寺庙、道观，这些都属于正常娱乐、猎奇。但不可否认，有极个别无人机随时飞临人群密集区，目的就一个：满足窥伺欲望，成为另类的猎奇和娱乐。

说起来，人类天生就有两种本能：一个是屏蔽自己的隐私，这很正常；另一个就是窥探别人的隐私，这也很正常。前者催生了法律、道德层面的隐私保护规则和禁忌，后者则挑战着这些规则与禁忌。

《民法典》第 1032 条、1033 条规定，隐私是自然人的私人生活安宁和不愿为他人知晓的私密空间、私密活动、私密信息，任何组织或者个人不得以刺探、侵扰、泄露、公开等方式侵害他人的隐私权，也不得非法搜查、进入、窥视、拍摄他人私密空间。

为什么要保护隐私？原因至少有三个：

第一个原因，安全。隐私来源于人的自我保护本能。美国科学家将这种心理反应称为"窥视警觉"机制，是人对外界的一种警觉反应，以此确保自身安全。

这种神经机制和反应能力来自远古时期生存竞争。心理实验表明，在丛林地带，在危险时期，每一个人都会对背后的目光本能地警觉，会像狼一样随时回头注视、搜寻，这就是所谓的"狼顾"；在雪地里，还会像狐狸一样用尾巴扫去自己的脚印，避免被潜在的猎食者追踪。同时，为最大限度保护安全，动物的最软弱部位和巢穴都被隐藏在最隐秘区域，除了绝对信任和投降，绝不外泄、展示。所以，家中的狗狗"二哈"对你敞开肚皮，那是因为对主人的绝对信任。而狼群决斗时倒地晒出最柔软的肚皮，那不是撒娇，而是投降保命。

同样地，当你小窗独坐，浅斟低唱，无人机从天而降。面对幽光闪烁的摄像头，每一个人的闲情逸致、诗情画意都会瞬间瓦解，代之以愤怒、焦灼、恐惧，甚至脖子发凉，寒毛直竖，四肢颤抖。

第二个原因，尊严。每一个人都有自己的"人设"，这种社会形象和社会评价是获得社会性人格、声誉、尊重的前提；与此同时，每一个人光鲜的"人设"背后，都可能有一些不为外界所知的大问题、小秘密。一旦泄露，小则形象受损；大则名誉扫地，"人设"崩塌，"小清新"变白骨精。

但无人机加上人脸识别、大数据、精算法，人的尊严随时都面临危机。消费性无人机一般无证照要求，低成本、易携带，低空飞越，智能摄像头既可以拍到美景美图，也可能拍到"小鲜肉"抠鼻子、掏耳朵，"小清新"睡觉打呼噜、流口水这些不愿为公众知悉的尴尬"丑态"。还可能拍摄到滚滚红尘中的车水马龙，定位火热的婚外出轨。最终社会形象滑落，人格尊严贬损，甚至成为网络笑料。

第三个原因，自由。隐私既是安全需求的自然表达，也是独立人格养成和自由意志觉醒的前提。隐私的自由诉求就是为了实现对自我生活的完全自由掌控，防范他人的非法控制。无人机有如系列电影《速度与激情》中的天眼，一不小心，你就可能被追踪、定位，迫使你改变某些行程甚至控制你的生活轨迹。美国肯塔基州一位少女在自己家中晒日光浴，邻居家无人机腾空而起。少女父亲为捍卫自己的领空、自由和隐私，毅然举枪击落无人机。

虽然各个国家的法律都对隐私权进行了强力保护，但再细密的法律也难以防范他人的窥伺。

前面谈到过，窥伺也是人的一种生存本能，在掩藏自己的同时，为克服信息不对称性带来的不确定危险，人只能通过窥伺获取最大信息量，增强安全感，减轻、消除恐惧感。这种现象在管理学上叫"黑箱理论"，引发了人的猎奇心理和行为选择。这也就是超级间谍、私家侦探、狗仔队产生的真正原因。为什么奇谈怪论、八卦新闻、小道消息、政治谣言会急速传播？就是因为这些信息能够猎取并驾驭人的猎奇心理，所以央视主播辞职卖拉面、北大毕业生卖猪肉、某明星老婆红杏出墙瞬间就会上热搜，点击率动辄千万上亿。

也就是说，每个人都有窥伺的心理需求，无人机追踪、拍摄、储存、输出相关信息、数据，在正常范围内我们称之为猎奇心理，并不可耻，也不必然带来道德上的可谴责性。但是，在满足猎奇欲望的同时，我们必须正视以下两个问题。

第一个问题，无人机给隐私权带来了世纪性挑战。

首先，空间拓展能力强大，可以立体渗透私密空间。无人机凭借特殊的功能、先进的设备和系统化数据，随时可以轻松穿越树木、围栏和墙壁等隐私遮蔽，跨越物理空间，立体化侵入现实空间和网络空间，即时搜集、匹配、合成、传输相关信息。如果没有拉窗帘、关窗户，你躺在浴池泡澡，洗去一天的疲惫，无人机就会像蜜蜂、蚂蚁、蜂鸟一样悄悄降临，你的浴室在别人眼中就成了天然浴场。

其次，精准度提高，引发零隐私恐惧。英国有学者写了一本书，叫《咖啡机中的间谍》，副标题很醒目，叫"个人隐私的终结"。作者认为，现实生活中每个人的每一步都可能留下数字脚印，家里的咖啡机上都可能被安装微型芯片，搜集、传输你的各种信息。无人机结合大数据、精算法，不仅可以瞬间定位，还可以瞬间匹配、合成，你叫张三丰还是张二狗、你是早起的鸟儿还是熬夜的猫、你喜欢重庆小面还是武汉热干面、你几点钟挖鼻孔、掏耳朵、吃完牛排是用牙签还是用牙线剔牙齿等都会精准对应。在无人机的视频里，在"飞手"的编辑栏里，我们每个人都被迫成为"透明的人"。

再次，远距离、智能化操控很难判断是否涉嫌侵权。2019 年，李子柒网络爆红。本意无非是乡村生活的自我呈现和自我表达，传导身心回归、融入自然的人生感悟。但人怕出名猪怕壮，木秀于林风必摧之，无数的无人机镜头对准了这位网红的生活日常，从居家小院到田田荷塘，从衣着打扮到手工制品，无一例外地被展示于外。

如果是单纯的猎奇、追星、捧场还无所谓，如果有人居心不良，那么无人机"捕获"的任何一个信息点都可能成为信息桥。按照弱联系社交理论和著名的六度分隔实验，层层叠加的弱联系会将世界上原本毫不相关的人紧密联系在一起，无从隐形、无从逃避。这种低成本、高效能的传播可能对网红的隐私构成致命危险。

更可怕的是，很多无人机的"飞手"是匿名的，受害人很难进行反制，也很难举证对方是否侵权、何时侵权、以何种方式侵权。面对幻影般的无人机和魔幻的网络空间，受害人面临的就是三种困境：不会知道、无从发现、知道了发现了也难以举证。前面讲到的肯塔基州的个案就是如此。无人机机主认为邻居击落无人机侵害了自己的财产权，警察逮捕了这位父亲。法官认为，无人机是否侵权得击落者自己举证。但这位当爹的怎么也无法举证邻家的无人机镜头对准了自己的女儿。最终，这位奋起维权的老父亲要么面临牢狱之灾，要么面临巨额罚款。

第二个问题，无人机可能导致人际关系严重变异并直接危及隐私权。

首先，失去自我。按照德国社会学家齐美尔的观点，现代社会的各种高科技有利于每一个人人格的丰富和自由，私人表达也是私人生活向公共生活蔓延的必然方式。但有些"飞手"并非是为了放飞自我、放飞灵魂，而是因为内心虚空、灵魂虚无，只有通过关注、窥伺他人的生活来释放自我的焦虑，确证自身的生命历程，最终导致自我丧失。

如此就会产生极为严重的两个后果：一个是在网络世界过度自我呈现，刷存在感，寻求在群体中自我定位的这一类直播主持，个人隐私一览无余。另一个后果是狙击手对垒，当他的摄像头聚焦别人时，别人的摄像头也瞄准了他，主动的窥伺者成为被窥伺者，猎人变成了猎物。由于个体信息的有限和低知名度，为满足私欲、保住热点、积攒流量，有些"飞手"不惜进入"黑飞"空间，捕捉、扒拉他人的隐私信息。

结果怎么样？丢失自我，侵害他人，形成互害型社交的推手和牺牲品。不仅难以缓解、释放焦虑，无形间还陷入社交恐慌，形成怀疑性、对抗性甚至攻击性人格。要么如虎狼，狂肆攫取；要么如蜘蛛，悄然偷袭。

其次，价值变异。无论是抖音、快手，还是时下日渐流行的 Vlog，看起来就是一种表达工具和平台。但如果这些高科技工具被植入变异的价值观，我们代入的就是一种乌托邦式的生活场景和人生追求。无论是盲目追星的粉丝迷,还是高调炫富的白富美,不是彰显自己家里有矿,就是炫示我爹是某某,老公是领导,干爹是上市公司老总。这些真人秀的自我呈现之所以能够收获千万级点击率,一方面反映了表演者的低俗、无聊,另一方面与受众产生了角色互动,让无数年轻人一味贪图金钱、地位、名声而忽略付出、贡献、共享。最终通过网络形成一种可怕的价值共识和人际互动,一切为了流量,流量就是一切。

说白了,追求流量并非是为了单纯的自我实现,也是为了获取隐形的经济利益。因为流量代表了两类资源:一是广泛的社会影响力,有利于一夜爆红;二是可观的经济收入,可以让人一夜暴富。

无论是爆红,还是暴富,手段无非两种:要么暴露自己的隐私,要么扒拉别人的隐私。所以,中学公共卫生间、酒店房间都会出现摄像头,而无人机的出现,则将这种"邪恶之眼"载入高空,立体化、全方位获取各类值钱的信息。至于信息泄露是否导致他人精神崩溃、人格贬损,是否突破法律的底线,这种娱乐至死的播主们不仅无所顾忌,还不以为耻、反以为荣。

再次,人的"物化"。将他人隐私作为赚取流量的手段,无疑是将人工具化、物化;但自己同样会被他人"人肉搜索"、扒出隐私、爆料网络,成为他人的工具。

更可悲的是,还有一种现象愈演愈烈,那就是无人机的低成本运作和立体化图景推动了人的自我物化。通过牺牲自己的人格权利换取所谓知名度、点击率,个人的人格和信息成为商品、消费品。

网红经济就是一种典型的人的物化,是网红人物、大V、大咖高清晰度展示自己的私人生活、私人空间、私密信息获得粉丝的手段,再将粉丝转换为"物化的货币量"。而无数商家从中嗅到了商机,纷纷签约网红带货打广告,销量惊人,利润可观。而这种强用户黏性形成的名人效应又会反推网红、企业和粉丝三者的利己性选择,看起来是共赢格局,实际上有沦为资本工具的危险。

在前无人机时代，一段视频或第一人称的 Vlog 的专业化程度很高，需要编导、摄影、剪辑、配音配乐，需要先进设备，更需要长达数年的知识积累、技巧训练、经验体悟。到了无人机时代，"天眼"加上系列软件，要打造一个网红，也就是一夜之间的事。

简单总结一下，无论是自曝隐私，还是非法获取、泄露，无人机时代，我们的隐私遭遇了空前危机。笔者无意贬低无人机作为高科技产品的存在，因为作为一种技术、一种产品，在道德上无论如何都是中立的，不存在善恶对错的价值评判。但必须强调的是，如果单纯是娱乐，不超过道德、法律的双重边界，那还仅仅是一种风潮和个人偏好。如果偏离道德指针、突破法律底线，那就必然偏航，进入"黑飞"空间，最终陷入互害性无序社交状态。

为今之计，结合《民法典》隐私权保护的具体制度设计，必须将无人机纳入法律航道。具体可以采取如下措施：

第一，主体限定，明确法律责任。比如，对生产厂家制定严格市场准入标准，推行无人机机主实名制，对"飞手"年龄限定在 16 周岁以上，否则，必须有合法的监护人监护的情形下才能放飞。

第二，空域与高度限制。是否拥有无人机，是每一个公民的自由。但无人机的自由天空有多高、有多远，这是一个值得思考的问题。为了防范公共危险和保护隐私权，可以借鉴发达国家的限空限高原则。比如，设立禁飞区与限飞区，禁止飞临他人私家住宅区域盘旋、滞留、拍摄，即便在共同聚居小区，其飞行半径、相对地面高度都以不侵害他人隐私权和公共安全为首要前提，否则，视为非法闯入，受害人可以实施正当防卫，驱离、迫降、击落。

第三，确立行为边界。任何一场技术革命都可能带来思想的解放和行为方式的转换。无人机带来了高效、迅捷的生活节奏，也迎来了休闲解压的新风尚，但世间万事，有一利必生一弊。为了将高科技带来的可知或不可知的风险降到最低限度，必须通过专项立法确立无人机的行为边界。比如，不得改装、破解无人机机体和密码，避免无人机沦为实施反社会行为或违法行为的帮凶；比如，技术强制，要求无人机必须内置禁飞区，一旦 GPS（全球定位系统）信号发现禁飞区、限飞区则须自动返航；比如，严厉禁止无人机"飞入寻常百姓家"，偷窥、偷拍个人隐私，即便偶然获取了他人的隐私信息，也应当立即删除，不得储存、泄露。

最后还需要重申，无人机、人工智能、大数据形成了强大的科技之矛，如果缺乏法律调控，凌空而起的无人机就可能刺破、穿越隐私空间，让我们每一个人都成为"透明的人"。只有将消费级无人机纳入阳光下的法律航道，才可能有效防范、化解法律和道德的双重风险，从而显个性、秀创意、飞梦想。

第二十六集　性骚扰怎么承担责任

2018 年 12 月 12 日，最高人民法院发布了《关于增加民事案件案由的通知》(法〔2018〕344 号)，在"教育机构责任纠纷"之后新增了一个三级案由，性骚扰损害责任纠纷。这就意味着基于性骚扰而产生的民事侵权纠纷从此可以成为独立案由，不仅有利于当事人准确选择诉由，也有利于法院在民事立案和审判中准确确定案件诉讼争点和正确适用法律。

将性骚扰侵权纠纷作为独立案由，这是最高人民法院通知的重大贡献，但同时也存在一些遗憾。最大的遗憾有两点：

第一个遗憾，缺乏民事实体法依据。首先申明，这个遗憾不是最高人民法院的问题，而是民法典长期延宕的结果。说起来，性骚扰立法早在 2005 年修订的妇女权益保障法中已经出现，其中第 40 条明确规定：禁止对妇女实施性骚扰。受害妇女有权向单位和有关机关投诉。

严格意义上讲，妇女权益保障法应当属于社会法，不属于民事法。该法条并没有、也不可能创设一种民事权利，作为妇女受法律特别保护的依据。而是从行为禁止层面，要求不得对妇女实施性骚扰。所以，从最后的救济手段来看，一旦刘三妹遭遇了王小二的"咸猪手"，除道德谴责外，即便有机会、有条件也只能向有关单位和机关投诉。

同时，独立案由仅仅是案件的归类和管理，最后如何审理，法官还必须以具体的民事立法条款为依据才能真正保护妇女权利。

第二个遗憾，侵权范围被严重限缩在教育机构责任纠纷领域。从逻辑上不难判断，通知中所涉及的性骚扰仅限于与教育机构有关的责任纠纷，除此之外的怎么办？是比照处理，还是不予受理？

两大遗憾带来了更多的遗憾。这种外溢效应不仅影响了妇女权利的有效保护，还严重阻碍了受害人的行为预期。刘三妹在地铁上遭遇了王小二的不当接触，除了东北大妹子和重庆辣妹子能够一巴掌扇过去，一脚踹过去，其他柔弱的王幺妹可能就是投诉无门、诉讼无方。要么不了了之，要么忍气吞声，最多也就在网上放个视频，爆爆粗口骂骂人渣。

这不是我的主观推测。据媒体报道，有记者曾对 2018 年以来的性骚扰案件搜索中国裁判文书网，数目少得可怜，14 起。更奇怪的是，14 起案例中，全是"小鲜肉"、老爷们主张维权，理应作为性骚扰受害人的女性没有一个出面当原告。有一半是因为王小二们被投诉实施性骚扰，被用人单位辞退，饭碗没了，要向单位讨个说法。这显然是劳动争议纠纷。另外 4 起案件仍然是王小二们当原告，状告刘三妹诬陷其性骚扰，饭碗保住了，但名誉严重受损，走哪儿都是一片白眼，甚至招来口水，屈辱至极。这显然是侵害名誉权纠纷。还有 3 起，看起来和性骚扰接近一些，3 个王小二涉嫌性骚扰，被刘三妹的老公或男朋友给揍了，诉请法院保护其人身权利。

也就是说，14 个案例中，没有一个属于真正的性骚扰侵权纠纷，反常至极。幸运的是，《民法典》第 1010 条专项规定了性骚扰相关细则，可以有效矫正这一反常现象。根据该条，王小二违背刘三妹意愿，以言语、文字、图像、肢体行为等方式实施性骚扰，就应当承担侵权责任。

性骚扰问题进入《民法典》，这是一大立法亮点，至少有三大贡献：

第一大贡献，确立了性骚扰侵害的权利基础。虽然《民法典》没有明确界定性骚扰具体侵害了什么权利，但根据体系化解释，性骚扰条款被放在"人格权编"第二章，属于生命权、身体权和健康权范畴。再具体到法条位置，是在生命健康权之后，人身自由权之前。这种体系安排实际上已经说明，性骚扰侵害的是人格权，既可能属于身体性权利，也可以属于精神性权利。

第二大贡献，平等赋予了所有人免受性骚扰的权利。和妇女权益保障法的立法目的不同,《民法典》并没有将免受性骚扰的权利仅仅赋予女性,而是赋予所有可能的人。实际上,男女平权以后,遭遇性骚扰的不仅是刘三妹、王幺妹,王小二、李小三们同样会遭遇这类噩梦和不幸。

第三大贡献,规定了相关单位防范、处置性骚扰侵害的法律义务。最高人民法院增加性骚扰案由并且放在教育机构责任纠纷项下,确实是事出有因。根据《中国妇女报》的报道,2014 年全国妇联在北京、南京等城市15 所高校大学生调查中发现,经历过不同形式性骚扰的女大学生比例高达57%! 2017 年 4 月,广州性别教育中心发布的《中国大学生在校和毕业生遭遇性骚扰状况调查》也表明,75% 的女生遭遇过性骚扰。正是迫于这种严峻的形势,最高人民法院才出手进行强力规制,设定独立案由,保护女性权利。

职场骚扰同样普遍。2017 年 10 月 15 日,美国女演员艾莉莎·米兰诺时隔多年,起诉好莱坞大佬哈维·韦恩斯坦,掀起了著名的 MeToo 运动（美国反性骚扰运动）,星火燎原,引发全球热动。最终,韦恩斯坦名誉扫地,无限期离职,还面临多宗侵权指控。

有鉴于此,《民法典》在条文设计过程中,通过列举方式将性骚扰重灾区、高发区全部列入并科以法定义务。根据该条第二款的立法表述,机关、企业、学校等单位应当采取合理的预防、受理投诉、调查处置等措施,防止和制止利用职权、从属关系等实施性骚扰。

那么,什么是性骚扰? 防范性骚扰保护的究竟是什么权利?《民法典》第 1010 条的适用应该持守什么样的原则和立场? 我们从法文化角度进行解读。

第一个问题,什么是性骚扰?

按照《民法典》的制度设计,所谓性骚扰,是指违背他人意愿,以具有性内容的语言、信息、行为等方式对他人进行不当骚扰的情形。根据这个定义,可以厘清很多问题。

第一点,保护主体范围涵盖所有民事主体。此前的性骚扰立法,包括今天绝大部分国家立法，都重点规制的是针对女性的性骚扰。这是女性在父权制、夫权制逻辑下社会地位低下的必然结果，更是女性被物化、对象化、财产化的必然结果。后来的平权运动、女权运动都是以性别平等为宗旨展开的社会性运动。英国社会学家齐格蒙特·鲍曼甚至认为，男女平等是一种现代性呐喊，是衡量文明的标尺。

随着男女平等语境的普及和价值共识的达成，现在的刘三妹们无论是社会地位、经济地位、政治地位基本上已经和王小二们享有了平等的权利。有鉴于此，《民法典》在性骚扰立法中，不区分男女，体现了真正的男女平等、一体保护的立法精神。

也就是说，性骚扰侵权主体既可能是男性，也可能是女性，甚至还可能是同性。最多的是王小二针对刘三妹实施耍流氓行为；但也可能是刘三妹对王小二实施性骚扰；还有可能是王小二骚扰上下铺兄弟李小三；刘三妹骚扰闺蜜王幺妹。

正因如此，美国《教育法修正案》第9条比我国《民法典》走得更早，对男性、女性以及跨性别者、变性者都赋予平等保护的权利。

第二点，侵害对象。如前所论，《民法典》将性骚扰侵害的对象定位于人格权范畴，是对受害人人格权的侵害。

至于是否构成侵害的认定方式可谓多种多样，难以枚举。2001年，美国教育部公民权利办公室针对《教育法修正案》第9条发布了实施指引，主张是否构成性骚扰侵权主要看两方面，一是侵权人实施了性冒犯、性索贿、性暗示以及其他具有性本质的行为；二是受害人对上述行为不愿意、不欢迎、不接受，甚至感到害怕、恐惧、厌恶，等等。只要两者齐备且具有因果关系，都可能构成性骚扰。

第三点，危害程度。必须明确的是，性骚扰不是性侵害。性骚扰之所以归属于《民法典》调整，是因为其程度较轻，后果也没有性侵害严重。所以，很多国家对于性骚扰，一般以承担民事责任为主，以司法强制为辅，以承担刑事责任为例外。

所谓司法强制，一般是法官向侵权人王小二发布禁令：离刘三妹远点，越远越好。美国有些学校还通过签发不得接触令阻止侵权人和受害人发生交集，这种空间隔离能够有效防范侵权行为的发生。

《民法典》借鉴了这一点。按照第 997 条的规定，只要刘三妹有证据证明王小二正在实施或即将实施侵害其人格权的行为，为防止发生难以弥补的损害，刘三妹就有权向法院申请禁令，要求王小二滚远点，有多远就滚多远！①

至于刑事责任，性骚扰最多是一种轻罪，比如，法国 1992 年的《刑法典》就规定，如果男上司要求女下属提供性好处，那就是犯罪，面临的是 1 年监禁和 1.5 万欧元的罚金。

第四点，侵权方式。根据国外立法和司法判例，性骚扰侵权一般有如下方式：第一种是口头方式，比如，以包含性内容的语言挑逗，讲述个人性经历，谈论黄色笑话或色情文艺等；第二种是行动方式，故意触摸、碰撞、亲吻对方脸部、腿部等性敏感部位；第三种方式是设置恶意环境进行性诱惑、性暗示，比如，在自己办公区域布置、悬挂淫秽图片、广告等，让受害人难堪难受、反感厌恶；等等。

一定程度上，无论哪种侵权方式都具有隐蔽性、突发性，这就导致性骚扰的两大难题：取证难，认定难。所以，美国联邦最高法院根据 1964 年《民权法案》第 7 条提出了"优势证据标准"——只要有图片、语音、摄像、截图等任何一种证据证明性骚扰行为可能发生，法院就可以据此认定性骚扰存在。

但这个标准太宽泛，有些亲昵行为、玩笑话、逗乐聊天都可能埋下定时炸弹，哪天拉爆都不知道。所以，美国很多高校后来推出了更为严格的证据标准，比如"清晰及令人信服的标准"，除非有证据证明性骚扰已达到"非

---

①《中华人民共和国民法典》第 997 条："民事主体有证据证明行为人正在实施或者即将实施侵害其人格权的行为，不及时制止将使其合法权益受到难以弥补的损害的，有权依法向人民法院申请采取责令行为人停止有关行为的措施。"

常有可能或者相当确定"的程度，否则不能认定为性骚扰。这就是我们在定义中要加上"不当行为"的真正原因。

第二个问题，禁止、防范性骚扰保护的是什么权利？

国际上虽然已经有了区域性的条约、规则，但因为视角不同，立场不同，从来都没有统一的立法模式。相比之下，根据权利保护依据为标准，目前国外规制性骚扰有三种模式：

第一种模式，侵害平等权。欧盟 2002 年的《关于落实男女平等待遇条例》，严防男性基于性别歧视对女性施加控制和骚扰行为，强迫其处于从属地位。但这个条例有两个缺陷，一个是解决的核心问题是性别歧视或性别骚扰，不是以性满足为目的的性骚扰。换言之，这保护的是平等的性别权，而不是单纯的性权利。另一个缺陷是重点保护女性，忽略了同性之间也可能存在性别歧视和性别骚扰。比如，一般男性瞧不起"宝妈男"，"宝妈男"又瞧不起"娘娘腔"，"娘娘腔"还瞧不起"伪娘""娘炮"——我们这里仅仅引述民间的通俗表达。这些称呼都涉嫌歧视，都得打引号。

也就是说，欧盟条例所谓的性骚扰并不是我们《民法典》所规范的性骚扰，而是一种保护平等权的性别骚扰，是对女性的不当控制、歧视。

但这种控制、歧视一旦有了实质性的、不当的性内容，那就构成性骚扰。比如，法国议会 2002 年颁布了《关于社会现代化法》，对原来劳动法典进行修订，对任何来自雇主、雇主代表或其他任何人的、不为当事人接受的、目的在于为自己或为他人获得性好处的行为统统界定为性骚扰，并且涵盖招聘、工资、培训、工作分配、晋升、调动、续约等各大环节。

第二种模式，侵害性自主权。比如，欧盟 1991 年的《反性骚扰议案施行法》就认为，性骚扰违背了受害人的意愿，侵害了受害人的自主选择权。这种逻辑和 2002 年条例不一致，这是以保护受害人个体权利为目的的法案，而条例针对的是群体性的性别平等权利。

第三种模式，侵害人格尊严。认为性骚扰和其他的威胁、折磨、侮辱、贬低言行一样，是对受害者个体人格和尊严的伤害。因此，一般以法律救济途径追究个人的侵权责任，维护个人尊严。

三种模式叠加，极大程度推动了性骚扰立法的现代化，也对女性权利进行了最大化保护。乃至于上海地铁出现了女性举牌，打出了"我可以骚，你不能扰"的标语，通过身体语言、行为艺术彰显了女性的性自主权，反对传统的性别歧视。

那么，根据《民法典》第 1010 条，我国反性骚扰保护的究竟是什么权？实际上前面已经分析过，我国的定位是人格权，至于属于人格权下何种具体权利，可依据个案进行具体认定，不能一概而论。如果是不当接触隐私部位或者性敏感部位，那就可能是侵害身体权；如果是违背意愿，或者对不具有性承诺能力的人以性目的进行不当干预、侵害，那就是侵害了性自主权。

根据《民法典》的语义表述，第 1010 条本质上更接近性自主权。

在理论界和司法实务界，更多倾向于认定性骚扰侵害的是人格尊严和精神自由。虽然不是具体人格权利，但确实可以更有力地保护受害人的权利。广州一男性在公司酒会上，从后背揽住一女性的脖子，贴近身体，还用另一只手控制住受害人的手臂。后来，受害人诉请公司和侵权人赔礼道歉并连带赔偿精神损害抚慰金 40 万元。根据现场照片，广州中院最后认定侵权人的行为侵害了受害人的人格尊严和精神自由，构成性骚扰，判决侵权人赔礼道歉并支付 3000 元抚慰金。

第三个问题，性骚扰承担什么责任？

《民法典》将反性骚扰条款置于"人格权编"，从价值、逻辑两方面确证了性自主权，确立了人格尊严、人身自由不容侵犯的基本原则。

作为绝对权，人格权权利人之外的其他所有主体承担的都是消极不作为义务，否则，根据《民法典》第 179 条、第 997 条、第 1010 条，就可能承担如下责任或义务：

第一类，排除妨害、停止侵害。德国、瑞士、我国台湾地区都有相应立法，按照民法典的规定，权利人既可以申请禁令，也可以要求单位履行保护、排除义务，否则，必然承担连带责任。国际劳工组织和日本国内法都主张，雇主有防止、排除雇员遭受性骚扰的义务，如若不然，就会面临民事赔偿或行政处罚。

第二类，赔礼道歉、恢复名誉。主要是以悔罪、道歉方式平复受害人的心理损害，挽回名誉，消除影响。

第三类，赔偿损失。主要是精神损害赔偿。根据欧盟 2002 年《关于落实男女平等待遇条例》第 6 条，这种赔偿必须具有威慑性和补偿性。法国、比利时、卢森堡和意大利等国家纷纷响应，通过立法和司法裁判对受害人进行强力保护，赔偿金一般不设上限。换句话说，一句不当的玩笑，不仅可能会断送你的前程和未来，还可能会搭上名誉，更可能面临天价的赔偿。

最后需要说明的是，关于性骚扰，我们每一个人不一定会成为受害人，但一不小心就可能成为加害人。反性骚扰立法是人类文明进步的标志，但必须注意边界、尺度、情景。王小二、刘三妹之间调笑、互嘲，双方都可接受甚至彼此欢迎，这是一种性别吸引，是活跃气氛，是强化人际交流，是稳定情感关系，和孔雀面对异性开屏、实现自我角色扮演没有本质不同，不能视为性骚扰。但需要防范的是在私密性接触中的相互承诺、故意引诱、诬陷中伤、胁迫敲诈，如此不仅会危及正常的人际互动，还会倾覆《民法典》所持守的正义天平。

第二十七集　赔礼道歉有什么用

　　2016 年年初，江苏省某县法院通过官方微博和微信曝光了 9 名失信被执行人名单，除 7 名欠钱不还、俗称"老赖"外，另外 2 名失信人特别亮眼，在"执行标的额"一栏，写的不是欠人多少钱，而是欠父母和公公婆婆一个道歉。

　　不用说，这两位失信人是两口子，法院判决道歉的对象分别是"向父亲母亲道歉""向公公婆婆道歉"。这家人到底发生了什么？亲人之间为什么反目？法院为什么会以判决形式支持老人赔礼道歉的诉讼请求？

　　事情经过很简单：2010 年 5 月，两位老人在儿子提供的居住屋内支了灶台做饭，儿子和儿媳却认为主屋内不能支灶台，要求父母拆除，被拒绝后将灶台扒掉。儿子扒灶的行为让两位老人大为光火，一怒之下将儿子、儿媳告上法庭，要求赔礼道歉。

　　法院审理后认为，被告人扒灶的行为严重侵害了两位老人的人格权利，造成了精神损害，判令被告二人在判决生效后三日内向原告赔礼道歉。判决书生效了，但两位老人并没有如期等来儿子、儿媳的赔礼道歉。法院最后被迫使出绝招：纳入失信人名单。

　　这案子的案情很奇葩。老爹、老妈起灶，儿子、儿媳扒灶。但从老人的诉讼请求和法院的判决中不难看出这案子也很特殊，直接关系到《民法典》的很多热点问题。比如，扒灶行为和侵害人格权之间是否有必然因果关系？亲人之间是否必须履行赔礼道歉的义务？赔礼道歉义务的履行是否具有强制执行力？赔礼道歉到底有哪些功能？

首先说明，虽然本案起诉和判决的时点都发生在《民法典》诞生之前，甚至民法总则也还没颁布实施，法院适用的法律依据应当是民法通则和侵权责任法的相关规定，但《民法典》对于此类案件定性的价值基础和逻辑路径与此前法律规定高度吻合。所以，我们以《民法典》具体条文对本案进行解读，力求对上述问题进行回应。

第一个问题，扒灶到底侵害了什么权利？

按理说，舌头和牙齿都有磕磕碰碰的时候，一家人有点小纠纷，很正常，再怎么也不会对簿公堂。本案中，老两口为什么不怕家丑外扬，非要将儿子、儿媳推上法庭，还诉请法院判决小两口赔礼道歉？法院为什么认定小两口的行为侵害了老两口的人格权？

《民法典》第990条第一款规定了生命权、身体权、健康权、姓名权、名称权、肖像权、名誉权、荣誉权、隐私权等具体人格权；第二款将具体人格权之外的，由自然人享有的人身自由、人格尊严定位为受法律保护的人格权益。比照法条，小两口扒灶的行为既侵害了老人的名誉权，也侵害了老人基于人身自由、人格尊严而产生的人格权益。

扒个灶为什么会侵害名誉权和人格权益？这涉及相互关联的两个方面：一是扒灶行为的主观过错；二是扒灶行为的客观后果。

在民间生活中，扒灶是绝对的禁忌，和挂破鞋、扔死老鼠、破风水、扎纸人、毁灵堂具有同等的毁灭力。毁灭的不仅仅是名誉，而且会造成严重的心理阴影和极度的精神伤害。这是不是有点危言耸听？不是。灶台在传统中国文化中代表的是灶神，隐喻的是一家红红火火，兴旺发达，至少也是平平安安，无灾无难。砸锅毁灶不单纯是侵害财产权的问题，而是触动了古老的禁忌。

在传统民俗信仰中，灶神也就是火神。按照《礼记·祭法》的说法："灶君司命，立户立灶。"——有了灶神的护佑，一家人才能立户立灶，才能平安度日，走向繁荣。汉代扬雄在《太玄经》中特别提到一个忌讳："灶灭其火，惟家之祸。"——一家灶膛里的火突然熄灭，就意味着这一家人要遭受灭顶之灾。

这就是一直延续至今的灶神崇拜，也是今天"熄火""倒灶"的语义来源。换句话说，如果扒掉灶头、浇灭灶火，不仅是对灶神的不敬，而且是对主人的恶毒诅咒。直到今天，倒灶、熄火都是垮台、落败、走霉运的代名词。在江浙一带，"倒灶"除倒霉之外，还有一层侮辱性的贬义：人品不好，坏得够呛。从萧山到绍兴，再到台州，要是被人骂"倒灶得猛"，这社会评价一般人承受不起。

对于灶火的崇拜，西方有着同样的文化情结和历史传统。从古希腊、古罗马开始，火就代表了纯洁、高贵。罗马时期的"灶神院"专门供奉罗马灶神威斯塔，一年四季圣火熊熊，六个贞女长年守护圣火，维护着罗马的繁荣昌盛。

这些贞女的地位有多高？当贞女们的马车经过，执政官和地方官员必须恭恭敬敬靠边让道；如果一个即将被执行死刑的人遇见了贞女，他的好运就从天而降，贞女可以当场赦免；到法庭作证，贞女被寄予充分信任，不需要发誓；甚至哪一天贞女想去竞技场看看角斗士表演，前排最好的位置肯定是留给这些纯洁而高贵的灶神代表。

灶神崇拜不仅注塑了西方文明的精神，还形构了西方的各项法律制度。法国著名历史学家库朗日在《古代城邦》中分析说，灶神崇拜催生的"家火"代表了家父权的神圣和至高无上，长子就是继承、掌握"家火"的特权代表，次子的"家火"必须从长兄家获得才具有神圣性、合法性。由家而国，殖民地的圣火必须来自宗主国，才能代表正统和权威。

也就是说，无论是东方，还是西方，灶台、灶火、炉具都具有神圣性，不仅是一户人家、一个家族现实生存和发展的必备条件，还是未来兴盛繁荣的显性标志。对上述物件的侵害，绝对不是一般的物的损害，而是对一个家族声誉的极度凌辱和人格尊严的无情亵渎。这就是江苏某县老两口为什么非要侵权人赔礼道歉的深层次文化原因，哪怕是自己的儿子、儿媳。

可能有朋友认为这是小题大做，拿陈谷子烂芝麻说事。我们只需说明两点：

第一点，古老的禁忌催生了今天的道德和法律，其中蕴含的道德精神和自然法则具有普适性和永续性。正因为如此，德国著名学者冯特认为："禁忌是人类最古老的无形法律。"法国学者倍松说得更直白："图腾主义就是原始人民的宪法。"

第二点，民俗信仰是一种自由，应当受到尊重，而民俗信仰背后的权利更应当受到保护。法律从来不是高高在上的冰冷法条，而是充满了人性的温度和高度，我们必须以感同身受、设身处地的态度去对待古老的传统。倘若王小二不信这理，那么有人要在他家门口挂双破鞋或死老鼠，王小二的反应又当如何？

所以，本案中，法院判决小两口侵害了老两口的人格权，不仅合法有据，而且合情合理。

第二个问题，赔礼道歉入法有什么用？

总体而论，赔礼道歉是一种道德义务，是一种良心自我发现，还是一种修养气度。孔子说："知耻近乎勇。"德谟克利特说："对可耻的行为的追悔是对生命的拯救。"两位先哲的角度不同，但归根到底就一个意思：追悔、忏悔、谢罪是一种道德勇气，不仅让受害人心灵妥适，还可以卸下自己的良心重负。

受这种传统道德文化影响，《民法典》通过第 179 条将赔礼道歉作为一种承担民事责任的主要方式，通过第 995 条、第 1000 条对侵害人格权赔礼道歉的方式和范围作了明确规定。此外，最高人民法院关于审理名誉权若干问题的解答第 10 条、精神损害赔偿解释第 8 条、国家赔偿法第 35 条、消费者权益保护法第 50 条、著作权法第 47 条、第 48 条都规定了赔礼道歉，对相关侵权行为进行规制。

相比之下，受中华法文化影响的日本、韩国和我国台湾地区的民法都将赔礼道歉作为一种侵权责任承担的方式，主张通过谢罪、道歉等方式填补损失、恢复名誉。①

但这种传统立法精神遭遇了很多人，包括民法学者的质疑。不少人反对将赔礼道歉作为一种侵权责任的承担方式。理由有三：

第一个理由，赔礼道歉属于道德义务，不能上升为法律义务。

笔者的观点是，法律和道德虽有各自的调整范围和不同的调整方式，但两者之间必有交融。道德需要法律来强力维护，否则，就是空洞的说教；法律也必须持守最低的道德立场，否则，正义就会偏航。

道德义务是否上升为法律义务，跟一个民族的文化传统和时代需求息息相关。比如，诚实信用本来是道德法则，后来上升为法律原则，还成为民法的帝王条款。比如，《民法典》为什么承认善良风俗？因为它不仅是一种道德法则，还是一种行为规范。

第二个理由，赔礼道歉属于道德自觉，强制要求赔礼道歉会危及良心自由。

1992 年，韩国当事人以某报社的报道侵害名誉为由，向法院提起损害赔偿请求，要求报社根据《韩国民法典》第 764 条赔礼道歉。报社向韩国宪法法院提出宪法诉愿请求，宪法法院最终认定某报社违反了《韩国民法典》第 764 条禁止强迫良心的宪法原则。②

《日本国宪法》第 19 条也规定了"思想及意志的自由不得侵犯"，但《日本民法典》第 723 条同时又明确规定，在侵害名誉权情形下，如果单纯的金钱赔偿不足以填补损害，可以同时命令侵权人发布谢罪广告，恢复受害人社会名誉。但该条款像韩国一样，随时都会面临来自宪法的压力。

---

①《日本民法典》第 723 条规定："对于损坏他人名誉的人，法院根据受害人的请求，可以替代损害赔偿或与损害赔偿同时命令其作出有利于恢复名誉的适当处理。"《韩国民法典》第 764 条规定："对侵害他人名誉者，法院根据受害者的请求可以作出给予损害赔偿或与损害赔偿并处恢复名誉的适当处分。"我国台湾地区《民法》第 195 条第 1 项规定："不法侵害他人之身体、健康、名誉、自由、信用、隐私、贞操或不法侵害其他人格法权益而情节重大者，被害人虽非财产上之损害，亦得请求赔偿相当之金额，其名誉被侵害者，并得请求恢复名誉之适当处分。"

② 韩大元：《韩国宪法法院关于赔礼道歉广告处分违宪的判决》，《判解研究》，2002 年第 1 期。

实际上，日本、韩国宪法所谓的良心自由条款都来自美国联邦宪法第一条。这条的宗旨是什么呢？每个人都是自己的道德立法者，不能对一个人的内心世界和道德观念进行强制。

这理论不是没道理。赔礼道歉就其本质来说，确实是一种道德自觉，是心甘情愿、自动履行的行为，是一种自向性的负罪和他向性的悔罪，是一种自爱行为，以此取得他人原谅，排除自我良心的不安、愧疚。非出于本人自愿，不能强制。换句话说，赔不赔偿是法律强制，但道不道歉是绝对自由。

但在中国文化语境下，很多人打官司，要的并不是什么赔偿，而是争一口气，要个说法。如果没有法律的确证，没有赔礼道歉，就不能明了谁对谁错、孰是孰非。只有通过法律的天平权衡后才能进行有效判定，而不是纯道德层面的公说公有理、婆说婆有理，更不能因为良心自由而消减、削弱公平正义。

换句话说，在中国，赔礼道歉不仅是道德的自律，还是法律的他律。

第三个理由，赔礼道歉的功能可以通过其他方式替代，没有独立存在的必要。

在中国、日本、韩国和我国台湾地区等中华法文化圈，凡事都得分个对错，都得有个说法。所以，都直接规定赔礼道歉作为侵权责任承担方式。这是一种礼俗传承，也是一种文化驱动。

但牛不喝水强按头，换谁谁都不愿意。赔礼道歉没办法强制执行。怎么办？无非就是通过间接方式、替代方式解决。比如，通过法院制作谢罪公告、道歉信等在特定媒体公布，费用由侵权人承担，或者通过罚款加重赔偿责任，或者像本案直接将其纳入失信人名单等方式间接实现或替代履行。这就是《民法典》第1000条第二款的立法宗旨：行为人拒不承担并履行赔礼道歉的，人民法院可以采取在报刊、网络等媒体上发布公告或者公布生效裁判文书等方式执行，产生的费用由行为人负担。

必须明确的是，这些手段的目的是为了实现赔礼道歉的目标，不能因为有了这些替代方式就否认赔礼道歉的道德作用和社会价值。

说这么多，赔礼道歉到底有什么用？

第一，心理补偿。一句"对不起""请原谅"，不仅化解了受害人的怨愤、焦灼，也卸下自己的良心负担。

第二，道德修复。在有着浓厚礼俗传统的中国，一直强调和、忍、恕，很多受害人之所以纠结不下、纠缠不休，就是因为"一口气"咽不下、"面子"上下不来。所谓"气""面子"，无非代表了一种正向道德评价和社会影响。①

第三，回复社交。美国社会学家戈夫曼认为，赔礼道歉实际上是一种补救性交换形式。传统礼仪中的赔礼道歉并没有多复杂，也并不怎么难为情。一般是邀约邻里亲戚或到茶馆吃茶，或到酒楼摆酒宴，或挂红、放炮，一杯茶、三杯酒，双方就和好如初。

第四，降低风险。一旦上述三大功能实现，所有的纠纷、诉讼可能产生的风险和新增的成本就可大幅度减少甚至归零。

有学者认为赔礼道歉是东方经验，这并不完全符合实际。有学者将 20 世纪称为"道歉的世纪"，英美法系国家拒绝将赔礼道歉作为民事责任承担方式，但法官们却特别重视道歉的经济功能。比如，英国《1843 年诽谤法案》就规定：侵权人赔礼道歉可以减轻赔偿责任。加拿大的 10 个省、3 个地区中已有 8 个省、1 个地区陆续通过了《道歉法》；美国的 35 个州和哥伦比亚特区都有关于赔礼道歉的判例和立法。最典型的是澳大利亚。一段时期，澳大利亚医患纠纷有增无减，导致医疗保险和赔偿费用激增，后来澳洲 6 个州和 2 个领地都制定了《道歉法》，最大程度节缩了上述成本，减少了医院和保险公司的负担。根据相关统计，因为鼓励医生公开披露错误并诚恳道歉，英美法系医疗赔偿数额下降了 30%。

第三个问题，赔礼道歉有没有强制执行力？为什么很多人不愿意道歉？

如前所论，赔礼道歉本质上是一种道德自觉和道德义务，虽然上升为法

① 应星：《"气"与中国乡村集体行动的再生产》，《开放时代》2007 年第 6 期。

律义务，但如果强制侵权人赔礼道歉显然非出真意，效果不佳，不仅违背侵权人的良心自由，还可能重揭伤疤，产生次生灾害——李小三向王小二赔礼道歉：我不该造谣，捏造事实说你老婆出轨，我真诚道歉。这样就得不偿失甚至适得其反。

实际上，很多人不愿意道歉无非是基于两个原因：一个是不服气，一个是担心不利后果。服气不服气的问题可以通过替代方式最终解决，比如，本集开头提到的案子法院直接将小两口纳入失信执行人名单，倒逼其向父母认错道歉。

担心赔礼道歉引发不利后果问题怎么解决？比如，医生担心赔礼道歉就意味着自认有错；侵权人担心赔礼道歉就意味着自己输定了，不仅输了面子，打起官司还会被对方抓住把柄，诱发更多更大的风险。

实际上，有一种程序法规则可以有效解决这些担心，这就是证据排除或证据豁免。1986 年美国有个州通过法案，为赔礼道歉开辟"安全港"：禁止在民事诉讼中将道歉的言行作为承担责任的证据；加拿大 2006 年《不列颠哥伦比亚省道歉法案》也明确规定：道歉言辞不能作为证据呈上法庭。也就是说，即便我道歉了，道歉所表达的意思和提供的细节不能作为自认有罪或侵权的证据。

只要切断赔礼道歉可能引发的消极后果，赔礼道歉的效能才会实现最大化、最优化。

最后说明两点：第一，道歉是一种自我反思。能真诚道歉的人，必然是一个无畏的人。他们随时警醒、反省，无畏于自我批判，在道歉中回归真正的自我，提升道德勇气，重塑完美自我。

第二，道歉也是一种生存智慧。道歉可以化解无数的不平和纠纷，更能重获友谊和信任，不会因口角之争而引发惊天惨案，不会让人记恨发酵而被扣上冤冤相报的死结。

跋

2019 年 12 月初，中央广播电视总台社会与法频道领导和《法律讲堂》栏目"文史版"主创人员一行人莅临广州大学，共同商讨、策划大型系列专题节目《民法典文化解读》。经过几天的讨论和打磨，基本上敲定了选题思路和大致方向。

2020 年 1 月，我开始着手准备材料，撰写了几期样本。原计划边写边录，至 8 月彻底完工。1 月 23 日，我自老家绵阳返回广州，因新冠疫情凶猛，我只能宅在办公室里，一待就是四个月。早出晚归，无应酬、无闲聊，一心一意、码字搬砖，50 集稿件于 5 月初提前完成，随后是 3 次大的修改和完善。

2020 年 5 月 28 日，《民法典》高票通过。结合通过的立法文本，再一次开始紧张修改。

2020 年 7 月中旬，《法律讲堂》栏目"文史版"积极运作保生产，移师河南安阳电视台进行录制。

半年来，从初春到盛夏，经学校、学院批准，"文清楼"整栋楼基本上只有我一个人整天打卡坐班。写累了，围着教学楼转上十圈，再度满血复活。每天晚上驱车回家，大学城外环西路，无人无车，一路高歌，也算是孤寂中的自得其乐。

感谢权勇、段晓超、苏大为、陈德鸿诸位领导，正是他们的前瞻视野和积极支持助推了《民法典文化解读》系列节目的诞生。

感谢张振华主编。从最初的动议到最后一稿的字斟句酌，振华都付出了极为辛勤的劳动，提出了饶有创意的建议。

感谢广州大学屈哨兵书记、魏明海校长、孙延明副校长、张其学副校长。2018年负笈携家南来，广州大学为本人提供了温馨、宽松的学术和生活环境，让我能够独守书斋，静心阅读和写作。

感谢广州大学宣传部何晓晴部长、罗迪副部长，法学院刘文波书记和民商法教研室各位同人，从外部联络到内部教学的任务承担，大家都为本系列专题的写作、录制提供了可靠的通道平台和充裕的时间保障。

感谢中国民主法制出版社刘海涛社长、石松副总编辑和张佳彬、刘娜等编辑的辛勤付出。

感谢内子李星蕾女士和犬子刘李汉唐几个月的温馨陪伴和真心关切。

是为跋。

刘云生

2020-08-31

广州大学文清楼排云轩